納入教育社會學重要議題
完整呈現臺灣教育與社會變化的實況

教育 修訂四版
社會學

陳奎憙 著

三民書局

國家圖書館出版品預行編目資料

教育社會學／陳奎憙著.－－修訂四版九刷.－－臺北
市：三民，2022
　　面；　公分

　　ISBN 978-957-14-5770-3 （平裝）
　　1.教育社會學

520.16   102004437

教育社會學

編 著 者	陳奎憙
發 行 人	劉振強
出 版 者	三民書局股份有限公司
地 　 址	臺北市復興北路 386 號 (復北門市)
	臺北市重慶南路一段 61 號 (重南門市)
電 　 話	(02)25006600
網 　 址	三民網路書店 https://www.sanmin.com.tw
出版日期	初版一刷 1980 年 2 月
	修訂四版一刷 2013 年 3 月
	修訂四版九刷 2022 年 3 月
書籍編號	S520090
I S B N	978-957-14-5770-3

三民書局

修訂四版序

　　本書作者陳奎憙教授乃臺灣教育社會學研究之先驅，對於國內教育社會學領域之貢獻甚鉅。本書初版於民國六十九年，後經民國七十七年、九十六年多次修訂，長年以來始終是坊間同類書籍中的典範。

　　為了能與變遷快速的臺灣社會現況相呼應，此次再版特別針對社會問題與教育等統計資料的部分大幅更新，以呈現臺灣的教育變革與社會實況，同時調整版式，期望能讓讀者在閱讀上更加流暢與舒適。

三民書局編輯部

2013 年 3 月

增訂三版序

　　本書初版於民國六十九年付梓，雖曾於民國七十七年略加修訂，但時序已邁入二十一世紀，本書許多資料顯得有些陳舊，而無法與變遷快速的臺灣社會現況相呼應。因此，從事進一步的修訂與補充，實有必要。

　　此次修訂內容主要包括下列幾項：(1)教育社會學理論部分（第二章）重新編寫，除和諧理論與衝突理論外，增加新的「解釋論學派」的介紹。(2)社會制度、社會變遷、社會問題與教育之關係的論述（第四、六、七章），內容大幅更新，以呈現臺灣最近教育與社會變化的實況。(3)新增「青少年次文化」（第十二章）與「課程的社會學意涵」（第十四章）兩項內容，將教育社會學最新議題納入，使全書主題架構更形完整。

　　最後，作者要感謝臺灣師範大學九十學年度修習本人所開「教育社會學研究」的博碩班同學，他們幫忙蒐集資料、電腦打字、並仔細校對，非常辛苦。對於三民書局董事長劉振強先生的關心及編輯部同仁的協助，也要在此一併表示謝意。

陳奎憙　謹識

民國九十六年四月

初版序

　　教育社會學，顧名思義，是介於教育學與社會學之間的一門學科。歐美大學社會學系、教育學系、以及師資訓練機關均普遍開設此一課程，但在我國學術研究領域與師範教育課程中，教育社會學卻一直未受到應有的重視。究其原因，不外兩點：第一，教育社會學本身是一門較為新興的學科，其內容體系迄今仍未完全確定，學者們介紹它的本質與研究觀點時，難免有見仁見智、莫衷一是的看法；第二，一般人對於從社會學觀點出發來研究教育的重要性，仍未能充分了解。

　　事實上，教育社會學對於研究教育學與社會學的人來說，都是相當重要的。社會學者研究此一學科的原因，在本書第一章緒論中予以探討，這裡僅就教育研究者與教育工作人員何以必須研究教育社會學的理由，試分為三點加以說明。

　　首先，**教育社會學知識為構成教育學理論體系的重要部分**。一般研究教育的人大體上都同意，教育學的理論基礎至少應包括哲學、心理學、史學與社會學四者。科學的教育學的建立，顯然受心理學的啟示與影響最大，而教育哲學與教育史對於教育本質與目的的分析，以及對於教育思想與實際之歷史發展的探討，均為奠定教育學所不可或缺。至於教育社會學的研究，則在闡明教育與社會的關係，分析學校內部組織與社會環境，並探討教師角色與地位等問題。這些主要內容對於教育學理論體系的建立，實在具有積極的意義。由於過去對於教育社會學的忽視，以致在此一領域的研究較少具體的建樹，誠為一大缺憾。而今後欲建立完整的教育學體系，除繼續教育心理學、教育哲學與教育史的研究之外，更應力求充實教育社會學的研究成果，作為教育學主要支柱之一。因為，忽略教育社會學研究而欲建立完備的教育學體系，將無異於離開人類社會而欲從事教育工作。

其次，**教育社會學的研究，可使教育決策者重視影響教育的社會因素**。在現代社會中，文化、政治、經濟等因素在在影響教育的實施，而教育的功能在傳遞與更新文化、培養民主信念、促進經濟發展，以配合當前社會的需要。教育決策者對於這些教育與社會之間的交互影響作用，應該有充分的認識。例如：我國當前教育制度除了配合國家建設外，為因應社會變遷的需要，迎接「技術密集」工業社會的來臨，一方面要加強高級技術人才的訓練，另一方面要培養一般國民現代化的價值觀念，以避免發生文化失調 (cultural lag) 的現象，亦應從課程教材方面不斷檢討改進。又如：教育社會學重視並研究學生家庭之「社經背景」(socio-economic background) 對教育方面的影響，進而強調教育機會均等的理想，教育決策者如能參酌這方面的研究結果來擬定教育發展方案或決定教育重要措施，必能使這些方案與措施更合情合理，且更容易執行。

最後，**教育社會學的知識可以幫助教育工作人員了解其角色任務**。近年來教育社會學研究重心之一是利用社會科學的組織原理來分析學校內在結構與功能，並探討學校組織中的角色（人際）關係，藉以了解現代學校的特質。教育工作人員研讀教育社會學，不但有助於其對學校、社區、與學生的認識，而且更能了解其在學校內外所應履行的角色任務，進而尋求有效途徑改善校內校外人際關係、提高學校行政效率、增進教學效果。學校人際關係的和諧與否影響學校組織目標的實現甚大，教育人員可從教育社會學中有關組織與角色理論的分析，獲得觀念上的啟示與實用上的技巧，藉以妥善解決教育情境中所面臨的許多問題。

本書主要是為將來要從事教育工作的師範院校及教育院系學生而寫，當然也可供社會學系學生或在職教師參考之用。作者為顧及多數讀者可能缺乏社會學的基礎，因此在內容安排方面，對於社會學的基本概念皆先予簡要介紹，然後再探討這些概念在教育上的意義。本書取材，除盡量蒐集國內有關資料外，仍以歐美教育社會學的書籍、期刊為主。書中所採取的觀點，是把教育社會學當作一門科學，所以內容的敘述，力求系統與客觀。在介紹社會學理論及其在教育方面的意義時，盡量避

免個人主觀的價值判斷，但在分析問題時，仍然可以發現作者個人的見解，以供讀者參考。因為作者認為社會科學的研究要排除其「應用性」，並完全做到「價值袪除」(value-free) 的地步，實在是不可能，而且亦無必要。

　　本書作者在國內各級學校從事實際教學與研究工作多年，民國六十一年至六十四年留英期間則主修社會學，目前在國立臺灣師範大學擔任教育社會學課程，深感國內在這方面的研究資料極為缺乏，因此非常希望今後有更多的學者參與教育社會學的研究，大家共同來耕耘這塊亟待墾拓的學術園地。今後研究方向，作者認為，除介紹國外最新的理論與研究趨勢之外，並應及早建立本國的教育社會學理論體系。近年來承許多師長、友好及同學的鼓勵與催促，復蒙三民書局經理劉振強先生的邀約，爰將個人教學與研究心得撰寫成此書，旨在拋磚引玉。作者本人才疏識淺，加以付印匆促，舛誤掛漏，在所難免，尚祈方家不吝指正，曷勝銘感之至。

陳奎憙　謹識

民國六十九年元月

目 次

第 *1* 章　緒　論

　　教育社會學，簡言之，乃是依據社會學的理論與方法來研究教育的一門學科。本章緒論，首先探討社會學的性質；然後從歷史觀點分析教育社會學的發展，以了解其所以產生的背景與目前所遭遇的問題；最後就本書對教育社會學所下的定義與所探討的內容，予以簡要說明，作為其後各章討論的張本。

第一節　社會學的性質

一、社會學的創立與發展

　　社會學一詞為法國學者孔德 (August Comte, 1798–1857) 所創。孔德在他的名著《實證哲學大綱》(*Cours de Philosophie Positive*, 1830–1842，共分六冊) 的前三冊中用「社會物理學」一詞代表他所構想的一種研究社會現象的專門學科，至第四冊（1838 年）出版時，始改用「社會學」(Sociologie) 一詞。孔德認為社會學研究主題可包括兩大部分：⑴研究社會靜態（秩序）的叫做社會靜學（英譯 Social Statics），⑵研究社會動態（進化）的叫做社會動學 (Social Dynamics)。依照孔德的說法，人類知識進化的過程乃經歷三個階段：⑴神學或設想的階段 (theological or fictive stage)；⑵玄學或抽象的階段 (metaphysical or abstract stage)；⑶科學或實證階段 (scientific or positive stage)。孔德認為人類進入第三個階段後，才有真正的科學。此時人類開始以客觀的觀察代替主觀的臆測，致力於各種因果關係的探求以期獲致實證的知識。總之，孔德最主要的貢獻，除創立社會學名稱之外，在於主張用自然科學的方法，客觀地從事社會現象的分析和解釋。他覺得有建設社會學成為一種實證科學的必要。

　　繼孔德之後，對於社會學的發展具有重大貢獻的是英國的斯賓塞（H. Spencer, 1820–1903）。在他的巨著《綜合哲學》(*Synthetic Philosophy*) 中，有關社會學部分，便是《社會學原理》(*Principles of Sociology*, 1876)。此外，斯賓塞有關社會學的著作尚有《社會靜學》(*Social Statics*, 1850) 與《社會學研究》(*The Study of Sociology*, 1873，嚴復譯為《群學肄言》)。斯賓塞社會學理論的要點是提出「人類社會與生物有機體極為類似」的說法，構成所謂「有機比擬論」(organic analogy)。他以進化的觀點說明社會發展過程，以比擬的方法說明社會的組織型態。斯賓塞以超機體 (super organism) 的觀念來解釋社會文化現象。他認為社會是從個別有機體的結合中產生的超機體。雖然斯賓塞的一些觀點頗受批評，但他在社會學發展史上，仍有其重要地位。

　　斯賓塞生物學派的社會學雖盛極一時，但其思想強調有機的比擬，忽略社會的心理因素。於是以心理因素解釋社會現象的心理學派開始興起，並取生物學派而代之。此派代表人物為美國華德 (L. F. Ward, 1841–1913)。華德有關社會學之重要著作有《動態社會學》(*Dynamic Sociology*, 1883)、《純理社會學》(*Pure Sociology*, 1903) 與《應用社會學》(*Applied Sociology*, 1906)。華德社會學的重點放在社會動學，因此注重「社會力」(social forces) 的探討。他認為欲望與感情為行為之原動力，亦為社會進化的基本要素。因此他主張透過有計畫的社會行動 (planned social action) 來改進社會，此即所謂「社會導進論」(social telesis)。

　　十九世紀的社會學研究，或趨於綜合（將社會學視為各種社會科學的綜合），或各以一種特殊的觀點（生物的、心理的或物質的因素）闡明社會現象的性質，一般認為只能說是社會哲學，而不是一門證驗性科學。到了涂爾幹 (Emile Durkheim, 1858–1917) 時，社會學才進入一個新的境界。涂爾幹是法國正統社會學的開創者。他從純粹社會的觀點分析社會現象，並在方法論上建設了科學的社會學。涂爾幹在其第一部主要著作《社會分工論》（英譯 *The Division of Labor in Society*, 1893）中，提出社會連帶 (social solidarity) 與集體意識 (collective conscience) 兩種重要的

社會學概念。依照涂爾幹的說法，社會學的研究對象是純粹的社會事實 (social facts)，而社會事實具有兩種基本特質：(1)外在性與(2)強制性。涂爾幹不僅是社會學家也是教育學者，在《教育與社會學》(*Education and Sociology*, 1922) 一書中，強調教育的功能在使個人社會化——即在本性的基礎上建設其社會性。

　　二十世紀初期以來，尚有許多學者對於社會學的建立與發展具有相當的貢獻，此處不必贅言。最近幾十年各國社會學研究更形蓬勃，其主要發展趨向，大致有下述幾方面：

　　1.隨著時代的進展，社會學的內容越充實，概念越豐富，理論體系越完整。

　　2.從綜合的討論演變到分析的研究。

　　3.脫離哲學的思辨而注重科學證驗的研究。

　　4.理論社會學與應用社會學並行發展，量化研究與質性研究相輔相成，各有相當豐碩的成果。

二、社會學的定義與範圍

　　關於社會學的定義可謂言人人殊，由於各家觀點不同，因此所下的定義並不完全一致。如將各種定義加以歸類，大概不外以下幾種說法：(1)社會學乃研究社會之科學 (The science of society)；(2)社會學乃社會現象 (social phenomena) 之研究；(3)社會學乃社會結構 (social structure) 或社會組成 (social composition) 之研究；(4)社會學乃社會組織 (social organization) 或社會制度 (social institution) 之研究；(5)社會學乃人類結合 (human association) 或社會互動 (social interaction) 之研究；(6)社會學乃社會過程 (social process) 或社會變遷 (social change) 之研究；(7)社會學乃集體行為 (collective behavior) 之研究；(8)社會學乃社會關係 (social relationship) 之研究。以上這些定義當中，(1)與(2)兩者所指含義較為籠統；(3)與(4)兩者屬於社會靜學方面，而(5)至(7)三者則偏重於社會動學的內容，第(8)項定義則兼顧靜態與動態兩種關係。如將上述各項定義予以分析比

較，再將類似者加以歸併，社會學似可界定為「研究人類社會結構與社會行為的科學。」

社會學的研究範圍相當廣泛，通常可以從社會學史上各種分類法來探討。根據我國社會學者龍冠海（民 55，頁 33-35）的看法，比較常見的社會學劃分法有三種：

第一種是以社會學所探究的現象性質為分類依據，可劃分為社會靜學與社會動學兩部門。這是孔德首先提出的，後來斯賓塞等人亦採用之。社會靜學研究社會結構或各種社會制度的交互關係與作用。這種研究一般稱為「結構－功能的」(structural-functional) 分析。社會動學研究的是社會發展和進步的法則。這部門的研究晚近稱之為社會變遷或動態社會學。事實上所謂社會靜學與動學很難截然劃分，兩者關係仍極密切。

第二種劃分方法是以研究目的為依據，可分為理論的與應用的兩部門。這是華德首先創用的分類法。理論社會學的主要目的在發現和建立人類社會生活的原理原則，其重點在探索事實真象。應用社會學是為了應付社會上各種實際問題，以理論社會學的原理原則為依據來尋求解決之道，其目的在改良社會現狀和增進人類福利。

第三種劃分方法是以社會學所研究的主題為依據，大體上分為普通社會學 (General Sociology) 與特殊社會學 (Special Sociology) 兩部門。這是美國社會學家季亭史 (F. H. Giddings) 最早提出的分類法。普通社會學屬於一般性的研究，亦即對社會生活的全體現象作概括的系統研究，提供整個社會學系統以學理的基礎，接近於前述理論社會學。而特殊社會學則是專門研究社會某一方面的現象或問題。這種研究與前述應用社會學雖略為相似，但仍有所區別。因為特殊社會學（例如：法律社會學、政治社會學、教育社會學、工業社會學……等）仍兼顧理論與應用兩方面的目的。特殊社會學的研究乃跟著時代及社會背景之不同而有所變異，其種類在不斷增加之中。而且，從其發展趨勢看來，特殊社會學常代表一種邊際學問，亦即融合兩種以上學科的知識內容。因此，社會學與其他學科的關係也就愈形密切。

⟫ 第二節　教育社會學的發展 ⟪

　　從歷史觀點探討教育社會學的發展，有助吾人了解此一學科產生的背景與目前遭遇的問題，並可作為推測其未來演變趨勢的參考。

　　教育社會學的產生與其他社會科學一樣，乃是由於某種新潮流的衝擊，使得當時的社會現狀無法完全適應此一需要，而必須運用新的觀點與新的措施來解決問題。在教育方面，由於工業技術的進步，及其隨伴而來的文化失調現象，使得個人「社會化」的過程與問題日趨複雜與迷惘，無形中加重了學校教育的責任。但是教育當局與學校教師們，過去因未受過社會學的特殊訓練，而對這種日益增強的社會壓力，無法應付裕如。因此，許多學者乃開始注意到學校內外的問題，進而採取社會學的觀點來研究教育制度與教育過程。

　　有關教育的社會學研究，可說是在十九世紀與社會學的建立同時開始，早期社會學家孔德與斯賓塞對教育均有獨特的見解。華德 (1883) 所出版的《動態社會學》(*Dynamic Sociology*) 一書中，曾專列一章，有系統的探討教育與社會進步的關係。他的「社會導進論」即主張以有目的的社會行動來引導社會進步，而其根本途徑則端賴教育。1899 年杜威 (J. Dewey) 著有《學校與社會》(*School and Society*) 一書，將學校當作一種社會制度，並闡明彼此的關係。1916 年杜威再出版《民本主義與教育》(*Democracy and Education*)，更進一步肯定教育的社會功能。在歐洲方面，法國的涂爾幹、德國的韋伯 (M. Weber)、與英國的孟漢 (K. Mannheim) 等社會學家，也從各種不同的角度，對於教育制度提出具體的見解。

　　二十世紀初期蘇祖羅 (Henry Suzzalo) 在哥倫比亞大學師範學院最早開設教育社會學課程。1916 年哥倫比亞與紐約兩大學同時成立教育社會學系。1923 年美國教育社會學研究協會 (National Society for the Study of Educational Sociology) 成立，開始從事教育社會學研究，並出版年鑑。至 1926 年全美國有 194 所大學及學院提供教育社會學課程 (Lee, 1927

& Brim, 1958)。1928 年裴恩 (E. G. Payne) 首創《教育社會學雜誌》(*The Journal of Educational Sociology*) ❶。這些早期教育社會學的發展，當然對於從事教育工作者提供社會學知識，以增進其對於「社會－文化」(social-cultural) 方面的了解，頗有貢獻。但是根據一般分析，在 1940 年以前所出版之有關教育社會學書籍與論文 ❷，內容歧異，體系未明，而且多數僅止於實用與思辨性質，而非建立於科學的基礎之上。如將早期教育社會學研究旨趣加以歸納，大概可以下述三點來說明：

㈠**重視社會行動 (social action orientation)**

　　即是將教育視為引導社會進步的動力；透過教育──亦即社會化過程，學校負有傳遞文化與更新文化的重任，因此教育能促成理想的社會變遷。

㈡**強調應用性 (applicative orientation)**

　　即是應用社會學的知識與技術以解決教育問題；亦即將社會學當作一種工具，藉以增進良好的人際關係並妥善處理學校教育有關之問題。

㈢**偏重哲學性 (philosophic orientation)**

　　主要在於形成一種哲學，藉以探討與評價社會，提示最理想的社會形式 (social forms)，並使這些理想的社會形式得以反映於教育目標與課程之中。

　　顯然，由於社會行動與應用性的強調，所以早期教育社會學在純粹理論的建立方面，談不上有什麼貢獻；同時因為偏重於哲學性的探討，所以在方法上難免思辨重於分析、規範性 (normative) 研究重於證驗性 (empirical) 研究。當然，早期教育社會學的研究旨趣：即利用哲學觀點來

---

❶　此一刊物於 1963 年改由美國社會學學會 (American Sociological Association) 接辦，並改稱為《*Sociology of Education*》。

❷　早期對教育社會學的研究中較著名者，除本節所述學者外，尚有芬尼 (R. L. Finney)、愛爾華 (C. A. Ellwood)、史密斯 (W. R. Smith)、司奈登 (D. Snedden)、皮特斯 (C. C. Peters)、柯克 (L. A. Cook)、薛里尼 (L. D. Zeleny) 等人。

探討與擬定教育目標，應用社會學知識來組織課程並改進教學，不可否認有其價值存在。但是如果因過度強調其應用性與哲學性，而相對地忽略其理論性與科學性，對於教育社會學的發展，恐怕亦有不利影響。因為，教育社會學如果一味強調其應用的性質，則教育學將有淪為（或被認為）應用社會學的危險❸。如果其研究方法只重視哲學的思辨，而忽視科學的證驗性研究，則亦將難以迎合學術發展趨勢而建立其為一門獨立科學的地位❹。

　　最早對於傳統教育社會學 (Educational Sociology) 的研究取向提出批評的可能是安傑爾 (Angell, 1928)。他在〈科學、社會學與教育〉(Science, Sociology, and Education) 一文中，認為教育社會學應由社會學者來從事教育過程的科學研究。他主張教育社會學應為純理論社會學的一支，所以應將 Educational Sociology 改稱為 Sociology of Education，表示學校制度可以作為社會學分析的資料 (the school as a source of data which could be analyzed)，而不再採取傳統的觀點──將學校當作社會行動的對象 (An object of social action)。

　　雖然安傑爾本人並未根據新的取向對於教育社會學有關領域加以深入分析，但是在美國引起社會學者重視所謂新興教育社會學 (Sociology of Education) 的研究，則為一種可喜的現象。原來，一般態度嚴謹的社會

---

❸　有些學者認為：「教育學只能算是應用社會學」。事實上，這種觀點不一定正確，因為：(1)如果教育學是一種應用社會學，則教育學為社會學之附庸而已。其實社會學與教育學應各有其獨立地位。(2)教育學近幾十年來除利用其他社會科學的理論之外，自己本身也從事於獨立的創作性研究，獲得許多有價值的發見與新理論，所以也不能稱之為完全應用性科學。參見：魏鏞（民 60）。社會科學的性質及發展趨勢。雲五社會科學大辭典，第一冊。頁 40。

❹　孔德創立社會學之目的即在於擺脫傳統哲學直觀的見解，而欲以科學實證的方法來研究社會現象。當然，運用自然科學純客觀的方法是否能真正了解並解釋變化萬端的人文或社會現象，實在值得懷疑，但客觀的理論研究為建立一種現代科學的必備條件，乃是無可否認的。

學者對於早期教育社會學的研究旨趣無法接受，因而抱著觀望的態度。現在他們開始體認到教育制度為主要社會制度之一；教育功能與經濟、政治、文化各種制度關係密切。忽略教育領域的研究，無法全盤了解社會現象。而且從事教育制度的社會學分析，可以發展觀念、形成假設，裨益於社會學理論的建立。易言之，教育制度與學校組織，對社會學者而言，是一個新興而且有價值的研究領域。對此一領域的科學研究，可使他們對於社會制度與結構、社會過程與變遷等方面的知識，益臻充實與完備。

　　至於何謂新興教育社會學？布魯克福 (Brookover, et al., 1964, pp. 11–12) 在其所著《教育社會學》一書中，曾提出消極與積極方面各二項標準。就消極方面言：

　　1.新興教育社會學不必包括全部社會學知識。

　　2.新興教育社會學不是一種教育的技術應用學。

就積極方面言：

　　1.新興教育社會學應從教育制度中的社會過程與社會型態，進行科學分析。

　　2.新興教育社會學應提供有關人際關係的假設，以供研究證實而成為理論的重要部分。

　　除了布魯克福外，在美國的葛樂士 (N. Gross)、布任 (O. G. Brim)、柯溫 (R. G. Corwin) 與畢德威 (C. E. Bidwell)，在英國的佛勞德 (J. E. Floud) 與班克斯 (O. Banks) 等社會學家均屬新興教育社會學的鼓吹者。

　　教育社會學在美國的發展，由於新舊兩種研究取向的衝突與爭論，在 1940 至 1950 年之間，一度形成萎縮的現象。1950 及 1960 年代，受過正規社會學訓練的許多專家學者陸續參與教育社會學研究之後，該領域已經逐漸發展成為一種重要學術。縱然如此，一般學者對於教育社會學之性質及其研究目的，仍然爭論不休。綜觀二十世紀情況，該領域中社會學家固占優勢，但是若干教育學者仍繼續主張：研究成果應有利於教育方面的應用。他們不贊成社會學者的研究只重社會學理論的發現，

而與解決教育實際問題無關。例如：任森 (Jensen, 1965, p. 1) 即認為當代的教育社會學仍可維持傳統的精神，發展成為一門教育方面實際的研究領域。他主張「教育社會學應發展與教育實際問題有關或邏輯上有關聯的社會學或社會心理學知識。」從這一觀點，他認為教育學者可與社會學者合作，共同致力於「知識發展」(knowledge-development) 的研究，則理論與應用之爭可消弭於無形，並且使教育學與社會學同蒙其利 (Jensen, 1965, p. 12)。

此外，仍有若干教育學者堅持從傳統教育社會學的觀點出發，以探討將來學校可能面臨的一些問題。他們承認由於新興教育社會學的聲勢浩大，傳統教育社會學 (Educational Sociology) 的觀點頗受打擊，但這並不是意味著它末日的來臨。相反的，近年來有關都市問題、種族問題、青少年問題……等對於教育所產生的衝擊，使得許多學者猛然覺醒，主張教育社會學應從教育著眼，然後再使用社會學知識為其工具來分析並解決這些問題 (Thomas, 1973, p. 13)。

教育社會學的發展在 1950 至 1960 年代為證驗研究的高峰時期。證驗性教育社會學 (Sociology of Education) 除了重視科學實證的方法論外，在研究內容方面，也著重於教育制度與社會結構、社會流動之關係的探討，是屬於「鉅觀」(macro-) 的教育社會學研究。

1970 年代以後，另有所謂「新的」教育社會學 ("New" Sociology of Education) 的出現，其所採取的研究導向與分析主題，包括：

1. 「非實證」或「解釋的」(non-positivitic or interpretive) 研究取向。
2. 「微觀」(micro-) 的研究內容。
3. 教育知識社會學 (Sociology of Educational Knowledge) 的探討。

所謂「新的」教育社會學，可以說是導源於現象學的「解釋的」(interpretive) 社會學的興起，有別於發展至頂峰的科學實證的社會學。幾十年來，社會科學趨於客觀的「量化」的研究模式，此一模式使人類行為的研究成為一門科學而且進步神速，其貢獻是無可置疑的。社會學之父孔德 (A. Comte) 便認為：自然科學的客觀有效的方法，必須應用到社

會現象的研究，才能建立科學的社會學。但是社會學所研究的社會中的人類行為，與自然現象的事實存在不同。人類行為除了事實存在外，常含有更深的「意義」存在。研究人類行為不能僅止於事實的觀察，還須透過「設身處地」去理解行為的意義。實證研究者常用的研究模式是將觀察得來的事實予以數量化，以呈現統計數字的方式來說明社會現象，因此未能充分掌握行為的真正意義，常引起學者的批評。

1970 年代興起的「解釋的」教育社會學，摒棄「量」的研究，轉向「質」的研究。社會學「質」的研究，可追溯到胡塞爾 (E. Husserl) 的現象學與韋伯 (M. Weber) 的理解社會學。胡塞爾以為精神科學應以直觀理解的方法來研究意義與價值。韋伯則以為社會學是用來「解釋」社會現象的，他主張透過「理想類型」(ideal type) 來理解社會文化現象。蕭滋 (A. Schutz) 則綜合韋伯與胡塞爾的學說，來作為社會學研究的新方向。他的現象社會學，一方面採取韋伯的觀點，認為：社會學應透過理解的方法來研究人類社會行為的「主觀意義」，另一方面他也闡揚胡塞爾「互為主體性」(intersubjectivity) 的說法，強調每個人在認知主體中有一個超越的自我，他有認知「他我」的能力，由此構成認知上的相互共同性或同理性。這種社會性意識，也就是互為主體的表現。這些現象學與理解社會學的觀點，大大地影響 1970 年代以後教育社會學的發展，其中較為重要者，分別為象徵互動論 (symbolic interactionism) 與俗民方法論 (ethnomethodology) 在教育社會學方面的研究。這兩種研究導向最近又統稱為學校教育俗民誌 (ethnography of schooling)。此類研究著重於學校內部班級社會體系中的人際互動關係，屬於「微觀」的教室社會學 (sociology of classroom)。同時現象學方法論也影響知識社會學在學校課程方面的研究導向，進而形成所謂「教育知識社會學」(sociology of educational knowledge)。

～ 第三節 教育社會學的意義與內容 ～

　　上節對於教育社會學歷史發展的分析，已經將此一學科的性質及其遭遇的問題作了一些概括性的介紹。由於教育社會學的性質仍在爭論、蛻變與演化之中，而且教育學者及社會學者對此一學科的研究旨趣，尚未完全趨於一致。因此要對教育社會學下一個定義並界定其研究範圍，實在相當困難。茲先介紹各學者有關教育社會學的界說，然後提出本書對於教育社會學所採取的定義及其研究範圍。

一、早期教育社會學的定義

　　有關早期教育社會學 (Educational Sociology) 的定義，各家說法種類繁多。布朗 (Brown, 1947) 在其《教育社會學》一書中認為：「教育社會學研究整個文化環境對個人影響的過程，經由此種過程，個人能獲得並組織其經驗。……教育社會學側重於尋求有效方法運用教育過程來促成健全人格發展。」(pp. 35–36) 此一定義，顯然是以教育為社會化 (socialization) 之別名，因此，教育社會學應從事社會化過程的探討。

　　羅賓士 (Robbins, 1953, p. 7) 曾將早期教育社會學的發展歸納為下列三個主流：

　　1.即重視教育功能之實現，而以「一般社會學導向」(General sociological orientation) 來研究教育的一派；易言之，此派主張用社會學觀點來探討教育目標並決定課程內容，可以司奈登 (D. Snedden)、皮特斯 (C. C. Peters) 等人為代表。

　　2.即教育社會學的「應用派」，主張應用社會學理論來解決教育問題，為教育人員提供社會學知識，並強調學校與社區的關係，此派以裴恩 (E. G. Payne)、柯克 (L. A. Cook) 及薛里尼 (L. D. Zeleny) 等人為代表。

　　3.即嚴謹的社會學理論派，此派利用角色與地位的觀點來分析教育制度與組織，以期建立教育過程的社會學理論，代表人物為華勒 (W.

Waller)。此三派中前二者屬於傳統教育社會學的領域，而第三派則接近新興教育社會學的觀點。

　　綜括言之，早期教育社會學者以為：教育是促進社會進步的途徑；為有效實施教育，應採取社會學的觀點來決定學校目標與課程，並利用社會學知識來幫助解決學校教育問題。他們認為：廣義的教育即是個人社會化的過程，所以教育社會學應研究社會文化如何影響個人人格發展；教育工作者必須對上述「教育的社會學觀」(Sociological views of education) 有充分的認識，所以師資培養機構必須提供教育社會學作為訓練教育人員的課程。

二、新興教育社會學的定義

　　新興教育社會學 (Sociology of Education) 的基本觀點，可以米契爾 (G. D. Mitchell) 所主編的《社會學辭典》(*A Dictionary of Sociology*, 1968) 中所下的定義為代表：「教育社會學是社會學的一支，其主旨在於從事教育制度與組織的社會學分析。」(pp. 198–199) 易言之，由於教育制度已經成為一種重要的社會制度，新興教育社會學者認為教育機構與組織可提供一良好的研究領域，使社會學者對於教育制度中的社會結構與過程能有更充分的了解；在這種研究中，可形成觀念、提出假設，並經證實後，成為社會學理論的重要部分。正如前述，布魯克福也提出類似的觀點，他認為新興教育社會學的研究內容可分為三部分 (Brookover, et al., 1964, pp. 12–14)：

　　1.教育制度與社會其他制度的關係。

　　2.學校為一種社會體系。

　　3.學校與社區的交互關係。

　　葛樂士 (N. Gross) 也是新興教育社會學者。他認為早期教育社會學重描述而不重分析，缺乏理論依據，而且大部分都不是社會學的著作。依照他的看法，新興教育社會學研究範圍，應包括：學校的結構及作用、教師與學生的角色、學校的外在環境、教師專業團體的研究等四項

(Gross, 1958)。此外，柯溫 (R. G. Corwin) 亦批評早期教育社會學有濃厚的道德哲學觀念，後來它雖逐漸放棄道德哲學的內容，而求之於社會學知識的應用，但仍難免陷於社會改良論 (meliorism) 與科學二者之間無所適從的尷尬狀態。因此，他極力主張建立一種科學的教育社會學 (A Scientific Sociology of Education)。他認為教育社會學應縮小範圍，例如社會化問題、種族問題、青少年問題均不宜包括在內。所以，他所出版的《教育社會學》(*A Sociology of Education*) 一書，只運用階級、地位、權力等社會學概念來探討學校制度中的科層組織 (bureaucratic organization) (Corwin, 1965)。

綜上所述，可見新興教育社會學，側重教育制度中社會結構與過程的科學分析；其內容與範圍較為精簡，而其研究主旨在於建立或修正社會學理論，此等理論或可應用於教育問題之解決，但並不以問題之解決為其主要目的。

三、我國學者所下的定義

我國教育社會學發展較遲，迄至目前，有關教育社會學書籍多為教育學者所著，而其內容亦多由教育學觀點出發。因此，我國教育社會學者的看法，比較接近美國早期教育社會學或折衷的觀點。最近，採取新興教育社會學研究方式者雖日益增加，但仍少有系統性著作問世。有關我國教育社會學的定義，僅舉數例說明。

雷通群（民 19）在其所著《教育社會學》一書中，認為教育社會學在「研究個人在團體中如何生活，尤其要研究個人在團體生活中得到何種教訓及團體生活上所需何種教育。」顯然，雷氏的看法是採取傳統教育社會學的觀點。

朱匯森（民 51，頁 14）認為：「教育社會學的研究，在了解個人社會化的意義，學校內人與人的關係，社會結構及變遷對學校教育的影響，學校與社會的交互作用等，再以這些認識為基礎，進而研討如何促使學校與社會共謀進步的有效辦法。」尹蘊華（民 56，頁 22）則認為：「教育

社會學乃應用社會學已有之原理材料與方法，並自行研究原理與方法，藉以探討教育理論與實際，改進教育實施，促進社會進步為目標的教育學與社會學聯鎖的科學。」林清江（民 61，頁 21–22）根據教育社會學的發展趨勢，擬一綜合性之界說如下：「教育社會學是研究教育與社會之間交互關係的科學。其由教育學家從事者，側重規範性的研究，旨在導致社會行動；其由社會學家從事者則側重證驗性的研究，旨在證實學理，建立社會理論。惟兩類研究共同探討有關社會過程、社會結構、社會變遷與教育之間的關係，並研究學校的社會結構、社會環境及教學社會學等課題。」以上三位學者的定義中，朱、尹二氏係採折衷觀點，強調理論與實際並重；而林氏則分別闡明傳統與新興教育社會學的研究方法與目的，並提出兩者共同研究的主題，亦屬於折衷的看法。

王文科（民 67，頁 63；林義男、王文科，民 67，頁 6–7）分析 1960 年代中葉以後的教育社會學之發展跡象，將教育社會學的意義界定如下：「教育社會學係社會學的一專門科目；由社會學家、教育學者等攜手合作，採證驗的探討方式；將社會學研究獲得之知識、技術及方法，應用於研究教育制度及歷程中的團體關係。就某些方面言之，此等知能可應用於解決教育問題，惟不以問題的解決為主。」此一定義，肯定教育社會學是屬於社會學的一支，強調證驗性研究，並注重理論的探討，顯然是採取新興教育社會學的觀點。

林生傳（民 89，頁 6）也採取類似觀點。他認為「教育社會學是結合教育學與社會學，以分析社會結構中的教育制度，實徵教育歷程中的社會行為，並詮釋其意義為目的的一門科學。」此一定義也是傾向新興教育社會學的看法。

四、本書的定義與範圍

根據上述中外學者對於教育社會學的看法，參酌作者個人研究的心得，曾暫擬教育社會學的綜合性定義如下：

「教育社會學係探討教育與社會之間交互關係的科學；其研究在了解個人社會化的意義，闡明教育制度在社會結構與變遷中的地位，分析學校社會組織與班級社會體系，其目的在於建立或修正社會學與教育學理論，並藉以改進教育措施，促成社會進步。」

此一定義乃兼採傳統與新興教育社會學的觀點而加以折衷統合。本書作者認為，教育社會學乃是介於教育學與社會學之間的一門學科；無論教育學者或社會學者都可運用科學方法研究兩者彼此相關的主題（包括社會化、教育制度、學校組織、班級社會體系的分析等）；而其目的不但在於建立或修正社會學理論，亦可同時充實教育學理論，既裨益於教育措施的改進，亦可促成社會進步。

由於教育社會學研究內容與主題不斷的在變化發展之中，要在界定其意義時，一一列舉研究「內容」，似無必要。作者在《教育社會學導論》一書中，乃將上述定義略加修正，僅敘述此一學科的「性質」與研究「目的」。重新將教育社會學界定如下（陳奎憙，民 90，頁 2）：

「教育社會學是探討教育與社會之間相互關係的科學；它是運用社會學的觀點與概念分析教育制度，以充實社會學與教育學理論，並藉以改善教育，促成社會進步。」

從此一定義，可以對教育社會學的性質進一步分析：

第一，教育社會學是一門介於教育學與社會學的邊際性學科。它在教育學術領域中，與教育哲學、教育心理學的地位相似。教育社會學是連結教育學與社會學的一門學科；教育學者看它是一門教育學，社會學者看它是一門社會學，他們從不同觀點研究教育與社會之間的關係，探討他們共同關心的主題。

第二，教育社會學運用社會學觀點分析教育制度，進一步解決教育問題。教育制度與教育歷程需要運用各種學術觀點與方法去分析，例如：教育心理學就是運用心理學的觀點來探討教育活動的一門學科。同樣，

　　教育社會學是用社會學的觀點和概念來探討教育制度（或解決教育問題）。教育是一種極為複雜的活動，這種活動本質上就是社會行為，所以教育制度非常適合於社會學的解釋與分析。教育社會學一方面藉嚴謹的社會學概念來探討教育制度，以充實教育理論的內容（這是它的「理論目的」），另一方面可使教育人員更具有社會學的眼光與智慧，來解決教育問題（這是它的「應用目的」）。

　　基於此一定義，茲將本書探討的範圍，略加說明。本書共分十五章，除第一章緒論與最後一章教育社會學的展望外，其所探討的主要內容包括下述領域：

㈠教育社會學理論介紹

　　本書第二章探討教育社會學理論概要，分別介紹教育社會學理論的三大學派：⑴和諧理論學派；⑵衝突理論學派；和⑶解釋論學派。從理論的探討，一方面可使讀者了解一些著名教育社會學者的思想或理論體系，另一方面可作為進一步分析研究的依據。

㈡社會化與教育

　　此一領域（第三章）係屬傳統教育社會學的研究主題。從社會學觀點而言，教育的主要功能在於使個人社會化；而社會化是指個人學習其所處社會之意識型態及行為模式的過程。從社會化過程的分析，可以幫助吾人了解教育的意義與功能。

㈢社會結構與教育

　　此一領域包括第四章社會制度與教育，及第五章社會階層化與教育。前者探討教育制度與其他主要社會制度（包括文化、政治、經濟等）的關係，從而了解教育制度在社會結構中的地位。後者分析社會階層化對教育的影響，並探討教育機會均等的問題。

㈣社會變遷與教育

　　此一領域（第六章）包括：社會變遷與教育的基本關係、社會變遷

中的教育問題、社會變遷與教育調適、以及未來教育發展與革新等。其主旨在探討教育如何「適應」社會變遷與「引導」社會變遷。

㈤社會問題與教育

本書第七章所探討的社會問題是指社會生活顯現出某種病態的徵候，必須採取集體行動加以改善或解決的問題。其中包括：青少年問題、人口問題、與貧窮問題，以及這些問題與教育的關係。

㈥學校為一種社會組織

此一領域包括第八章學校組織特性的分析，及第九章學校組織的社會環境。其主旨在於利用現代組織原理，將學校當作一種正式組織 (The school as a formal organization)，分析學校組織目標、科層體制、與意見溝通的方式，進而探討學校內部的人際關係與外在的社會環境。

㈦班級為一種社會體系

此一領域包括第十章班級社會體系的分析，及第十一章班級社會體系中的師生關係。其主旨在於從社會體系 (social system) 的觀點來探討班級教學的型態。其內容包括：班級社會體系的意義、理論、與功能，以及有關師生關係與班級教學等問題，這些都是屬於教學社會學 (The Sociology of Teaching) 的重要領域。

㈧青少年次文化

此一領域（第十二章）包括次文化的性質，青少年次文化的特徵、形成因素、與研究成果，並探討青少年次文化在教育上的意義。

㈨教育專業與教師社會地位

此一領域（第十三章）係從社會學觀點探討教師的專業地位與職業聲望。其內容包括：教育工作專業性質之分析、中外有關國家教師職業聲望的比較、以及提高教師社會地位的可能途徑等。如果教師工作被視為一種專業，必將使他們更能體認其對社會貢獻的重要性，進而堅定其

服務教育的信念。

㈩課程的社會學分析

此一領域（第十四章）從社會學觀點分析課程相關問題，介紹課程的社會學意涵，探討課程與社會階層、社會變遷以及意識型態之關係，並提出課程改革之建議。

本書係屬導論性質，主要目的在於介紹教育社會學的重要概念，使有志於研究教育社會學的一般人士或教育界同仁，對於此一學科的性質與內容有些基本的認識。讀者如有興趣，宜再詳閱本書附錄所列之參考書目或資料，以便作更深入的探討。

參考文獻

王文科（民 67）。〈教育社會學的歷史發展之分析〉。頁 6-7。《臺灣省立教育學院學報》，3 期，頁 63。

尹薀華（民 56）。《教育社會學》。臺北：臺灣書店。

林生傳（民 89）。《教育社會學》。臺北：巨流。

林清江（民 61）。《教育社會學》。臺北：國立編譯館。

林義男、王文科（民 67）。《教育社會學》。臺北：文鶴。

陳奎憙（民 90）。《教育社會學導論》。臺北：師大書苑。

雷通群（民 19）。《教育社會學》。臺北：商務。

龍冠海（民 55）。《社會學》。臺北：三民。

Angell, R. C. (1928). Science, sociology, and education, in *The Journal of Educational Sociology*, Vol. 1, pp. 406–413.

Brim, O. G. (1958). *Sociology and the field of education*. N. Y.: Rusell Sage Foundation.

Brookover, W. B. & Gottlieb, D. (1964). *A sociology of education*, 2nd ed. N. Y.: American Book Co.

Brown, F. (1947). *Educational sociology*. N. Y.: Prentice-Hall.

Corwin, R. G. (1965). *A sociology of education*. N. Y.: Appleton.

Gross, N. (1958). "The Sociology of Education," in *Sociology Today*, ed. by R. K. Merton, N. Y.: Basic Books.

Jensen, G. F. (1965). *Educational sociology*. N. Y.: The Center for Applied Research in Education, Inc.

Lee. H. (1927). *Status of educational sociology*. N. Y.: New York University Press.

Mitchell, G. D. (1968). *A dictionary of sociology*. London: RKP.

Robbins, F. G. (1953). *Educational sociology*. N. Y.: Henry Holt.

Thomas, D. R. (1973). *The schools next time: Explorations in educational sociology*. N. Y.: McGraw-Hill.

Ward, L. F. (1883). *Dynamic sociology*, Vol. 2. N. Y.: Appleton.

第2章　教育社會學理論概要

　　任何一門學術性的科目都有一些抽象的概念，用來分析或解釋它所要研究的事物或現象。這些概念或理論都是由於學者們感於問題的存在，想提出一套言之成理的解釋或批判，乃逐漸形成其獨特的思想體系。就社會學而言，這些概念可包括社會思想與社會學理論。無論社會思想或社會學理論都涉及有關人類社會共同生活及其問題，其所要探討的內容包括社會結構與功能的分析，社會演進歷程的解釋以及社會問題的解決……等，但是兩者所採取的探討態度與研究方法則大有不同。一般而言，「社會思想泛指社會學建立前偏於哲學思辨的社會見解，社會思想家多運用邏輯演繹的推理，基於直覺體認的假定……，相對而言，社會學理論是十九世紀後半期以來才存在的，多以社會事實的調查研究為根據，運用科學證驗方法，進行社會現象的分析，透過因果關係的說明，以推演出學理系統。」(郭為藩，民58，頁2-3)雖然，社會思想不能視為一種科學理論，但每一種思想都有其時代背景，而且為學者智慧之精華，可以作為建立理論的基礎。而所謂理論，雖由科學方法觀察或分析得來，但因時間與空間常在變動中，任何理論都需要不斷的根據實際的社會現狀，來考驗與修正。

　　雖然理論常只是一系列的假定、概念或思考方式，用來解釋社會現象。不過，理論也不是憑空想像出來的；它是一套有意義且合乎邏輯的概念結構，本身具有相當程度的經驗確實性 (empirical validity)(蔡文輝，民68，頁4；民74，頁23)。有關教育社會學的主要理論，大體上可以分為三大學派：(1)和諧理論學派；(2)衝突理論學派；(3)解釋論學派。本章共分三節加以介紹。

≈≈ 第一節　和諧理論學派 ≈≈

一、主要特徵

　　和諧理論學派 (Consensus theorists) 也可以稱之為結構功能論 (Structural-functionalism)。其主要特徵，包括下列概念：

㈠結構與功能

　　和諧理論學派認為社會為許多部門 (parts) 所構成，這些部門就形成了社會結構 (social structure)。此派學者強調社會結構中各部門對社會整體生存的貢獻，這些貢獻就是所謂功能 (functions)。和諧理論認為社會結構（如：制度、規範、角色……等）功能之發揮，有助於維持社會的均衡 (equilibrium)，促進社會和諧發展。

㈡整合 (integration)

　　整合係指各部門之間相互影響的結果促成某種程度的團結與和諧，用以維持體系之生存。和諧理論認為社會結構中各部門之間相互依賴、彼此協調，而且具有互補的關係。它們幾乎沒有對立與衝突，有時某一部門的功能可能無法完全配合整體需要，但其他部門可以填修補正。

㈢穩定 (stability)

　　沒有一個社會是完全處於靜止狀態的，所以和諧理論學派承認社會變遷是一種無可避免的事實。例如：一個社會由於外在壓力的衝擊常迫使它調整其內在的結構與功能，以應付情況的變化。但是和諧理論學派強調維持社會穩定的重要性，而不贊成過度激烈的改革。此一學派的基本觀點是：在調適中求改進，在穩定中求進步。

㈣共識 (consensus)

　　和諧理論學派的另一特徵是強調知覺、情感、價值與信念的和諧一

致性。此派學者認為任何社會之所以能夠存續下去並保持其穩定發展，主要是因為成員之間具有某些共同的價值與信念。易言之，他們之間具有相當的共識。

二、代表人物

和諧理論學派大體上屬於社會學上功能主義的支持者。所以此派思想體系由來已久。早期，英國的斯賓塞、法國的涂爾幹、英國的瑞克利夫·布朗 (A. R. Radcliffe Brown)，都是功能學派的著名學者。當代社會學家中以帕森士 (T. Parsons)、墨頓 (R. K. Merton) 為最有貢獻的代表人物。就教育社會學觀點而言，涂爾幹與帕森士的有關理論值得特別重視，茲分別介紹如下：

㈠涂爾幹 (E. Durkheim)

涂爾幹最早利用結構功能模式來研究教育社會學。他在所著《社會分工論》(*The Division of Labor in Society*) 和《教育與社會學》(*Education and Sociology*) 兩書中的分析就是明顯的例子。他認為任何社會皆有其社會需要 (societal needs)，教育制度的功能即在滿足社會需求。依涂爾幹的看法，教育活動包含兩個要素：⑴它必須有成年人的一代和未成熟的一代；⑵成年人的一代要對未成熟的一代施以一種影響。他認為教育的目的是在「激起並發展兒童生理的、智力的和道德的品質，以適應整體政治社會和個人將來所處特殊環境的需要」。質言之，教育的目的在使個人社會化，使每個人成為社會有用的一分子 (Durkheim, 1956)。

從功能主義的觀點，涂爾幹認為教育制度與其他社會制度一樣具有維繫社會生存的目的。易言之，教育是社會所不可或缺的一種功能，教育實施乃在於迎合社會的需要，其目的除了使個人社會化之外，就社會而言，在使社會體系中各組成分子有一種制度上的和諧 (institutional compatibility)。

涂爾幹認為教育不僅使個人「社會化」，且同時完成「個性化」。由

社會化所形成的同質性使社會成員具有共同的觀念、態度與行為，作為建設社會的共同基礎；由個性化所導致的歧異性，使個人發揮潛力作為社會分工的基礎，並使文化創造成為可能。

㈡帕森士 (T. Parsons)

帕森士是美國哈佛大學著名的社會學者，是二十世紀最負盛名的結構功能學派的代表。他提出社會行動 (social action) 當作社會學的分析單位。由於社會行動的發展是有意向、有系統的，所以帕森士將這種行動者「彼此交互作用的網狀組織」，稱為「社會體系」(social system)。帕森士對於社會體系的分析，就是要闡明在一種社會制度下行動者的「角色」與「角色期望」所代表的意義。角色是社會制度賦予個人行為的期望，個人善盡其角色義務，制度的功能即能充分發揮，社會亦能穩定發展。

依照帕森士 (Parsons, 1951) 的分析，任何社會體系都具有四種作用：⑴模式的維持 (pattern-maintenance)；⑵體系的統整 (integration)；⑶目標的達成 (goal-attainment)；⑷調適的作用 (adaptation)。申言之，一個社會體系既經存在，就應該維持其模式穩定不變，力求成員之間的協調合作，以實現團體目標。惟為迎合整體文化的變遷，本身亦應不斷的調適，以達成平衡發展。這些觀點是帕森士「結構功能」分析的主要原理。

在〈班級為一種社會體系——美國社會中的功能〉(The school class as a social system: Some of its functions in American society) 一文中，帕森士以社會學的觀點分析美國中小學班級體系的主要功能 (Parsons, 1959, pp. 297–318)。他在文中詳盡討論兩項功能：⑴社會化功能 (socialization function)；⑵選擇的功能 (selection function)（參見：第十章第三節　班級社會體系的功能）。

帕森士認為透過「社會化」與「選擇」兩種功能，學校可以為社會培養具有共同價值與信念，以及適當工作能力的人才，進而促成社會的統整與發展。

第二節　衝突理論學派

一、主要特徵

和諧理論基本上是把社會當作一個體系，從社會整合、穩定和諧的觀點來看社會秩序運作的情況。而衝突理論 (Conflict theorists) 則從對立衝突、變遷、強制的角度來分析社會秩序的問題。此派學者強調社會關係的強制性和社會變遷的普遍性。衝突理論的主要特徵如下：

㈠對立與衝突

衝突理論學派，顧名思義，乃強調社會結構中團體之間彼此對立的現象；一個團體的目標往往與另一個團體不一致。尤其支配者與從屬者之間的利益無可避免地會產生衝突，雖然有些衝突的現象並不明顯，但每一個團體都想奪取優勢地位以獲得更多利益，因而形成兩者之間永無休止的傾軋鬥爭。

㈡變遷 (change)

團體之間由於利益衝突所引起的權力鬥爭，導致社會產生不斷的變遷。衝突理論學派認為，穩定發展與急速變遷都可能交替出現在社會過程中，但是短暫的平靜可能是醞釀反抗勢力的時機，一旦風暴發生，混亂、騷動、變革……等等就接踵而至。

㈢強制 (coercion)

在鬥爭與變遷的過程中，任何一個團體為取得優勢地位，必然採取強制的手段，迫使其他團體與之合作，而暫時維持社會的穩定與秩序。這種強制的手段不一定要訴諸武力，有時可宣導或灌輸某種觀念，使對方相信這種強制是合情合理的。但是，此一學派認為社會體制無法維持長久；不管用消極或積極的方式，強制的結果還是會引起抗拒，進而導

致社會混亂，最後由一種新的強制性秩序取而代之。

二、代表人物

衝突理論學派的早期代表人物包括馬克思 (Karl Marx) 的階級鬥爭論、甘博維支 (Ludwing Gumplowicz) 的種族鬥爭論以及齊穆爾 (G. Simmel) 的形式社會學。當代衝突理論社會學者達連德夫 (Dahrendorf, 1959, p. 39) 認為在現代工業社會中，各種社會團體之間的衝突為無可避免的現象；而且工業上的階級衝突已經形成制度化。柯索 (Coser, 1956) 雖認為衝突是一種社會事實，但強調衝突有某種積極意義——在現代開放社會中，透過不同意見的表達，與社會結構的調整可消除各種不滿因素，而形成更穩固團結的社會。

衝突理論學派對於教育方面的分析，大體上以強調「衝突」、「再製」、「符應」、「抗拒」等概念的學者為主，茲分述如下：

㈠馬克思 (K. Marx)

馬克思是早期衝突理論學者中，最重要且最具影響力的一位。他認為：經濟結構可決定社會生活的各層面，並且是產生革命與衝突的原動力。在工業社會中，資本家與無產階級互相對立。馬克思相信，只有藉著階級鬥爭才會促成社會變遷；兩個階級不斷衝突，最後逼使無產階級不得不起來推翻資本家。馬克思認為，工人必須組織與發展「階級意識」，亦即一種共同利害的意識；否則，資本家將運用他們的力量透過宗教信仰、藝術欣賞、休閒活動等等（當然包括教育），來壓迫勞動者。整體而言，馬克思對社會學的影響，包括：深入探討社會模式中的經濟因素、提出階級意識的概念，並以人道關懷立場探討剝削、衝突與疏離的問題。他雖未直接論及教育，但許多研究教育的學者運用他的理論來分析教育現象。

㈡包爾斯與金帝斯 (S. Bowles & H. Gintis)

美國包爾斯與金帝斯在其主要著作中 (Bowles, 1972, pp. 36–64;

Bowles & Gintis, 1976)，提供了運用衝突理論模式來分析當代教育制度的範例。在他們的分析中明顯地使用衝突、變遷與強制等概念。

　　依據包爾斯與金帝斯的看法，美國公共教育所要實施的目標，乃是為資本階級服務的；也就是說，教育為資本主義的存在而實施。他們認為美國教育制度的功能，不但在於培養具備技術性及責任感的工作者，而且也在為社會階級之間不平等的現象，尋求合理的藉口；使人們深信這種不平等的社會階級是基於才智與努力，而非強迫手段所形成。他們認為這種說法是虛假的。因為教育制度事實上仍受到階級背景的影響：由上階層社會出身的兒童，仍然是下一代的精英，從低階層社會來的兒童，依然貧窮如故。所以社會分工的不平等現象還是會在下一代社會中重現，這就是包爾斯與金帝斯著名的社會再製 (social reproduction) 理論。

　　美國資本主義的教育，依照他們的說法，乃是透過教育的社會關係與工作的社會關係之間的符應原則 (correspondence principle)，而產生再製的機制；而基本的動力因素，乃是社會的經濟結構。

㈢布迪爾 (P. Bourdieu)

　　布迪爾 (Bourdieu, 1973, pp. 71–112) 的理論，主要在闡明「文化再製」(cultural reproduction) 的觀點。布迪爾認為再製與符應現象的產生不全為社會上的政經因素所決定，而是透過階級之間「文化資本」(cultural capital)——尤其是語言、文字以及生活習性的不同，而進行社會控制任務。社會既得利益者以「符號暴力」(symbolic violence，或譯象徵暴力) 反映在社會生活中；「文化不利」者不僅在社經地位不利，即使在教育過程中，他們也常被標示為低成就者，因而產生不利的影響。

　　布迪爾的理論重點在檢視學校教育的功能：到底它在文化資本的輸送過程中扮演何種角色。他認為學校教育的課程內容與組織、學生的選擇與淘汰、考試與文憑的授予均有利於原本擁有豐富文化資本的宰制階級。換言之，教育系統傾向再製文化資本的繼承分配，而非根本的改變；透過文化資本的中介，學校教育乃成為社會再製的機制 (邱天助，民 82)。

㈣艾波 (M. Apple)

艾波的思想領域包括知識社會學、新馬克思主義與批判理論。他不但從事學校教育中衝突對立、矛盾和阻礙等現象的解析，同時也從政治、經濟層面進行「權力與教育」關係之探討 (Apple, 1982)。他的理論兼採微觀與鉅觀兩種研究途徑。

艾波認為再製與符應的理論有其貢獻，使我們了解社會優勢階層的經濟與文化資本都透過學校教育的運作而再製。但艾波反對過分「決定論」的看法；他認為學校教育本身也有相當的自主性，因為學校教育活動非常複雜，充滿矛盾、對抗、衝突等現象；學生並不完全被動地接納社會既存的價值與規範；尤其是學校的非正式文化，也常能穿越「再製」的循環，而發揮學校自主功能，促進教育正常發展（陳伯璋，民76，頁53）。

總言之，在衝突理論（或馬克思主義）的教育社會學裡，受艾波等人的影響，直接再製論已經被強調再製過程中產生「抗拒」(resistance) 的觀點所取代或修正。教育具有「相對自主性」或「創造性行動」的觀念，也引起學者重視。英國威里斯 (P. Willis) 的觀念，就是一個典型的例子。

㈤威里斯 (P. Willis)

威里斯 (Willis, 1977) 曾以英國中部一所中學十二位勞工階級的男孩為對象，從事「抗拒」次文化研究。威里斯發現這些「小伙子」(the lads) 具有明顯的反學校次文化特質。究其原因，乃源於他們的基本心態：認為學校與教師的權威是專斷的。他們以曠課、抽菸、喝酒、奇裝異服、暴力、竊盜……等方式，來挑戰教師的權威，反抗學校的規範。

威里斯在其名著《學習做勞工》(*Learning to Labour*) 一書中，認為這些勞工階級小孩的價值與行為反映勞工階級次文化。他們對學術知識與資格文憑表現輕蔑的態度。從勞工階級學生文化的研究中，威里斯提出「勞工階級學生最後還是成為勞工命運」的解釋；他認為直接再製論者對再製過程的判斷過於機械論，且對學校內部的矛盾、轉化與變革，無法提出適當的解釋。威里斯提出文化創生 (cultural production) 的論點

（以別於文化再製 (cultural reproduction)），從另一個角度探討社會再製的現象，並建立教育與文化研究的新模式（陳珊華，民 86）。

㈥華勒 (W. Waller)

華勒 (Waller, 1932) 是最早研究學校文化的社會學者；他雖非馬克思主義的代表人物，但他對學校師生關係的分析，卻從衝突的觀點出發。華勒描述學校為一種處於暫時平衡狀態的專制組織 (despotism)。申言之，他認為學校社會體系經常面臨各種勢力的影響，須不斷調適以求平衡，但學校本身基本上是一種強制性的機構。教師高高在上，由成人社會授以權威，學生則只能順從權威、接受領導。華勒分析師生關係時，強調它是一種制度化的「支配─從屬」(institutionalized dominance and subordination) 的關係，彼此之間存在對立的情感。教師為維持紀律、增進學習，必須採取適當的控制方法，例如：命令、斥責、處罰、考試、評分等等。有些學生與教師之間可能長期對立，教室秩序有時因而失去控制。不過，華勒認為教師在相對狀態中仍然占有優勢，否則他不能成為教師。簡單來說，華勒對師生關係的看法是：對立、衝突、強制與不平等的。

第三節　解釋論學派

前述和諧理論與衝突理論兩大學派，均屬於鉅觀 (macro) 的研究取向；這類研究基本上是以整個社會制度的運作來解釋教育現象，因此忽略學校教育中人際關係的過程，及這些過程中所隱含的「意義」。1970 年代以後的教育社會學，出現第三種微觀解釋取向 (micro-interpretive approach) 的研究方式，並形成歐美教育社會學的一大學派。

一、主要特徵

解釋論學派 (Interpretive theorists) 以微觀、非實證（質）的研究為主，

其理論內容包括：現象學、象徵互動論、俗民方法論、詮釋學、批判理論等等。而其在教育上的探討範圍則包括：(1)班級社會學（sociology of classroom）；(2)知識社會學 (sociology of knowledge) 兩大領域。解釋論學派的主要特徵，包括下述幾個基本概念：

(一)日常活動

解釋論學派的研究模式，通常以日常活動 (everyday activity) 為研究對象。例如：教師、學生、行政人員在學校日常活動中的交互作用如何產生？彼此看法如何？這些看法是否影響學校文化與教學效果？由這些學校與班級日常活動的探討，進一步了解整個教育活動的特質。

(二)主動性

解釋論學者強調師生思想與行為的「主動性」。他們認為：在日常活動中互動行為不是完全被安排的，互動雙方總有某種自主性。這並非意味著社會環境因素不重要，而是強調他們在某種程度上能「決定」自己的角色，並能「創造」彼此交互作用的過程與型態。

(三)意　義

要了解日常活動，必須先掌握住人們所賦予其行為的意義 (meaning)。所以，解釋論學者均重視「意義」的詮釋。例如：研究者要了解教師教學的「目的」與學生學習的「意向」，師生對教學或課程「重要性」的看法，或者師生參與某種教學活動的「理由」。

(四)互動與磋商

日常活動通常是與他人互動而形成，易言之，我們通常透過解釋他們的行為而彼此產生互動 (interaction)。而所謂「磋商」(negotiation) 意指交互作用的「動態」過程。例如：學校中師生活動的「意義」與「詮釋」，並非一成不變的。「磋商」是指師生之間不斷交換意見，彼此增進了解，逐漸達成共識，但並不表示兩者具有相同的權力（影響力）。

㈤主觀性

基本上，解釋論學者所採用的是一種「主觀」的研究方法。因為研究者是透過「理解」的方法剖析行動者如何對所處情境賦予意義（如何界定情境），要達到完全客觀是不可能的。為避免偏見產生，此派學者主張運用「同理的了解」(empathetic understanding) 與「互為主體性」(intersubjectivity) 來掌握行動者社會行為的意義。

二、主要理論

㈠現象學 (phenomenology)

現象學為胡塞爾 (E. Husserl) 所創。現象學最重要的理論是「回歸事象本身」，就是要了解世界和我們自己，便需摒除臆測或「視為當然」的自然態度，直接去面對它最本質的層面，檢視心中所思所想。由於現象學的方法論在講求「直觀本質」，所以對事物要「存而不論」，把經驗的特殊性「放入括弧」或以「還原」的方式找尋事物的本質與真相。胡塞爾的「互為主體性」概念，經蕭滋 (A. Schutz) 引申與闡揚，而成為現象社會學與解釋學派重要的分析工具（Schutz, 1976；郭諭陵，民 91）。

㈡象徵互動論 (symbolic interactionism)

象徵互動論（亦稱符號互動論）源始於米德 (G. H. Mead) 的自我心理學、柯萊 (C. H. Cooley) 的「鏡中自我」的概念，以及湯姆士 (W. I. Thomas) 的「情境定義」的看法。1950 年代則由布魯默 (H. Blumer) 加以綜合並發揚光大 (Blumer, 1969)。目前象徵互動論之分支包括：貝克 (H. S. Becker) 的標籤論與高夫曼 (E. Goffman) 的戲劇論，有人認為俗民方法論也是由象徵互動論衍申而來的。

象徵互動論之研究重點在於人與人之間的互動性質和過程。象徵互動論的基本觀點是：人們在互動過程中以象徵的符號（如：語言、文字、手勢、表情……等）來表達意念、價值與思想。而符號的意義隨個人與情境變化，而有不同的解釋。不管此種解釋是否正確，常會產生和此解

釋相符應的後果。象徵互動論主要是以社會心理學的觀點來分析微觀的社會現象，所描述的是動態的人際關係，而非廣大的社會結構。因其強調以非實證（質）的方法，探討自我、互動、象徵意義等主題，在社會學研究中，獨樹一格，並有相當貢獻。

㈢俗民方法論 (ethnomethodology)

俗民方法論形成於 1960 年代的美國，創始者為葛芬柯 (H. Garfinkel)。其理論基礎係受現象學以及象徵互動論的影響，以常識性知識為研究對象，主要在探討人們日常生活的態度與行為——即人們如何了解生活世界的意義 (how people make sense of their life world)，試圖分析人們在現實社會裡的日常生活方式 (Garfinkel, 1967)。俗民方法論的主要概念有二：⑴反省性：所有行動者都對本身的活動具有反省意識，亦即含有批判的能力；⑵指標性：語言符號在不同情境下均有其特殊意義，互動雙方對於特定文化背景需有充分了解，始能有效溝通。此派學者主張採用參與觀察法，1970 年代與象徵互動論合流，從事學校內部人際關係的分析，一般稱之為「學校教育俗民誌」(ethnography of schooling)。

㈣知識社會學 (sociology of knowledge)

知識社會學源於現象社會學 (phenomenological sociology)，係繼承胡塞爾與蕭滋的學說而來，使知識社會學成為一門有系統的學問，貢獻最大的是英國孟漢 (K. Mannheim)。1971 年楊格 (Young, 1971) 與柏恩斯坦 (Bernstein, 1971, pp. 47–69) 等人對知識與教育關係的研究後，知識社會學也逐漸由鉅觀而入微觀的分析。

現象社會學的基本觀點認為「人」是其所處世界的創造者 (the author)，人具主動建構知識的能力。所以楊格認為「知識」是社會建構形成的，而「課程」是社會所組織的知識。

研究教育知識社會學的學者認為：學校課程（教育知識）的選擇、分類、傳遞與評鑑都和社會結構有關，並且反映出該社會權力分配的現實狀況。易言之，知識本身亦形成階層化。此派學者認為：學校課程與

教學的實施，均由社會優勢團體掌控；他們根據自訂標準，安排並運用學校課程來灌輸某種價值、信念或意識型態，使學生被動接受事實，而壓抑其主動批判的能力，結果形成不公平的社會再製現象。

知識社會學的觀點，在鉅觀方面與再製理論、符應理論相吻合（如包爾斯的社會再製與布迪爾的文化再製論）；在調和鉅觀與微觀方面，則與批判理論（如艾波有關意識型態與課程之研究）相關聯；在微觀的研究方面，則重視日常生活意義的建構，因而與象徵互動論、俗民方法論日趨接近。

(五)批判理論 (critical theory)

批判理論主要是以馬庫塞 (H. Marcuse) 與哈伯瑪斯 (J. Habermas) 的學說為代表。批判理論學者繼承康德、黑格爾及馬克思「批判」的傳統，試圖從人類社會發展過程中，批判其有關「霸權」、「宰制」與「優勢」……等概念所牽連之背後的「意識型態」(ideology)。此派學者認為：隨著科技文明發展而來的「工具理性」(instrumental rationality) 對人性形成扭曲與貶抑。因此要喚起人們從主體理性的批判為反省起點，進而促成社會大眾批判意識的覺醒。這種批判與反省的自覺透過教育的作用，可導致社會的變革。

批判理論學者一方面重視微觀「意識」的分析，也同時注意社會鉅觀的層面（如政治、經濟、文化……等）有關的「結構」問題。他們在方法論上提倡「辯證法」，這種方法不僅是一種思考方式，也是一種實踐行動；除了意義的「理解」，也強調客觀實體「解釋」的重要性。因此，他們的理論是試圖建立在個體意識反省及集體實踐活動之間所形成的「理性」規則（陳伯璋，民 76，頁 26）。

除了哈伯瑪斯所代表的「法蘭克福學派」外，最近有所謂「依賴理論」、「世界體系理論」、甚至「後現代主義」……等理論都繼承了批判的態度，去研究社會（包括國際社會）的不平等、剝削、不合理的權力支配等現象，也值得加以重視。

三、解釋論分析師生關係的範例

解釋論學者自 1970 年代以來在英國不斷從事教室師生活動的俗民誌研究，布列克里治與杭特 (Blackledge & Hunt, 1985) 曾歸納出一個理論模式，說明師生交互「解釋」的過程，可謂解釋論分析師生關係的一個典範。茲略述其過程如下：

1. 教師由「自我觀念」與「對學生的認識」來決定教室組織規則與教學內容。

2. 學生亦由「自我觀念」與「對教師的認識」來「解釋」這些組織規則與教學內容的意義。

3. 學生根據詮釋的結果產生「反應」。

4. 教師「解釋」學生反應的意義。

5. 教師進一步認識學生或修正教室組織規則與教學內容。

關於解釋論分析師生關係的範例，參見圖 2–1。

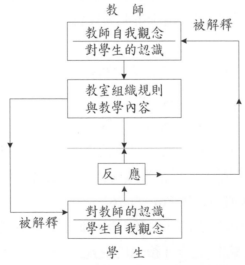

圖 2–1　解釋論分析師生關係圖

　　茲再就有關教師自我觀念、對學生的認識、學生自我觀念、學生對教師的認識，以及師生交互作用等方面的解釋取向研究，分別加以說明：

　　1.**教師自我觀念**：夏普與格林 (Sharp & Green, 1975) 從訪問教師中發現，教師對教育在社會中的地位、學生的動機與學習、教師的角色與所須具備的知能等均有某些「意識型態」(ideology) 存在。這些意識型態，哈瑪斯雷 (Hammersley, 1977) 稱之為「教師的觀點」(teacher perspectives)。

　　2.**教師對學生的認識**：哈格雷夫斯等人 (Hargreaves, et al., 1975) 研究發現，教師對於「問題學生」的看法，常透過「分類」(typing) 的作用而形成。納西 (Nash, 1973) 發現教師常認為來自高階層家庭的兒童比較聰明，而來自低階層者比較愚笨。凱蒂 (Keddie, 1971, pp. 133–160) 也發現英國綜合中學教師常依能力分班的結果與社會階級的不同，而對學生有不同的看法。

　　3.**學生自我觀念**：波拉 (Pollard, 1984) 曾以「安分者」(goodies)、「取巧者」(jokers) 與「結幫者」(gangs) 三種類型說明學生同儕團體的自我觀念；他認為學生切身最關心之事，包括：(1)維持自我形象；(2)生活愉快；(3)克服壓力；(4)保持自尊。伍茲 (Woods, 1983) 則從衝突理論的觀點說明學生的個人目標常與學校要求不符，而形成彼此的對立狀態。

　　4.**學生對教師的認識**：除了上述伍茲的研究以外，哈格雷夫斯 (Hargreaves, 1967) 與拉西 (Lacey, 1970) 分別觀察英國現代中學與文法中學的學校人際關係與學生次文化。他們發現學生對學校與教師的態度有兩極化的現象；支持 (pro-) 及反對 (anti-) 學校與教師者，分別形成不同的價值觀念與行為模式。而學生的這些價值與行為，又受到教師分類作用的影響而強化。佛隆 (Furlong, 1976) 則發現學生的價值與規範並非固定的，而是隨教室情境的不同而變化。

　　5.**師生交互作用**：伍茲 (Woods, 1983) 提出「策略」(strategies) 的觀念來說明師生在教學過程中共同致力於實現教學目標的方法。教師的策略，包括引起動機、維持秩序、運用適當的教學方法與技術……等；學生的策略，則更是五花八門。兩者之間的衝突，難以避免，惟雙方透過「磋

商」的作用，不斷地調適彼此的觀念與行為，以利教學的進行與目標的達成。

參考文獻

邱天助（民 82）。《Bourdieu 文化再製理論之研究》。國立臺灣師範大學教育研究所博士論文。

郭為藩（民 58）。《社會學理論大綱》。臺北：開山。

郭諭陵（民 91）。《舒茲現象社會學及其教育蘊義之研究》。國立臺灣師範大學教育學系博士論文。

陳伯璋（民 76）。《課程研究與教育革新》。臺北：師大書苑。

陳珊華（民 86）。《威里斯的文化創生觀點及其教育蘊義》。國立臺灣師範大學教育學系碩士論文。

蔡文輝（民 68）。《社會學理論》。臺北：三民。（民 95，修訂三版）

蔡文輝（民 74）。《社會學》。臺北：三民。（民 94，增訂新版）

Apple, M. (1982). *Cultural and economic reproduction in education*. London: Routledge and Kegan Paul.

Apple, M. (1982). *Education and power*. London: Routledge and Kegan Paul.

Bernstein, B. (1971). "On the classification and framing of educational knowledge," in Young, M. F. D. (ed.), *Knowledge and control*. London: Collier-Macmillan.

Blackledge, D. & Hunt, B. (1985). *Sociological interpretation of education*. London: Croom Helm.（李錦旭譯（民 76）。《教育社會學理論》。臺北：桂冠。）

Blumer, H. (1969). *Symbolic interactionism: Perspective and method*. Englewood Cliffs, N. Y.: Prentice-Hall.

Bourdieu, P. (1973). "Cultural reproduction and social reproduction," in Brown, R. (ed.), *Knowledge, education and cultural change*. London: Tavistock.

Bowles, S. (1972). "Unequal education and reproduction of the social division of labour," In Carnoy, M. (ed.), *Schooling in a corporate society*. N. Y.: David Mackay.

Bowles, S. & Gintis, H. (1976). *Schooling in capitalist America: Educational reform and contradiction of economic life*. N. Y.: Basic Books.

Coser, L. A. (1956). *The functions of social conflicts*. N. Y.: Free Press.

Dahrendorf, R. (1959). "Class and class conflict in an industrial society," in Mitchell, G. D. (ed.), *A dictionary of sociology*. London: Routledge and Kegan Paul.

Durkheim, E. (1956). *Education and sociology*. Trans by S. D. Fox, N. Y.: Free Press.

Furlong, V. (1976). "Interaction sets in the classroom," in Hammersley, M. & Woods, P. (eds.), *The process of schooling*. London: Routledge and Kegan Paul.

Garfinkel, H. (1967). *Studies in ethnomethodology*. Englewood Cliffs, N. Y.: Prentice-Hall.

Hammersley, M. (1977). "Teacher perspectives," in Unit 9 of E 202, *Schooling and society*. Milton Keynes: Open University Press.

Hargreaves, D. (1967). *Social relations in a secondary school*. London: Routledge and Kegan Paul.

Hargreaves, D. H., Hester, S. K. & Mellor, F. J. (1975). *Deviance in classroom*. London: Routledge and Kegan Paul.

Keddie, N. (1971). "Classroom knowledge," in Young, M. F. D. (ed.), *Knowledge and control*. London: Collier-Macmillan.

Lacey, C. (1970). *Hightown grammar*. Manchester: Manchester University Press.

Nash, R. (1973). *Classroom observed*. London: Routledge and Kegan Paul.

Parsons, T. (1951). *The social system*. N. Y.: Free Press.

—— (1959). "The school class as a social system: Some of its function in American society", in *Havard Educational Review*, Vol. 29.

Pollard, A. (1984). "Goodies, jokers, and gangs," in Hammersley, M. & Woods, P. (eds.), *Life in schools: The sociology of pupil culture*. Milton Keynes: Open University Press.

Schutz, A. (1976). *The phenomenology of social world*. Evanston, Ill.: Northwestern University Press.

Sharp, R. & Green, A. (1975). *Education and social control: A study of progressive primary education*. London: Routledge and Kegan Paul.

Waller, W. (1932). *The sociology of teaching*. N. Y.: John Wiley.

Willis, P. (1977). *Learning to labour: How working class kids get working class jobs*. Farnborough: Saxon House.

Woods, P. (1983). *Sociology and the school: An interactionist viewpoint*. London: Routledge and Kegan Paul.

第3章　社會化與教育

　　從社會學的觀點言，教育的主要功能在使個人社會化 (socialization)。所謂社會化，簡言之，係指個人在某一特定社會中，發展自我觀念與學習該社會的生活方式，使其能履行社會角色的過程。因此，社會化過程與教育關係極為密切，本章首先探討社會化的涵義、基礎與方式，其次分析社會化與自我觀念的發展、社會化與角色學習的過程，最後說明社會化與教育的關係。

第一節　社會化界說

一、社會化的涵義

　　要了解社會化的意義，首先應從個人與社會之間的關係來探討。荀子說：「人之生也，不能無群」，這句話指出人類的一個基本事實：人是群性的動物，離不開社會生活。人類雖為萬物之靈，天生具有異於其他動物的潛在能力；但是，一個嬰兒初臨人間，卻是茫然無知，其一切需要與衝動幾乎與動物一般無異。他要經過母愛的滋潤和薰陶，才逐漸認識自我與環境的區別。及至年歲漸長，接觸範圍由家人而擴及親戚、友伴、同學、老師，甚至於社會上廣大人群。他一方面接受社會環境的刺激，一方面依照社會所規定的種種行為方式產生反應。他的一切行為、思想與態度均隨時受到團體規範的制約，因而他可以學習到許多社會上的事物，其中具有重要意義與價值者，就構成他人格的一部分。這種由社會灌輸文化價值而為個人所吸收的過程，通常叫做社會化。

　　柯尼格 (S. Koenig) 說：「所謂社會化是一種過程，個人由此成為他所出身的那個社會克盡職責的一分子，即是他的一舉一動符合於該社會的

民俗民德。」（引自朱岑樓譯，民 57，頁 52）勞斯 (E. A. Ross) 則解釋社會化為「在團體中與同伴產生共同行動的能力和意志時，一種群屬之感 (we-feeling) 的發展」。他認為社會化的價值在於若干人同在一起和同在一情況下深受感動，並領會到彼此共享的情緒（引自朱岑樓譯，民 57，頁 248）。孫本文（民 49，頁 205）在其《社會學原理》一書中說：「社會上有無數的刺激，約束個人的反應，使之成為社會所規定的行為，此種作用謂之個人社會化。」以上三種說法，無論從社會規範、社會意識或行為改變等不同觀點來解釋社會化，都可以歸納出一個共同的特質，即：社會化乃是個人學習某一特定社會或社會團體的生活方式，使其能在這社會或團體中履行其社會角色的過程。

　　綜合上述社會學者有關社會化一詞的闡釋，可將社會化的涵義界定如下：「所謂個人社會化，是個人基於其身心特質與稟賦，和外界社會環境交互感應或學習模仿的一種歷程；個人由此而獲得社會上的各種知識、技能、行為模式與價值觀念，一方面形成其獨特自我，一方面履行其社會角色，以圓滿的參與社會生活，克盡社會一分子之職責。」

二、社會化的基礎

　　從上述有關社會化意義的分析，可以看出社會化過程必須具備三個基礎：⑴個人方面的基礎；⑵社會方面的基礎；⑶個人與社會的交互作用。茲分別說明如下：

㈠個人方面的基礎

　　社會化在個人方面的基礎，可歸納為下述三種特徵：第一、人類之異於其他動物最明顯的特徵是具有複雜而完備的神經結構，可以產生獨特的心理能力──智慧。所謂智慧通常是指學習的能力、抽象思考的能力以及適應環境的能力；而這三種能力的充分運用，才能有效參與人類社會生活，進而創造文化，促進社會進步。因此具備健全的神經系統是個人社會化最重要的基礎。其次，人類幼稚期較長，具有較大的可塑性，

誠如杜威所說：「生長的第一條件為未成熟狀態。」由於人類身心成熟過程比其他動物緩慢，這是造物主給人類充分學習的良好機會。人類具有較大可塑性，經由社會化過程，而奠定其人格的基礎。第三、語言文字是傳遞思想的工具，也是人類所特別具有的能力。語文的應用，社會學通常稱之為「象徵互動」(symbolic interaction)。其作用不僅在於表達思想、溝通感情，而且在於傳播知識、創造文化。所以語文的應用，可以說是構成人類社會的重要因素；缺乏語文能力，個人社會化的過程，可能遭遇困難與阻礙。

(二)社會方面的基礎

社會化的基礎，就社會方面而言，可以從制度與文化兩方面來探討。「制度」一詞，在社會學上廣泛地被使用，通常是指對於人類社會生活予以系統安排的一種方式。任何社會都有制度（例如：家庭、宗教、政治、經濟、教育等），如將社會比喻為生物有機體，那麼各種制度就如同社會的骨骼和器官組織一樣，將該社會的特性，充分顯示出來。孫末楠 (W. G. Sumner) 認為制度不僅包括一種觀念，而且有一種結構。例如：家庭之所以成為制度，不但因為在觀念上感到有組織家庭的必要，而且因為它具有一種特殊的結構，使家庭分子（父母、子女、兄弟、姊妹）表現與維繫他們交互與共同的關係。帕森士 (T. Parsons) 也認為制度是人類關係的規範及型態或角色的結構，有了這種規範、型態及結構，才能依據社會規則來約束個人的行為。就「文化」方面而言，一個社會常因地理環境、歷史背景以及民族的特性等各種因素的影響，逐漸形成一種特殊的文化模式 (cultural pattern)。在同一文化模式中，又常因社會組成分子之年齡、職業、居住地區、教育程度、社會階層之差異，而形成不同的次文化 (subculture)。一個人生長於任何社會團體中，便受到該社會之文化或次文化的薰陶，而養成種種獨特的行為模式與價值觀念，此種過程通常稱為「文化吸收」或「濡化」(enculturation)。從這一觀點言，社會化也可以說是個人接受文化陶冶的過程。

(三)個人與社會的交互作用

雖然人類具有完全正常的天賦，但如果從小就與社會環境隔離，還是無法獲得與常人一樣的人格發展。社會化過程端賴個人生理上的稟賦與社會環境的充分接觸，而後始能進行。關於幼兒時期社會接觸的重要性，可從一些特殊隔離兒童生活的個案研究中，發現有力的證據。例如：印度的狼童加瑪拉 (Kamala) 與阿瑪拉 (Amala) 於七、八歲時為人救出，不但無語言能力，其行為幾與動物無異；在德國發現的野童霍塞 (Casper Hauser) 亦因被關在地窖裡，沒有社會環境的接觸，其行為表現也有類似的情況。美國戴維斯 (Davis, 1940) 研究安娜 (Anna) 及其他社會隔離兒童以後，得到如下的結論：(1)安娜在嬰兒時期一切正常，被禁錮五年以後，再施以訓練，進步緩慢，心智發展仍不出低能範圍。(2)在早期被隔離後，任何兒童要重新學習語言以及改變思想行為較為困難，幸而安娜在五、六歲時被發現，她還年幼，可以獲得不少的調適。(3)從社會隔離兒童的個案研究，可以說明人格是生理稟賦與社會接觸所決定，因此早期社會化過程中，基本團體 (primary group) 的親密關係，對兒童人格發展具有重大的意義。

從以上分析，可以發現社會化過程中，除了具備個人與社會兩方面基礎之外，還需要藉社會交互作用，人類才能將遺傳得來的本性，發展成為人性 (human nature)。如果從小與世隔絕，沒有社會文化的接觸，他的心智發展、行為習慣便與常人不同，即使以後被帶進人類社會教養，其學習的能力，還是受到相當的影響與限制。

三、社會化的方式

社會化的方式可分為有意與無意的社會化。有意的社會化係指成人為使兒童或青年接受某些規範與價值，依照預定計畫，採取適當的步驟，直接教導他們遵從這些規範與價值所作的努力。這種有意安排的方式，通常在家庭、學校、教堂中實施，由家長、教師或神職人員在口語上教導，必要時，並輔以獎賞與懲罰。除這種正式的有意的安排而外，社會

化也常常在自然的人際交互關係中進行，例如暗示與模仿是間接的透過
無形的影響力而達到社會化的目的。父母師長的風範亦可能經由認同作
用 (identification) 而對兒童與青年產生潛移默化的效果。所謂身教重於言
教，無意的社會化，顯然對於兒童與青年人格發展具有相當的重要性。
關於社會化的方式可藉社會交互作用中的三種主要機制 (mechanisms)
加以說明：

(一)酬賞與懲罰

依照桑代克 (E. L. Thorndike) 學習律中之「效果律」(Law of Effect)：
凡某一刺激所引起之反應得到滿足時，則此種感應聯結便出此加強，以
後遇到相似的情境，使容易再次出現；反之，若遇到煩惱，則此種聯結
將會減弱。例如：兒童的成就，如果獲得教師或同學之重視與讚賞，則
日後遇到相似的情境，他就會再求表現；反之，如果對此情境所發生之
某種反應，偶有錯誤而被譏笑時，則日後有不再發生此反應之傾向。現
代心理學將「增強」(reinforcement) 學說應用於社會學習之法則，就是酬
賞與懲罰。

魯特爾 (Rotter, 1954, p. 108) 於 1954 年著《社會學習與臨床心理學》
一書中提出「期待—增強說」(expectancy-reinforcement theory)，認為在
某種特定情境中，某種行為的發生，係由兩種變項所決定：其一是個體
主觀的期待 (expectancy)，其二是外在增強值 (reinforcement value)。

華斯達與史金納 (Ferster & Skinner, 1957) 在其所著《增強方式》
(*Schedules of Reinforcement*) 一書中，曾根據實驗的情境，將增強方式區
分為：

1. 連續增強 (continuous reinforcement)。
2. 間歇增強 (intermittent reinforcement)。

所謂連續增強，是在每次正確反應之後，立即予以增強。一般而言，
此種增強方式能很快地令受試者學會反應，但在穩定性方面，卻不及間
歇增強。

　　間歇增強或謂之部分增強 (partial reinforcement)，是只對一部分的正確反應予以增強，其餘的則不予增強。它又有多種安排方式：第一種是固定比率 (fixed ratios) 的增強，即固定在每隔一次、二次、三次……幾次的正確反應之後予以增強（如按件計酬）。第二種是固定時間 (fixed intervals) 的增強，即在每隔一定的時間之後，若有正確反應即予增強（如按月發薪）。第三種是變化比率 (variable ratios) 的增強，是對正確的反應，作不規則的增強，每次增強之間，未增強的次數並不一定（如買獎券）。第四種是變化時間 (variable intervals) 的增強，是作不定時的增強，其間隔時間長短不一（如訪友）。

　　上面所述，皆為正增強 (positive reinforcement) 或酬賞的方式。在社會化過程中，有時也要使用懲罰，即是所謂負增強 (negative reinforcement)。懲罰 (punishment) 乃是對於個體的反應予以不快的刺激，使個體產生躲避的反應。與此類似者為不賞 (nonreward) 或沒收 (confiscation)，所謂「不賞」即個體未作適當反應則不予增強；至於「沒收」是指禁止個體享受某種權利（吳武典，民 60，頁 187）。從教育方法言，適當的懲罰，可以增進社會期望的反應，因為兒童如果由於行為不當而受處罰，或未作適當反應，得不到酬賞，甚至因不當反應，以致被剝奪某些權利，則以後他只有努力作適當的反應了。

㈡暗示與模仿

　　凡一個人以一個意見傳達別人，別人無批評的或無合理的根據，即接受了，此類過程謂之暗示。暗示作用的特點，一方面在施以刺激，一方面在發出反應。但一個人所遇到的社會環境中的刺激很多，其中大部分不發生暗示作用，只有能引起適當反應的刺激，才成為暗示。至於什麼叫模仿？簡單的說，由暗示而生的反應，就是模仿。有暗示的刺激，才有模仿的反應，二者如形影相隨，不可分離。社會學與社會心理學家一向重視模仿與社會生活之關係，尤其法國達爾德 (G. Tarde) 最為著名。達氏 1890 年出版其《模仿定律》(*The Laws of Imitation*) 一書，提倡社會

模仿論。他以為社會的過程，不外兩方面：即個人創造與個人同化；前者為發明，後者為模仿。模仿是使發明傳播於社會的方法。達氏甚至說：社會就是富於互相模仿的一群人組成的，故社會即模仿。

依據社會心理學之研究，一個人在模仿的過程中，並非純粹是被動的接受，要決定模仿行為的要素，至少要顧及下列三方面 (Sills, 1968, p. 100)：⑴示範者本身的特質——在社會上的勢力、資格、年齡與威望等，以及刺激的次數與複雜性，均足以決定模仿的效果。⑵呈現的方式——模仿的模式愈趨符號化，效果愈佳。如圖畫刺激、語言敘述，以及大眾傳播工具等都是提供符號模式 (symbolic model) 的重要方式。⑶觀察者的特質——一個依賴性強、缺乏自尊的人，容易接受暗示；相反地一個獨立性及自尊心強的人，就比較不容易發生模仿行為；此外，觀察者之動機與心向 (mental set) 也足以促進或妨礙模仿的學習。

在社會化過程中，個人行為習慣與人格特質的形成，與暗示、模仿的關係密切。語云：「近朱者赤，近墨者黑」，我國向來傳誦孟母三遷之事，即重視暗示與模仿作用的最好說明。現代社會，在家庭中的父母兄姊、學校中的師長同學，均可給予成長中的兒童與青年許多暗示與示範。此外，大眾傳播工具亦透過暗示與模仿的作用，而對兒童與青年的行為與態度，產生極大的影響。

㈢認同作用 (identification)

認同作用與模仿略為相似，通常實驗心理學在指觀察的學習 (observational learning) 時，常用「模仿」一詞；但人格心理學的理論方面，則多用「認同」。如果要嚴加區別，「模仿」是指特殊性的學習，而「認同」是指普遍性的學習。模仿是依據模式的示範，而產生具體行為的反應；而認同則包含對於實在的或象徵的對象之一種「視同一體」的感覺，不受時、空的限制 (Bandura & Walters, 1963, p. 89)。

最早分析認同作用的心理學家是佛洛伊德 (S. Freud)，他認為「認同作用乃是在感情上和他人互相結合的最早表現 (Sills, 1968, p. 57)」。根據

佛洛伊德的理論，人類一切行為，直接間接均導源於慾力 (libido) 的衝動。一個男孩在戀母情結 (Oedipus complex) 的驅使下，傾向於戀愛他的母親。但是習得的社會經驗告訴他：母親已為父親所占有，而父親的權威不可抗衡，與父親奪愛只有毀滅一途，於是轉而在行為上盡量模仿其父親，終而使自己具有男子氣的性格，此一歷程即是認同作用。同樣的，一個女孩也由戀愛其父親，但模仿其母親的歷程，而使其形成女性化的性格（張春興、楊國樞，民 58，頁 157、435）。

關於認同的學說，除佛氏「慾力表現說」(Expression of libido) 以外，尚有毛爾 (O. H. Mowrer) 的「次級增強說」(Secondary reinforcement)、施阿士 (P. S. Sears) 的「典範依賴說」(Dependency of model)、懷丁 (J. W. Whiting) 的「地位妒羨說」(Status envy) 與帕森士 (T. Parsons) 等人所分別提出的「社會權力說」(Social power)（吳武典，民 60，頁 198–199）。一般而言，認同乃是補償心理上不足的一種作用。因為在生長的過程中，大多數兒童都會感覺到自己人格中有所欠缺。例如他看見成人可以任意花錢，而他自己不能；看見軍人威武的樣子，相形之下，更覺自己渺小。因此，在這種情境之下，常會把他敬慕的人，懸作崇拜的偶像。在行為與思想上，隨著這個他心目中理想的人物亦步亦趨，把這個人物的人格特質加以吸收，而成為自己的一部分。

認同作用既是將自己與另一個人或是團體，在感情上融為一體的作用，所以它是社會交互活動中一種重要的心理歷程。個人就憑著這種心理作用和社會上其他的人，發生相互感應，而享受更多的經驗；同時，也憑著這種認同作用，分享了電影、電視、廣播和偉人故事中的英雄情節或光輝的場面。從這個觀點看來，認同作用實在是擴展自我範圍的一種歷程；由於這種歷程，我們在心理上便可將身外的人、物、甚至符號，看作自我的一部分。這種「視同一體」的感覺，在人格教育方面，具有非常重要的意義。

總之，認同作用是個人社會化過程中，一種極為正常而普遍的現象，對於人格發展影響很大。經由認同作用，符合於社會所要求的行為、態

度與價值觀念，逐漸為成長中的個人所吸收。人類胸襟因此而擴展，消除了狹隘的自我慾望，實現了個人社會化的理想。

〜 第二節　社會化與自我觀念的發展 〜

要進一步了解社會化的特質，必須從兩個途徑加以探究：首先，社會化的主要作用乃是個人透過社會過程而逐漸了解他人與自我的關係，因此探討自我觀念的發展，可以幫助吾人了解社會化的真義。其次，社會化的結果表示個人在社會團體中獲得其地位而享有其身分，因此社會化也是角色學習的過程，探討角色學習原理，對於整個社會化過程的了解，具有重要的意義。本節先分析社會化與自我觀念的發展，下節則討論社會化與角色學習歷程。

對於自我觀念的理論探討，較有貢獻者，包括精神分析學派首創者佛洛伊德 (S. Freud)、社會心理學家柯萊 (C. H. Cooley) 與米德 (G. H. Mead) 以及我國教育學者郭為藩等人。

佛洛伊德雖未論及社會化這個問題本身，但其理論對於社會化過程的澄清則很有幫助。他認為個人人格系統，係由三部分所構成：(1)本我 (id)；(2)自我 (ego)；(3)超我 (superego)。本我是最原始的本能欲求，為人所本有，其行為表現均在於滿足生物本能的衝動。自我則是後天發展的，它根源於本我，取諸於外而為己用，其行為表現則能顧及外界要求，控制本我的衝動。至於超我部分，則始終與本我相對，它主要是透過兒童對父母的認同作用發展而成。由於人格漸趨成熟，個人可將社會行為規範及道德觀念內在化 (internalize) 而構成「自我理想」(ego-ideal)，以自我向善的意願代替社會外力的管制，達到完全自律的地步。

美國心理學派社會學者柯萊從個人與社會的密切關係來分析人格形成的過程。他將「本性」與「人性」加以區別，前者是先天的，後者是後天養成的。只有人類在社會生活中以情操 (sentiment) 為基礎，才能發展為人性。

　　柯萊對於「基本團體」(primary group) 的分析，是他在社會學上的一個主要貢獻。基本團體是指親密的、面對面的 (intimate face to face) 結合與合作為特質的團體。例如：家庭、遊戲團體、鄰里組織等。這些團體之所以被稱為基本團體，乃是因為它們在個人社會化過程中是基本而必要的。它們是人性的溫床，供給個人最早及最完全的社會經驗。並且由於兒童在這些團體中的經驗，產生了社會性與個人理想，例如：信仰、服務、仁愛，對於社會規範的遵從以及對自由的理想等。

　　柯萊在他主要的著作中，一再強調自我是社會的。在《人性與社會秩序》(*Human Nature and the Social Order*) 一書中，他提出了很受人注意的概念，就是「鏡中自我」(looking-glass self) (Cooley, 1902)。他說：「每一個人對他人都是一面鏡子，反映出他人所表現過的一切。」換句話說，自我觀念的形成是透過與他人的接觸，意識到別人對自己的看法，站在別人的角度以反觀自己的結果。根據柯萊的分析，形成「鏡中自我」的過程，包括三個階段：⑴想像自己在他人心目中的形貌；⑵想像他人對於此一形貌的判斷或批評；⑶由自己對於這種判斷而引起的自我感，如覺得驕傲或羞恥等。顯然柯萊「鏡中自我」的概念，強調自我是透過個人與社會（尤其是基本團體）的交互作用而形成。自我觀念的形成又必須以擬情（empathy，或譯「同理心」）為基礎。這種擬情作用的發展，代表著個人社會化的過程，即一個人逐漸脫離惟我中心的狀態，而能投身於他人的地位和客觀的態度來衡量自己的行為。

　　美國另一位社會心理學者米德 (G. H. Mead) 在其《心靈、自我與社會》(*Mind, Self and Society*) 一書中，也認為自我觀念是起於社會經驗 (Mead, 1934)。兒童自我觀念的發展，首先由採取某些成人對他的態度開始。在這個階段，他並沒有能力參加有組織的團體活動，其社會關係僅限於與一些「重要的他人」(significant others) 的交互作用，兒童行為表現多半為他對這些人的經驗所決定。此時，兒童喜歡從「遊戲」(play) 中扮演角色。他扮演父母親、醫師或郵差，乃是從相對的觀點 (relative perspective) 來了解人我之間的關係。然而由於個人逐漸成熟，他學會一

種更為複雜的角色扮演的形式，懂得如何參加有組織的「比賽」(game)。
例如：在棒球比賽中，球員個人表現，並不是最重要的；每一球員最重
要的是他必須隨時調適其行為，以便配合其他球員的動作，並符合運動
規則的要求。此時，他是對一個「概括化他人」(generalized other) 產生
反應。米德所謂「概括化他人」，係代表整個團體的態度。個人就根據整
個社會團體對自己的態度來認識自我，表現自我。米德強調自我的社會
性，似乎在暗示自我完全為其他人的態度所決定。事實上，米德曾把「我」
分為被動部分的「客體的我」(me) 和主動部分的「主體的我」(I)。前者
係採取他人的態度與觀點而來，後者則是自發的和創造的部分。個人不
必也不能完全為其他人的態度所左右；易言之，「主體的我」不一定完全
為「客體的我」所支配。在適當情況下，它能夠主動地影響或修改社會
過程。

我國教育學者郭為藩（民 61，頁 31-32）在《自我心理學》一書中，
對自我觀念作有系統而深入的分析。他主要是根據柯萊、米德的觀點，
參酌其他重要的理論加以發揮，提出自我觀念發展的三個階段。第一階
段是「生物我」萌芽及茁長的時期，這時社會我與心理我猶未產生，稱
之為「惟我中心期」。隨後接著第二階段，是「社會我」發展最重要時期，
這時生物我繼續趨於壯碩，而心理我猶未出現，稱為「客觀化期」。最後
階段便是「主觀化期」，「心理我」急起直追，蓬勃發展，同時「生物我」
與「社會我」繼續臻於成熟，綜合成為完整的自我觀念。

根據以上有關自我觀念發展的理論探討，可以看出所有學者一致認
為自我觀念深受他人態度的影響，社會化與自我觀念的發展，可說是同
一過程的兩面。社會化的結果，意味著自我的發展，已由「惟我中心期」
經「客觀化期」而達到「主觀化期」。此時，個人身心已臻成熟，不但將
社會規範內在化，並能適當履行其社會角色，而且進一步形成自我價值
體系，有助於個人理想之實現。

第三節　社會化與角色學習的歷程

　　從社會化的涵義中可以了解，任何人如果要符合社會的要求，以取得成員資格，他必須學習適當的社會角色。關於角色的意義，由於各家觀點不同，很難有一致的看法，但是一般而言，角色可以包括下述概念 (Ruddock, 1969, p. 15)：⑴一個人的行為表現，常決定於他當時所承擔的角色；⑵每一個人常同時據有許多不同的角色，此即墨頓 (R. Merton) 所說的角色組合 (role-set)；⑶角色可分社會規定的角色（如學生）與自願選擇的角色（如店員）；⑷社會制度與團體對個人有不同的角色期望 (role-expectations)；⑸角色期望之間，彼此常互相衝突；⑹個人行使角色的方式不同，個人由於角色的改變，而影響其社會關係。班頓 (M. Banton) 綜合角色的觀念，認為角色係指「對於擔當某一特定職位者的一套規範與期待。」期待是指預料承擔某一角色者「可能」如何表現；而規範是指希望他「應該」如何表現，是一種理想上的角色期望。因此角色亦可視為「一套權利與義務」(Banton, 1965, p. 29)。

　　社會學家霍頓 (P. B. Horton) 與韓特 (C. L. Hunt) 在其合著的《社會學》一書中強調：個人主要是透過角色的學習與地位的獲得而社會化 (socialization through role and status)。角色學習至少包括兩方面：⑴學習與角色有關的權利與義務。⑵養成適合於角色的態度、情感與願望等 (Horton & Hunt, 1976, pp. 99–100)。每一個人都必須學習行使其為兒童、學生、父母、市民、從業者、公務員……等有關角色，才能參與社會生活。社會化的結果，代表一個人已經能夠適當的享權利、盡義務，作為社會上有用的分子，而且進一步曉得如何運用適當的態度與方法，更有效的來行使其角色，使角色扮演更為成功。

　　過去，一般學者探討社會化時，只限於嬰兒、兒童和青年的社會學習，並不包括成人的社會化。現代社會學者，則多認為社會化是終身的歷程，社會化的分析應該擴展到成人的階段（林清江，民 66，頁

109–127)。因為在今日科技發達的時代中，社會變遷快速，個人的思想與行為必須隨時調整以適應進步中的社會。個人如果拒絕社會化或社會學習，其精神生活可能停頓在某一階段，而成為衰頹的狀態。此外，當一個人獲得新的地位或職位時，或加入新團體時，他必須學習附屬於各種新角色的規範與價值。例如：一位大學畢業生，剛進入社會新環境時、或成為丈夫或妻子時、或成為父母時，都構成社會化過程中的新階段，在人生的每一過渡時期，均須學習新的角色任務。

有些學者將社會角色或地位區分為歸屬的 (ascribed) 及成就的 (achieved) 角色兩種 (Linton, 1936)。前者係個人出生以後社會就加以指定，與個人的智能與努力無關，例如：性別、年齡、種族等（在有些社會中尚包括宗教與社會階級）；後者則由個人的能力與表現而獲得，例如：學歷、職業、社團活動等。現代社會已經由封閉式社會進入開放式社會的時代，個人有更多機會憑其才識與努力，創造自己的前途。個人在社會化過程中，由於角色範圍與性質的改變，必須隨時學習其角色，以取得或提高個人在社會中的身分。

至於哪些因素影響角色的學習？根據社會心理學者分析，大致可分為以下幾個因素：

㈠角色學習與社會制度有關

每一個社會對其成員通常有某些既定的角色描述 (role description)；如女孩子在家裡應該怎樣幫助母親做烹飪工作，假如社會中有這樣清晰的角色描述時，個人就毫無疑問地接受社會既定的體系（李長貴，民 58，頁 188）。在男女平等的現代社會中，對女子的學習家事，似乎沒有絕對的明顯的要求，這對女子成為家庭主婦的角色難免發生困擾。個人對其應履行的角色任務不了解或不能接受時，可能阻礙其角色的學習。

㈡角色伴侶 (role-partner) 有助於角色學習

角色伴侶的交互關係是使角色學習更容易的實際方法。師範生在課堂上學習教師角色的理論固然重要，但如無機會到學校實地試教，真正

與學生產生角色交互關係，則將來還是無法勝任教學工作。有經驗的教師能夠享有教學相長的益處，也是由他和學生的交互關係中獲得的。在家庭中的獨生子或獨生女，或僅有同一性別的兄弟或姊妹者，由於他們缺乏與同輩異性的交互經驗，到了青年期，可能產生適應的困難。

㈢經驗的重複與角色學習有關

根據社會心理學的研究發現，事物的經常顯現 (frequency of exposure) 可促進該事物的吸引力 (Seidenberg & Snadowsky, 1976, p. 86)。在基本團體中，父母親的耳提面命、教師的諄諄教誨，都是經驗不斷重複的最好說明。兒童因獲得深刻而鮮明的經驗，其學習的效果當然比較持久。

㈣新情境可強化角色學習

個人在新的情境中產生學習新角色之意願後，舊的角色逐漸被淘汰，而新的角色因素逐漸被吸收。如一個人進入戀愛階段、獲得新任命或享有某種特權時，他從這些新情境中強化其角色，而個人人格也不斷地在新角色的影響下產生變化（李長貴，民 58，頁 189）。

總之，從某一觀點言，社會化可以說是角色學習的過程。人生經歷不同的階段，所以要不斷的學習新的角色任務。教育的目的在協助角色學習，因此吾人應善於利用影響角色學習的各種因素，以增進社會化的效果。

第四節　社會化與教育的關係

從上述各節所述，可見社會化是使個人獲得知識、技能、習慣、態度，與理想的過程；易言之，是經由自我觀念的發展與角色學習的歷程，使個人在本性基礎上建設其社會性，以便圓滿參與社會生活。這種過程是社會有意無意的「教育」個人，使個人由茫然無知的狀態，而轉變為具有獨特人格的社會組成分子。所以社會化就是廣義的教育。

在古代原始社會中，人類生活方式簡單，沒有設置學校的必要。當時兒童與青年都在日常實際生活中，獲得生活知能、養成習慣，形成道德與價值觀念。一個人的父母、長輩就是師長，自然環境與社會環境就是教育場所，既無預定的教育方式，亦無固定的學習內容。所以傳統的社會中，並無現代意義（正式）的教育活動；當時僅有廣泛的生活教育——非正式的教育。此種非正式的教育過程與社會化的意義並無區別。

隨著時代的演進，社會生活日趨複雜。人類在生活上所必需的職業知能與道德觀念，已經無法在一般社會化過程中習得。於是人們不得不設置學校教育機關，有計畫的來教育下一代，正式的教育制度於焉產生。

及至現代社會，教育制度日益龐大，並具有獨特的功能，於是正式教育的意義與社會化的意義乃有所差別。「社會化指的是個人從家庭、同儕團體及其他社會團體，接受文化規範，內化至個人心靈中，形成人格特徵的過程；教育指的則是個人在學校中，接受計畫性的指導，學習生活及工作知能的過程。從某種觀點言，社會化的過程大於教育的過程；從另一種觀點言，教育過程所能完成的功能則非一般社會化過程所能完成。」（林清江，民66，頁20）可見，社會化是指一般性的非正式的教育過程，而教育乃是特殊性的有計畫的社會化過程。前者含義較廣泛，後者功能較精確。兩者過程雖有所區別，但彼此相輔相成，關係密切。茲分述之：

一、正式教育為社會化歷程的一部分

一般認為個人社會化是終身的歷程；是一個人由無知的動物狀態，轉變成為具有理想人格特質的過程。從這種觀點言，教育可說是社會化的一種途徑或方式，而學校是社會化的一個單位。社會通常運用各種不同的方法，灌輸其成員適當的價值觀念，培養良好的行為習慣，使其遵從社會規範，而教育就是其中最積極有效的一種方法。一個人由幼至長，在漫長的社會化過程中，經歷許多團體的社會化（例如：家庭、同儕遊伴、學校、職業團體、宗教團體，及其他社會團體等），學校為其中一個

單位。由此可見，正式教育為社會化歷程的一部分，它可以協助其他社會化單位，完成社會化理想。

二、正式教育的實施受社會化過程的影響

正式教育的對象，是成長中的兒童與青年。他們來自不同的家庭與社區，各具不同的社會背景。由於受家庭與鄰里遊伴的影響，他們在入學之前，已形成不同的價值觀念與行為模式。這些人格特徵影響學校教育的效果。即使在求學過程中，個人社會化因素仍然繼續影響學校教育的型態與成敗。因此教育實施，應先了解學生社會化的背景，以便作為施教的依據，並且經常與家庭或其他社會團體協調合作，以收全面教育的效果。

三、社會化過程依賴正式教育力量

在社會化過程中，個人常受其所依附社會團體的文化或次文化的影響，而形成其人格特徵，已如前述。此類人格特徵不一定符合整體社會規範的要求，而教育過程則是有目的、有計畫的教導兒童與青年接受理想的價值觀念與生活上必需的知能。依此而言，正式教育的功能較為積極，可以增進理想社會化的效果。例如：對於社區不良習俗與風氣，可藉教育力量加以改善；對於青少年反社會化行為，可利用教育力量，予以適當的協助與輔導。可見，在社會化過程中，須依賴教育力量來改良社會環境，培養健全人格，以實現社會化的理想。

參考文獻

吳武典（民 60）。〈社會學習理論及其應用〉。《師大學報》，16 期，頁 187。

李長貴（民 58）。《社會心理學》。臺北：中華。

林清江（民 66）。〈從社會化歷程論各級教育的重點〉。《師大教育研究所集刊》，19 輯。

孫本文（民 49）。《社會學原理》。臺北：商務。

張春興、楊國樞（民 58）。《心理學》。臺北：三民。

郭為藩（民 61）。《自我心理學》。臺北：開山。

Bandura, A. & Walters, R. H. (1963). *Social learning and personality development*. N. Y.: Holt, Rinehart & Winston.

Banton, M. (1965). *Roles: An introduction to the study of social relations*. London: Tavistock.

Cooley, C. H. (1902). *Human nature and the social order*. N. Y.: Charles Scribner's Sons.

Davis, K. (1940). "Extreme social isolation of a child," in *American Journal of Sociology*, Vol. 45, No. 40, Jan.

Ferster, C. B. & Skinner, B. F.(1957). *Schedules of reinforcement*. N. Y.: Appleton-Century-Crofts.

Horton, P. B. & Hunt, C. L. (1976). *Sociology*, 4th ed. N. Y.: McGraw-Hill.

Koenig, S. (1957). *Sociology: An introduction to the science of society*. （朱岑樓譯（民 57）。《社會學》。臺北：協志。）

Linton, R. (1936). *The study of man*. N. Y.: Appleton-Century-Crofts, ch. 8.

Mead, G. H. (1934). *Mind, self and society*. The University of Chicago Press.

Rotter, J. B. (1954). *Social learning and clinical psychology*. N. Y.: Prentice-Hall.

Ruddock, R. (1969). *Roles and relationships*. London: RKP.

Seidenberg, B. & Snadowsky, A. (1976). *Social psychology*. N. Y.: Free Press.

Sills, D. L. (ed.) (1968). *International encyclopedia of the social sciences*, Vol. 7.

第4章　社會制度與教育

　　教育制度為社會制度的一種，與家庭、文化、宗教、政治、經濟等制度，並存於社會結構中。本章從社會學觀點，首先分析教育在社會制度中的地位，然後探討教育制度與其他主要社會制度的關係：包括文化與教育、政治與教育、經濟與教育的關係。

第一節　教育在社會制度中的地位

一、社會制度的意義

　　人類生活根本就是一種團體生活。為使團體生活井然有序而不致凌亂，必須要有一些維繫團體生活與人類關係的法則。這些經大眾公認的社會行為的規則，比較複雜而有系統的叫做社會制度 (social institution)。任何社會都有制度，包括家庭的、宗教的、政治的、經濟的、教育的等等，作為人類生活的規範。沒有這些制度，社會便無法存在；因此，要了解社會，必須研究社會制度。

　　早期社會學者斯賓塞 (H. Spencer) 將社會視為有機體，而認為制度是有機體的各種「器官」，分別發揮其不同的社會功能。孫末楠 (W. G. Sumner) 認為制度是由概念 (concept) 與結構 (structure) 兩個因素所構成。前者包括理念、意見、學說、興趣，泛指一個制度存在的目的或宗旨；後者包括組織、設備、人員，乃指實現目的的體制。孫末楠又認為大部分的制度起源於民俗 (folkways) 與民德 (mores)。他說：「由一叢民俗及民德所圍繞著的一種重要的興趣或活動即是一種制度。」（引自朱岑樓譯，民 51，頁 46–68）霍頓與韓特 (P. B. Horton & C. L. Hunt) 對社會制度的看法與孫末楠相似。他們認為：社會制度乃是社會關係的組織體系，

包括某些共同價值與程序，以滿足某些社會上的基本需要。所謂共同價值，是指共有的觀念與目標；所謂共同程序，是指團體成員所共同遵循的標準化行為模式；所謂關係體系，是指角色與地位的結構，團體成員透過這種結構或組織，以表現社會行為。例如：形成家庭制度須包括：(1)一些共同價值（如重視愛情、喜歡小孩、喜好家庭生活……）；(2)一些共同程序（如約會、養育嬰兒、家庭日常事務的處理……）；(3)一套角色與地位的結構（如夫婦、父母、子女、兄弟姊妹……）（Horton & Hunt, 1976, p. 168）。

　　人類的社會生活有各種基本需求，制度的建立或形成是為了滿足或適應這些人類的基本需要。例如：為了滿足性欲、親情、與傳宗接代的需要而形成了家庭制度；為了應付超自然力量並使人們精神獲得慰藉而形成了宗教制度；為了保護人們免於內憂外患並維持社會秩序乃建立政治制度；為了便於人們獲取或交換財貨與服務以滿足其物質生活需要，乃建立經濟制度；為了傳遞並更新文化，將社會規範與價值傳授給新生一代，乃建立教育制度。

　　由以上分析，可見社會制度乃是由於人類社會生活的需要而形成的相當明確、穩定、並為人們所公認的社會行為的規範。現代社會中，家庭、宗教、政治、經濟、教育等都構成重要的社會制度。這些制度，也就是基本的社會結構，社會生活乃透過這些制度而形成各種價值觀念與行為模式，據以規範個人行為。

二、教育在社會制度中的地位

　　各種社會制度既然是為滿足或適應某些基本需要而形成，因此，它們各具有其獨特的功能。家庭的主要功能是養育子女，政治的基本功能是保護人民的生命與財產，宗教的主要功能是崇拜……。但是，除了主要功能之外，每一種制度又有其次要功能，例如：宗教的主要功能在於崇拜，但同時還可以控制道德，辦理教育及慈善事業；家庭除了養育子女外，同時也有經濟、教育、娛樂等功能。因此，各種社會制度之間關

係密切，彼此交互影響，其功能並不是孤立的。到底教育制度在整個社
會結構中有什麼獨特的功能？如與其他社會制度比較，它占有何種重要
地位？這是本節所要探討的中心課題。

　　傳統社會，變遷緩慢，教育僅被視為一種工具，用以指導下一代適
應當時社會結構的要求。現代社會變遷迅速，教育的基本功能不得不有
所改變。

　　首先，就教育的文化功能而言，人類的文化遺產——包括物質的與
非物質的——都必須依賴教育加以選擇並傳遞，教育擷取文化材
(cultural goods) 作為教材，並藉計畫性的活動，將之傳授給學生，以滿足
其生活需要。此外，教育具有創造與更新文化的功能，因為文化不是自
然所賦予人類的，而是人類利用其智慧創造出來的；教育的積極功能，
在於培養個人創造能力，以利文化的更新。

　　其次，就教育的政治功能而言，可分兩方面來說明：第一，教育制
度可以孕育民主信念；第二，教育制度可以培養領導人才。就前者言之，
現代世界各國莫不運用教育力量來培養某種政治上的認同 (identity)，以
促進政治的統一。就後者言之，各國培養及選拔英才的方法各不相同，
但是依賴學校教育作為培養人才的機構，則為現代社會的共同趨勢。教
育制度因選擇及訓練領導人才而與政治制度密切相關。

　　第三，就教育的經濟功能而言，教育一向被認為是一種消費，當代
教育經濟學者則強調：人力資源的提供，是衡量國家經濟、軍事、及政
治力量的最佳選擇。教育投資的收益率，已經可以和其他物質的投資相
提並論了。「教育投資論」因而形成❶。此外，各國不斷研究如何發揮人

---

❶　「教育投資論」為教育經濟學的重要理論，有關此方面的研究文獻極多，
　　例如：貝克 (G. S. Becker)、保曼 (M. J. Bowman)、薛爾茲 (T. W. Schultz)、
　　布羅 (M. Blaug) 等人的著作均極受重視。世界銀行 (World Bank) 及國際貨
　　幣基金組織 (IMF) 在 70 及 80 年代也改變直接經援的手段，改以教育投資
　　以提升低度開發國家之就學率，提供經濟發展之有利條件。我國教育部教
　　育研究委員會所出版有關此類叢書，亦可供研究參考。

類才智及能力，運用科學技術以增加生產，為達到此項目的，不得不借助教育的力量。尤其面對「知識經濟」(knowledge-based economy) 的時代，教育與經濟間的關係更加地密切，更為各國學者與政府所重視。

教育制度除了具有上述文化、政治、與經濟功能之外，從社會階層的觀點言，教育有促進社會流動 (social mobility) 的功能；從社會變遷的觀點言，教育則有引導人類思想，改變人的觀念，以促成理想社會變遷的功能。（參見第五、六章）

現代社會的特質是變遷迅速。人類的重要職責是如何在變遷的過程中，引導正確的發展方向。根據一般學者分析發現：文化、政治、經濟、及社會的整體發展，須依賴教育力量；教育制度已由社會結構的外圍地位轉移至核心地位 (林清江，民 61，頁 169)。教育力量的影響擴及文化、政治、經濟、及社會各層面，同時因居於核心地位，其所受其他社會制度的影響也日益顯著。這和傳統社會情形，有其根本不同之處。

在傳統社會初期，家庭制度最為重要，因家庭兼具各種社會制度的功能。由於時代變遷，宗教制度與政治制度亦曾分別占有重要地位。迄至目前社會，人類正運用高度智慧以全面加速「社會—經濟」發展。幾乎任何一種社會制度都在某些方面仰賴教育制度的協助。從上述教育功能的分析，可見一斑。由於教育功能轉趨於社會核心地位，各國均已體認到：人民教育水準的高低，乃是衡量國力的重要標準。因此，各國政府都日益重視對教育的投資，以期透過教育力量，加速國家全面的發展。

第二節　文化與教育

文化 (culture) 是人類學與社會學研究上一個極為複雜且極具重要性的觀念。因為文化所涉及的內容，包括人類社會生活的每個層面，其與社會與教育的關係極為密切。本節從社會學與人類學觀點，首先就文化的意義加以闡釋，其次說明文化對人格發展的影響，最後探討文化與教育的關係。

一、文化的意義

文化這一概念的定義，往往由於文化理論上的差異，而有不同的闡釋。一般人類學家或社會學家在探討文化的意義時，都難免會提出泰勒 (E. B. Tylor) 在《原始文化》(*Primitive Culture*) 一書中所下的定義：「文化是一個綜合的整體，包括知識、信仰、藝術、道德、法律、習俗，以及其他作為社會一分子所獲得的任何能力與習慣。(Tylor, 1871)」這一定義採取較廣泛的觀點，包括現代所謂「文明」(civilization) 的意義在內。林頓 (Linton, 1947, p. 21) 強調文化是習得的行為，他說：「文化是習得行為的綜合型態 (configuration) 以及行為的結果，其內涵為某一特定社會組成分子所共享與傳遞。」有些學者如克魯伯 (A. L. Kroeber) 與克羅孔 (C. Kluckhohn) 比較強調文化因素中觀念與價值的重要性。他們認為：「文化是人類含蓄的或外顯的行為模式，經由符號（語言文學）習得並傳遞，因而構成人類獨特的成就，包括具體的人工製品 (artifacts)；文化的精髓在於傳統觀念，特別是附屬於這些觀念中的價值。文化體系一方面可以視為行為的結果，但另一方面也可以作為決定未來行為的重要因素。」(Kroeber & Kluckhohn, 1952) 多數社會學者，為了避免文化與社會結構的混淆，均根據此一定義加以發揮。例如：帕森士 (T. Parsons) 認為文化的特質基本上是象徵性與價值性的 (symbolic and evaluative)。

根據以上分析，可以看出「文化」這一概念，具有下述特質：第一，文化是複雜的整體，其所含各因素彼此相關形成一個體系；它是以固定的型態或模式 (pattern) 表現出來。第二，文化的內涵，包括物質的與非物質的兩方面。前者指各種具體的人工製品；後者指思想、觀念、行為模式、價值、和情緒的反應、以及各種抽象事物（如語言、文字、科學、藝術、法律、宗教信仰等）。第三，文化具有習得性與傳遞性。人類獲得文化，不是透過遺傳的方式，而是經由學習活動為之。此外，人類文化能夠代代相傳，主要是因為人類具有運用符號的能力，並以教育為主要工具。第四，文化具有累積性與選擇性。文化發展由簡單而複雜；人類

除保存前人的文化，還能創造新文化，所以文化內容乃一代一代的增加與累積；而且為適應時代變遷，傳統文化會因新的社會需求而作適當的選擇或修正。第五，文化不僅是人類異於其他動物的主要特徵，也是區分不同社會的主要標誌。除人類外，其他動物均不能創造與共享文化，而且不同的人類社會具有不同的文化背景，其行為模式與價值觀念亦因而有所差異。

　　文化一詞，有普通和特殊兩種意義，前者泛指整個人類的文化，後者指某一特定社會的文化。由於歷史背景的不同，某一地區的若干團體的文化可能形成種種特質而異於其他地區的文化。文化人類學者將此一地區稱之為「文化區域」(culture area)。每一文化區域有一個核心文化和若干次文化。社會學的研究，除要了解一個社會的核心文化外，對於次文化的存在，亦予以相當的重視。

二、文化對人格發展的影響

　　在第三章探討社會化的意義時，吾人了解「人格」乃是經由個人先天的資質稟賦與後天的社會文化產生交互作用而發展出來的。人類學者與社會學者雖不忽略天賦因素對人格發展的影響，但更強調每個社會有不同的文化，而個人人格特質常為個人所處的文化所決定。

　　潘乃德 (R. Benedict) 在《文化模式》(*Patterns of Culture*) 一書中，分析三個原始民族的文化：美國西南部印地安人朱尼族 (Zuni)、美拉尼西亞群島中的杜布族 (Dobu)，以及美國西北部的瓜求圖族 (Kwakiutl)。她將文化分為兩大類——阿波羅型（Apollonian，或譯太陽神型）和戴奧尼型（Dionysian，或譯酒神型）。潘乃德採用「文化模式」的觀念，說明文化與人格的密切關係。阿波羅型文化所孕育的人格特質是規律、自制、和平與樂群；戴奧尼型文化則是粗暴、縱慾、狂野與個人主義。朱尼族為阿波羅型文化的代表,而杜布族與瓜求圖族則為戴奧尼型文化的例子，各自表現該文化所共有的特質❷。

---

❷　R. Benedict (1934).《*Patterns of Culture*》. 本書於民國 65 年由黃道琳譯成中

另一位女人類學家米德 (Margaret Mead) 在薩摩亞 (Samoa) 島上實地研究發現：青少年時期感情上的困擾，完全是文化的產物，絕非是生理趨向成熟時所產生的必然現象。她又研究新幾內亞的部落生活，寫成《三個原始社會的性與氣質》(*Sex and Temperament in Three Primitive Society*, 1935)，在此書中，她描述三個原始民族由於文化的不同，兩性的氣質與行為也因而有所差異。易言之，個人生活在某種文化中，其人格氣質與行為表現即為該文化所決定。

林頓 (R. Linton)、卡迪納 (A. Kardiner) 與杜寶姬 (Cora Du Bois) 等人在哥倫比亞大學共同研究原始社會的人格氣質。他們根據在阿羅島 (Alor) 搜集的資料加以心理學的分析後，認為阿羅島上一般成人人格上的困擾與其幼年生活缺乏母愛與安全感有密切關係。因此，他們提出「基本人格結構」(basic personality structure) 這一概念來說明早期的教養（包括育嬰方式）對人格發展的重要性 (Kardiner, et al., 1945)。上述文化與人格之關係的研究，大都以原始社會為對象。到了第二次世界大戰開始時，許多人類學家與社會學家從研究一個原始民族的文化模式或基本人格結構的方法，轉而研究一個現代國家的「民族性」或「國民性」(national character)❸，並且獲得相當豐碩的成果。

三、文化與教育的關係

從文化概念的探討與文化對人格發展影響的分析，可以了解教育對文化的重要意義。茲根據上述有關文化的說明，參酌若干學者的看法，將文化與教育的關係，歸納如下：

文，巨流圖書公司出版。

❸　其中最有名的是潘乃德 (R. Benedict) 研究日本民族性而寫成《菊花與劍》(*The Chrysanthemun and the Sword*, 1946) 一書（中譯本由黃道琳譯，民 95，桂冠圖書公司出版）。此外，尚有恩布里 (John Embree) 研究泰國人的性格，殷克里斯 (A. Inkeles) 研究俄國人的性格，以及我國旅美人類學者許烺光研究中國民族性等，都頗受重視。詳見：李亦園（民 64）。《人類學與現代社會》，頁 15–23。臺北：牧童。

㈠文化對教育的影響

文化在教育方面的功能，可分三方面來說明：

1.**文化規範決定教育目的：** 文化規範泛指在文化領域中為一般人所共同遵守的規則，也是人類價值判斷的標準。教育目的與文化規範具有密切的關係。兩者均隨時代與社會的變遷而改變。從中外教育目的的歷史發展來考察，可以看出教育目的都是為滿足當時政治的、經濟的、或社會的要求，易言之，在反映當時社會的文化規範。例如：希臘羅馬時代、中世紀、以至現代歐美教育目的，各有不同。我國傳統教育目的注重人倫，旨在維護宗法封建的社會，而解嚴前三民主義的教育目的，則在反映民有、民治、民享的建國理想。當前九年一貫課程所架構的教育目標，則在符應二十一世紀人本化、民主化、多元化、科技化與國際化的趨勢。

2.**文化提供教育內容：** 教育是一種存在於人與人之間或者上一代與下一代之間的影響或活動。教育本身並無固定的內容，所有過去人類所創造出來「文化材」，只要是有價值、有意義、而且適合下一代學習的都可以選作「教育材」。因此，教育的內容（課程與教材），實際上就是人類經驗的菁華，也就是從文化素材中精選出來的，其內容可包括各種生活上必需的知識、技能、理想、態度、與習慣等。

3.**文化具有非正式的教育作用：** 文化對教育的影響，基於一種事實，就是「人類行為具有很大的彈性，能夠適應文化環境 (Ottaway, 1962, p. 36)」。從社會化過程的分析中，吾人了解：人類身心特質異於其他動物，所以能夠接受文化陶冶。學校教育只是有計畫、有特殊目的的一種教育方式，通常成為狹義的教育。事實上，教育過程不僅在學校課程中進行，同時也在社會整體文化環境中產生。所以，「教育必須依賴一個社會的整體文化」(Ottaway, 1962, p. 38)。學校固然是教育機構的一種，在其他社會團體中，也有教育工作者進行非正式的教育過程。在不同的文化模式或次文化中，兒童受到不同的影響作用，會養成不同的態度與行為。從教育社會學的觀點而言，學校了解學生的文化背景是非常重要的。

㈡教育對文化的貢獻

　　從文化對教育的影響而言，教育依賴於文化。但是從另一種觀點說，文化也依賴於教育。這種關係，可以從教育的文化功能來探討：

　　1. **教育具有選擇與傳遞文化的功能：**人類的文化遺產——包括物質的或非物質的——都必須經由教育歷程代代相傳，才能保證社會的穩定與進步。但是文化遺產的保存，並非社會生活的最高境界。為適應時代與環境的需要，社會文化之糟粕必須遺棄，社會文化之菁華則待發揚。文化的選擇與傳遞，實意味著價值的取捨與認知的轉變，並且是為了文化自身的繼續發展。正式教育在本質上就是一種價值引導的工作。它擷取文化菁華編為教材，提供適應社會生活的知識、技術、與理想態度，然後再藉計畫性的活動，將這些文化菁華傳授給學生，作為滿足其生活需要的工具。

　　2. **教育具有創造與更新文化的功能：**就社會文化的運用言，利用固有文化模式，以解決新社會環境中的問題叫做適應；而利用人類智慧在舊文化模式中，力求更新，並行之於新文化環境則為創造。文化不是自然所賦予人類的，而是人類利用其睿智與體能創造出來的。人類為了自身的生存、社會的延續，必須時時創造與更新文化。教育功能雖然具有保守性功能——即傳遞文化，使個人社會化，但也有積極性功能，就是培養與文化相關的個性與創造能力，以利文化的更新。文化與教育的關係密切，是因為文化因素影響教育過程，而教育過程又具有創造與更新文化的功能。布拉美德（Brameld, 1959, pp. 402–403；林清江，民 61，頁 163）說：「教育是文化的產物，也是文化的動因。」我國名教育家田培林不但把教育當作是一種「文化的保存與延續」的歷程，而且進一步認為「教育本身即為高度的文化」（田培林、賈馥茗編，民 65，頁 3–11），就是這個道理。

第三節　政治與教育

　　從社會學觀點而言，政治現象是一種社會現象，而政治生活也是一種社會生活。政治的特質，就其目的看來，它是用以控制各種團體間或個人與團體間之關係的，即所謂管理眾人之事；就其功能看來，它是具有強制力的一種組織。現代社會，政治制度已經成為一種重要的制度，政治生活直接或間接影響於個人或團體者至深且鉅。例如：政治穩定，則政府可以全力增進人民生活的福祉，而政局不安，以及隨之而來的暴亂與戰爭，則危及人民生命與財產的安全。政治作用不但滲透在一切社會生活之中，而且其權力凌駕一切社會生活之上，任何個人或團體，都無法自外於政治影響而生存。由此可知政治在現代社會的重要性。任何個人或團體既然無法逃避政治生活，只能以積極的態度面對政治的影響，並設法改善政治。

　　政治與教育的關係，密不可分，從教育方面看來，一國的教育理想與實施，固須以該國社會、文化、與經濟條件為基礎，但政治因素實為制定教育政策之樞紐。就政治方面而言，任何國家或政體，為實現其政治理想，必須運用教育力量培養人民某種行為與信念。如《禮記·學記》所說：「君子如欲化民成俗，其必由學乎」，就是最好的說明。一個國家或民族，當其極盛之時，政治與教育常登峰造極，彼此相輔相成，相得益彰；及其衰落，政治與教育往往背道而馳，其結果二者同時廢弛，此種現象，史不乏例（瞿立鶴，民67，頁155）。要進一步了解政治與教育的關係，可從兩方面來探討：

一、政治結構影響教育

　　政治組織的形式，因時因地而異，不同的時代與不同的國家，常有不同的政體。即使在同一時代與同一國家之中，由於執政者不同，政體亦有變化。希臘學者依主權者的人數為標準，將政體區分為常態的君主、

貴族、民主三種及變態的暴君、寡頭、暴民三種。法儒孟德斯鳩則將政
體分為君主、共和、專制三種。君主政體，是由君主一人以制定的法律
來統治的立憲君主制。共和政體包括貴族和民主，是由一部分或全體人
民掌握主權的政體。專制政體是君權不受任何限制隨意行事的君主制。
這種分類顯然是以主權的行使有無限制為標準。現代一般政治學者認為
現代的國家幾乎都是立憲國家，不論君主或共和，其主權都屬於人民，
當然不能再用以前的方法來分類。因此對政體的分類乃有不同的看法。
不過，根據一般分析，近今各國的政體，主要有民主政治與獨裁政治的
對立，以下分別說明這兩種政治體制對教育的影響。

(一)民主政治與民主教育特質

　　民主政治的基本觀念是國家為人民所共有。因此，民主政體的要義，
包括下面幾項：(1)人民有權參與國家主權的行使，具體言之，人民中的
多數人對於國家重要政策，有最後決定權。(2)治者與被治者具有同一性
質，執政者必須出之於自由選舉。(3)民主政體實施多數政治，同時也尊
重少數權利。(4)民主政體必須實施憲政，屬行法治，而且法律之前人人
平等。(5)在民主政體中，政府要對人民或議會負政治上的責任，人民可
運用輿論或政黨監督政府。

　　民主國家的教育目的，在於培養民主社會中的優秀公民，兼顧個性
與群性的陶冶。教育過程一方面發展個人才能，另一方面培養其參與民
主生活的能力。民主政體中的教育特徵包括：

　　1.**教育事權屬於人民：**教育決策的決定，採取民主方式，行政當局與
校長於決定過程中，尊重教師、學生或家長的意見。

　　2.**鼓勵自由研究：**各項理論與實際問題，學者可就各種觀點加以詮釋，
並就研究心得及學術立場，發表自己意見。

　　3.**利用大眾傳播工具啟迪民智：**運用網際網路、電影、電視、廣播、
以及圖書館設備，增進人民知識，使人民對於各項問題，有分析判斷的
能力。

4.**教師具有教學自由**：學校教師不受黨派、宗教、種族的限制，享有專業的獨立自主性。

5.**重視民主的教學**：教學過程強調啟發，避免灌輸。教師尊重學生的個性與興趣，師生之間形成雙向溝通。因此，教室氣氛融洽。

(二)獨裁政治與獨裁教育特質

所謂獨裁政體是指一個人或一個集團獨占政權，無限制的行使，以支配人民的一種政治體制。「獨裁」與「專制」、「極權」意義相近，有時可以互相通用。這類政治的特質是輕視人民的力量而著重領袖或政黨的意思。對於領袖所作的決定極少反對意見，也殊少討論與批評，一經決定公布，全國唯有奉命遵行。獨裁政治的本質包括：(1)國家統治權由一人或一個集團所壟斷。(2)憲法、議會徒具形式，只是獨裁者御用的工具。(3)不容許在野黨存在，對不同意見沒有寬容餘地。(4)權力集中於少數人而不對誰負責。

在獨裁政體下的教育制度，只是執政者用以鞏固政權的工具。其主要目的在灌輸人民某種政治上的意識型態。因此，獨裁教育的特徵包括：

1.**教育事權操於執政者**：獨裁國家的教育政策完全配合政治目的，其一切行政設施，悉依教育長官之命令行事。

2.**培養學生馴良服從的習慣**：獨裁教育以整齊劃一，絕對服從為依歸。各級教育目的在訓練學生接受上級的意見。對任何事件或問題均不得訴諸公開討論。

3.**利用大眾傳播媒體統一人民意見**：運用網際網路、電影、電視、廣播、報紙、雜誌，作為統一人民思想的工具。凡鼓吹思想自由或違反執政集團之旨意者，均在禁止之列。

4.**偏重實用科目、輕視人文科目**：課程內容強調科學技術，以及實用科目；討論意識型態的人文及社會科學不受重視，其內容須與政治目的結合為一。

5.**班級社會體系反映政治組織的型態與功能**：教師代表制度上的權威，

學生則聽命於教師。教師言論不得與官方意見相牴觸，並須致力宣揚執政集團的政策。

　　綜上所述，可知政治體制的不同，影響一個國家的教育政策與措施。晚近各國政治均日趨民主，而各項教育設施，亦力求民主化。惟尚有一些極權國家的教育，已淪為政治的工具，所以其一切措施仍具有顯著之獨裁傾向，阻礙民主教育的發展。

二、教育的政治功能

　　政治結構（民主或獨裁）固然影響教育，但反過來說，教育是否有助於民主政治的實現呢？以下分從三方面說明教育的政治功能：

㈠教育為形成民主政治的必要條件

　　現代世界各國莫不運用教育力量來培養人民某種政治上的意識型態，以促進政治的統一。此種過程，通常稱為「政治的社會化」(political socialization)。如果將民主政治視為人類最佳的生活方式，應該肯定民主政治是促進文明進步的動力，形成民主政治的因素很多，例如：經濟發展的程度、社會結構的型態、教育水準的高低、以及政治意識的強弱……等，都是實現民主政治的必要條件。李普西 (S. M. Lipset) 曾研究人民教育程度與民主政治的關係，他在《政治人》(*Political Man*, 1960) 一書中，分別比較分析歐洲及拉丁美洲各種民主及極權政體與國家經濟發展及人民教育程度的關係，結果如下：（見表 4-1）

表 4-1　政體類別與人民教育程度的關係

政體類別＼教育指標	人民識字百分比	中等與高等教育學生占每千人口的比率
1.歐洲穩定的民主政體	96%	44%
2.歐洲不穩定的民主政體與極權政體	85%	22%
3.拉丁美洲民主政體與不穩定的極權政體	74%	13%
4.拉丁美洲穩定的極權政體	46%	8%

李普西的發現是：教育程度愈高，國家愈民主化。當然，有些國家（如戰前德國與日本）人民的教育程度雖高，但教育制度被用為灌輸侵略思想的工具，卻是一種例外。目前仍有某些極權國家，利用教育培養絕對順從的人格品質以達其政治目的，這種教育，當然無法使學生形成民主信念。因此一般認為教育是民主政治的必要條件 (necessary condition) 而非充分條件 (sufficient condition) (Musgrave, 1965, p. 147；林清江，民 61，頁 134)。然而以教育為手段來達成某種政治目的，不論在民主或極權國家，都是一樣的。

㈡教育培養政治上容忍的態度

民主政治的基本精神，除自由、平等、法治而外，最重要的特質就是容忍。李普西在《政治人》一書中，另一個結論是：人民在政治上的態度與反應深受教育的影響。他根據在各國所從事的研究資料分析發現，在⑴容忍反對意見，⑵容忍（種族上）少數人團體，⑶對於多黨或一黨政治等方面的看法，教育是影響民主反應的重要因素。易言之，一個人所受教育愈高，愈能信仰民主價值觀念，較具有容忍的人格特質。特別值得注意的是，李普西同時發現：低階層及受教育較少者的態度比較偏激，他們傾向於贊成極端的政治及宗教團體的主張。

1955 年美國全國性民意調查資料亦充分顯示：政治上容忍的態度因教育程度而異。茲將兩者關係表列如下（Stouffer, 1955, p. 50；引自李永久編譯，民 61，頁 433）：（見表 4-2）

表 4-2　政治容忍態度與教育程度的關係

容忍態度 教育程度	高度 (%)	中度 (%)	低度 (%)	總計
大學畢業	66	29	5	100 (308)
大學肄業	53	38	9	100 (319)
中學畢業	42	46	12	100 (769)
中學肄業	29	54	17	100 (576)
小學程度	16	62	22	100 (792)

　　此一資料可說明政治容忍與教育程度的顯著關係，學歷程度較高者容忍人數的百分比亦較高，而不容忍的百分比則較低。

　　1964 年在美國另一個全國性調查研究也顯示，教育與容忍黑人、猶太人、天主教徒以及政治和文化差異者的程度之間有密切的關係：教育程度愈高，容忍的人數愈多（Selznick & Steinbery, 1968；引自李永久編譯，民 61，頁 433）。例如：有二分之一的中學畢業生反猶太人，但大學畢業生中只有五分之一，在研究生中只有十分之一。

　　綜上所述，可見教育的歷程可以培養學生容忍的態度，進而影響學生政治上信仰民主的價值觀念。

㈢教育培養領導人才

　　所謂政治領導人才包括範圍很廣，除國家元首，中央政府及民意機關的公職人員外，尚包括各級政府或單位的主管與重要幹部。這些人才就是通常所謂國家或社會的「精英」(elite)。在現代開放社會中，個人可憑依其能力與經驗，獲得某種政治上的地位，而不一定依賴階級、家世或其他因素。但也有人認為家庭或階級中的次文化，不免傳遞某些根據父母地位所形成的領導品質。所以精英的後代，仍有較多機會取得政治上的領導地位。雖然各國選拔英才的制度與方法，因歷史文化背景，各不相同。但是依賴學校教育作為培養領導人才的機構，則為現代社會的共同趨勢。因此，教育程度愈高者，愈有機會獲得政治上較高的地位。以美國為例：居於政治重要地位者之學歷分配情形如下 (Matthew, 1954；引自 Rush & Althoff, 1971, p. 145)：（見表 4–3）

表 4–3　政治重要地位與教育程度的關係

職稱＼教育程度	大學 (%)	中學 (%)	小學 (%)	無 (%)	總計
總統、副總統、內閣閣員 (1877–1934)	79	10	11	0	100
參議員 (1949–1951)	87	10	3	0	100
眾議員 (1941–1943)	88	12	0	0	100

州長 (1930–1940)	77	20	3	0	100
密蘇里州議員 (1901–1931)	57	13	30	0	100
高級公務員 (1940)	93	7	0	0	100
二十五歲以上人口 (1940)	10	31	54	5	100

從上表可知，政治領導人才學歷分配與二十五歲以上人口的學歷分配差異極大。在現代社會中，一個人如果沒有具備相當的教育水準，實難居於政治上的領導地位。教育制度就因具有選擇及訓練領導人才的功能，而與政治制度密切相關。

第四節　經濟與教育

近代社會的特徵，表現於經濟方面的有下列幾點：

1. **自動化**：過去依賴人力及簡單工具的生產方式，由於工業革命的發生，自動化機器代替了人力，形成經濟上的大量生產 (mass production)，其結果直接促進人口集中都市，間接改變人們生活型態與價值觀念。

2. **企業化與科學化**：由於資本大量集中，形成企業家掌握經濟力量，勞工問題因而產生。此外，為講究效率，企業管理趨於科學化，為提高科學化水準，需要教育制度的配合，教育與經濟乃發生密切關係。

3. **全球化**：由於自由貿易的盛行，國與國之間需要經濟的聯合國組織，以仲裁貿易的紛爭，維持世界經濟的公平性。因此，從以往關稅暨貿易總協定（General Agreement on Tariffs and Trade，簡稱 GATT）蛻變成世界貿易組織（World Trade Organization，簡稱 WTO），展開自由經濟的新紀元。由於地域性整合組織的出現，如歐盟、北美自由貿易協定……等的成立，國與國間的藩籬已逐漸被打破，整個經濟生產已走上世界體系區域分工的趨勢。這股全球化的潮流，不僅為經濟且為教育帶來極大的挑戰。

經濟發展對國計民生的重要性無可置疑，唯強調經濟因素在人類生

活中重要性程度則有不同的看法。馬克思認為經濟為人類進化之唯一因素，經濟決定人類歷史活動。但此一說法已為一般學者所摒棄。因為經濟固然重要，而政治、文化與教育等因素亦影響人類生活。事實上，經濟與社會其他因素（包括教育），彼此交互影響，並共同決定社會進化的途徑。本節從教育經濟學的觀點，探討教育與經濟相關的問題。

一、教育經濟學的產生

經濟學家最早注意到教育之經濟效能者，可能是十八世紀的亞當史密斯 (Adam Smith)。他認為一國經濟的發展，有賴於教育的普及發展。這種論點雖具有很大的啟發性，但在當時並未受到應有的重視。近幾十年來有些經濟學者才開始體認到開發人力資源，不僅對個人有好處，對國家的經濟，也有實質的貢獻。他們對於經濟成長的分析，認為除了自然資源、資本、勞動人口等因素外，還有政治的、社會的以及一部分不能用各生產因素去解釋的「餘留因素」(residual factor) 存在。此種因素為技術革新與人力素質的改進所不可或缺。此種「餘留因素」被認為直接或間接與較好的教育 (better education) 具有密切關係。

二次世界大戰以後，許多國家在戰後經濟上復興的奇蹟，給予研究教育與經濟的學者們很大的啟示。他們發現當今已經不再是資本萬能的時代。有了資本，經濟不一定能夠繁榮，相反的，在資本不足的國家（如統一前的西德與日本)，經濟卻能快速成長。這種奇蹟是人為因素造成的。換言之，就是經由教育與訓練，而提高了勞力素質所獲得的成果。因此，教育的經濟價值乃為一般學者所肯定。近年來有關這一方面的研究有如雨後春筍的興起，而「教育經濟學」的名詞，也就在國內外學術著作中開始出現❹。

---

❹ 在我國出版以「教育經濟學」為名的中文著作有：(1)高希均主編（民 66)。《教育經濟學論文集》。臺北：聯經。(2)林文達（民 66)。《教育經濟與計劃》。臺北：幼獅文化。(3)蓋浙生（民 68)。《教育經濟學研究》。教育部教育計畫小組。(4)余書麟（民 63)。〈教育經濟學基礎〉。載於雷國鼎等。《教育學》，

　　教育經濟學，顧名思義是教育與經濟兩門學科的結合，它是從經濟學的立場來研究教育的科學。易言之，它是運用經濟學上的原理原則，來闡釋教育上有關之經濟問題，其目的在使教育資源能夠作合理的分配及充分利用，期以提高教育制度的效率，促進國家整體的發展。

二、經濟成長影響教育制度

　　社會經濟的發展對教育制度影響，最重要的是導致教育「量」的擴充與「內容」的改變。就教育經濟學的觀點而言，教育的功能，在於適應一個社會的經濟結構。教育的質與量，是因應經濟的成長而不斷在改變的。對於經濟發展階段的分析，常被引用的理論首推經濟學家羅士陶 (W. W. Rostow) 經濟發展史觀。依照羅士陶的說法，一個社會的經濟發展，可以分為五個階段，即(1)傳統性社會 (the traditional society)、(2)過渡期社會 (the transitional society)、(3)起飛期社會 (the take-off society)、(4)成熟期社會 (the maturing society)、(5)大眾高度消費期社會 (the age of high mass consumption society)。這五個階段當中，各有其不同的發展特徵 (Rostow, 1960；饒餘慶譯，民 54)。哈必遜 (F. Harbison) 與梅耶斯 (C. A. Myers) 在討論教育人力與經濟成長時，依據綜合指數的高低，把世界七十五個國家區分為四組：(1)未開發國家 (underdeveloped countries)、(2)部分開發國家 (partially developed countries)、(3)半先進國家 (semiadvanced countries)、(4)先進國家 (advanced countries) (Harbison & Myers, 1964；引自康代光等譯，民 54)。上述兩種經濟發展階段的分類名稱雖有不同，但也有其相通之處。在各發展階段中，社會上的職業組合與人力結構不斷在改變，教育為配合這種變化，自然必須不斷調整其型態與功能，並

　　頁 124–128。臺北：華岡。(5)徐南號（民 66）。〈教育經濟學的展望〉，載於《昨日、今日與明日的教育》，頁 651–665。臺北：開明。(6)李建興（民 67）。〈我國教育經濟學之展望〉。載於師大教育系主編，《教育原理》，頁 251–295。臺北：偉文。(7)蓋浙生（民 71）。《教育經濟學》。臺北：三民。(8)林文達（民 73）。《教育經濟學》。臺北：三民。

在數量與內容方面加以調適。例如：自工業革命以來，一直到第一次世界大戰期間，各種經濟制度中的職業組合，僅被歸納為非技術工人、技術工人及商業文書從業人員三大類，但是近幾十年來，由於經濟發展快速，需要更多的高級技術人員與專業工作者，已經改變了這種型態。人力結構的改變，往往造成人力供求不均衡的現象；而促成人力資源的開發與平衡人力供需，乃成為每個發展階段中，教育所應負起的責任。就我國情形而言，在民國 50 年代以前，臺灣經濟型態尚屬初級工業社會（或羅士陶所說的「過渡期社會」），對於技術人力的需求較為單純。因此，各級學校畢業生就業後，再施以簡單的在職訓練，即能滿足人力的需求。但近年來經濟開發程度提高後，各項建設所需人力條件隨之提高，同時必須講求「量」與「質」的配合，因此對教育的需求亦日益複雜。展望未來「知識經濟」與 e 化的時代，教育制度不但必須隨時尋求調整，而且本身還要研訂長期或短期教育發展計畫，才能與經濟發展相配合。

三、教育的經濟功能

教育在經濟發展上所扮演的角色，通常有兩種不同的看法：一種認為教育制度扮演被動的角色 (passive role)，旨在提供各階段經濟發展上所需之各種不同類型的技術人才；另一種認為教育制度扮演主動角色 (active role)，旨在改變現有經濟結構，從而加速經濟成長（黃昆輝，民 59）。關於第一種看法，前面已經論及，至於教育如何主動地促成經濟成長，有進一步分析的必要。

一國經濟成長的因素很多，包括自然資源、資本與勞力……等。教育對經濟成長的影響，學者多著重於勞力的質與量、資本的增進與生產的效率等方面的探討與分析。麥奇魯 (Machlup, 1970, pp. 6-8) 認為教育對於勞力的數量與資本的增進，兼具正反兩方面的影響，但對於勞力的素質與生產的效率，卻扮演著重要的角色。就改進勞力素質而言，教育的貢獻在於：(1)養成良好的紀律；(2)增進健康；(3)增進技術，即對工作要求更多的了解與增強工作效率；(4)對瞬息萬變的社會情境，提供良好

的適應並對新訊息的快速評價與應變能力；(5)增加更具生產力或職業流動的可能性。就生產效率言，教育的意義在於：(1)使人們更有興趣於改進設備，且更善於利用設備並留意其效果；(2)由於以科學與工藝方法訓練人們，因而增進其研究與發展的能力。薛爾茲（Schultz, 1963；參見蓋浙生，民 68，頁 27）認為教育制度的經濟功能包括下列幾項：(1)進行科學研究，改進生產技術，直接或間接的貢獻經濟的生長；(2)發掘與培養學生的潛在能力，對於經濟的成長，頗具價值；(3)培養具有適當的理想與態度的工作者；(4)增進學生或工作者適應職業變遷的能力，期以減少失業機會；(5)培養各級師資及科學家，以造就國家所需的各類人才。因此，薛爾茲進一步認為學校教育與知識的進步，同時也是經濟成長的主要因素。

根據國內外許多研究，並衡諸世界各國經濟成長的事實，教育對於經濟發展的貢獻，是顯而易見的。從短期或中程的觀點而言，教育對經濟的功能，多在於適應經濟結構變化的需要，惟若從長期的見地出發，則多認為教育功能在於改變現有經濟結構，破除經濟發展的阻力，以加速經濟成長。統括言之，教育之所以對經濟發展產生貢獻：(1)在直接方面，是由於教育改進人力素質，革新生產技術，提高了勞動生產力。生產力的提高，創造更多就業機會，從而加速經濟成長。(2)在間接方面，教育提高了人民的知識水準，增進其積極進取與服務創造的精神，並培養人民適應經濟發展的習性與態度。此外，教育制度也可造就政治領導人才、企業家、工程師、與思想家，在觀念上與技術上，引導經濟發展的途徑。

四、教育投資觀的爭論

由於教育事業性的特殊，以經濟學眼光來討論教育問題，難免引起頗多爭議，「教育投資觀」就是一個顯然的例子。在傳統社會中，教育只是一種消費──有錢有閒的人才接受教育。現代教育普及化，用在教育方面的經費愈來愈多，但是仍然看不出具體的「收益」，因而使人對教育

有一種「不事生產」的印象。另一方面，有人認為教育工作本身其有神聖清高的意義。所謂「正其誼不謀其利，明其道不計其功」，如果要把教育當作和土地、金錢一樣的資本加以「投資」，實在很難令人接受。因而，形成「人力」(manpower) 與「人性」(manhood) 間的對峙。然而，從晚近教育經濟學的發展趨勢看來，「教育投資」一詞及其所代表的觀念已逐漸為一般人所了解。

　　教育是不是投資？在民國 60 年代，一些關心「教育與經濟」的人士，曾提出不同的看法。反對「教育是投資」者，認為：⑴教育的對象是人，教育的目的是要培養德、智、體、群四育並重的好國民，不是為了賺錢牟利，故不應把教育當作製造商品的投資一樣看待；⑵經濟學者以純數學的觀點高談教育問題或分析一時的就業情形，據以決定教育方針，難免顧此失彼，甚且流於「算盤主義」的教育；⑶投資一詞並不能涵蓋教育整個的意義，所以反對用不適當的名詞來混淆教育觀念。主張「教育是投資」者，則說明教育上強調投資的觀念，係認定辦理教育事業具有相當的未來利益，所以教育是投資；不過教育除了經濟的目的外，尚有其他多重的目的。質言之，主張「教育是投資」者，並不否定教育比投資還有更高一層的意義，不過他們強調教育經費的適當運用，仍會產生經濟效益。

　　將教育視為投資，難免使人產生一種誤會，以為一旦估計教育的「利潤」，將教育事業與其他物質投資相提並論，實在有損教育的精神價值。但是，辦理教育事業，必須投入龐大經費，那麼教育是否應該投資？是否應該評估這些經費所發揮的效果？當然教育投資效果的評量，一方面可從個人技術能力與生產效率方面來分析，另一方面也應注意教育的文化功能。例如：我國積極推行文化建設工作，過去政府以龐大經費在各地廣設文化中心。這種投資，對於國民人文素質的提升，將是可以預期的。由於有關教育或人力投資觀的最近發展趨勢，乃是不斷擴充其所涵蓋的領域；舉凡對於人類福利、衛生及訓練方面的貢獻都包括在人力投資的觀念中。因此，這種觀點才逐漸為多數研究教育者所接受。

　　目前「教育投資」的理論大多建立在經濟學基礎之上，其所分析並提供的數量證據，使政府決策人員了解教育投資的重要性，應有其貢獻。不過「教育目的永遠大於教育的經濟目的，人力發展所指『人力』不僅是具有從事特殊生產工作能力者，同時還應是具有適當公民能力及社會適應能力的人」（林清江，民 61，頁 120）。教育投資收益率的計算，無法完全表達教育的功能與價值。因此，教育投資論具有其貢獻與限制，只要審慎運用，仍不失為教育研究的一個新途徑。

五、教育經費問題

㈠教育經費的國際比較

　　教育經費為教育發展的原動力，欲謀教育事業之發展須有的經費予以支應，已為不爭的事實。近年來各國投入教育部門的經費，均有顯著增加的趨勢。究其原因，不外：⑴人口不斷增加，就學人數相對提高；⑵民主思潮的激盪與國民所得的提高，對教育有更多的需求；⑶科技的發展，須加強研究工作並培養所需人才；⑷師資的培育與設備的充實，均須增加教育費用；⑸社會教育與特殊教育的類別增多，範圍擴大；⑹物價的上漲。

表 4-4　各主要國家教育經費增長情形（單位：本國幣值千元）

國別	1970 年前後	1980 年前後	1990 年前後	增長倍數
美國	64,600,000	181,300,000	292,944,000	4
英國	2,740,000	12,856,000	26,677,000	9.7
德國	25,000,000	70,098,600	164,277,000	6.6
法國	38,386,800	141,711,000	351,867,000	9.2
加拿大	7,569,579	22,100,070	43,487,000	5.7
日本	2,885,646,000	13,908,111,000	17,461,095,000	6.1
韓國	95,691,000	1,374,736,000	6,159,073,000	64.4
菲律賓	1,082,500	4,190,750	31,067,000	28.7
臺灣	8,697,692	56,907,853	202,364,354	23.3

　　根據表 4-4 顯示世界主要國家，以其本國當年幣值計算（不計通貨膨脹），在 1970 年至 1990 年的二十年間，各國教育經費增加之情形，我國教育經費增加 23.3 倍，僅次於韓國與菲律賓，為世界上教育經費增加快速的國家之一❺。

　　國民生產毛額 (GNP) 為國家經濟發展之重要發展指標；為了解世界各國投資於教育事業之增長情形，一般研究者常以教育總經費占國民生產毛額的百分比，來說明教育經費發展的趨勢。由表 4-5 資料顯示：自 1970 年至 1990 年間，多數國家教育經費在國民生產毛額中所占百分比呈現先增後減的趨勢，而臺灣則呈現持續增加的趨勢。

表 4-5　各主要國家教育經費占國民生產毛額百分比

國別	1970 年前後	1980 年前後	1990 年前後	增長倍數
美國	6.5	6.9	5.4	−2.00
英國	5.3	5.7	5.4	0.02
德國	3.7	4.7	4.8	0.23
法國	4.9	5.1	6.1	0.20
加拿大	8.9	7.7	7.0	−0.27
日本	3.9	5.9	4.8	0.19
韓國	3.6	4.0	3.7	0.03
菲律賓	2.6	1.6	2.2	−0.18
臺灣	4.12	4.39	5.4	0.24

　　各國教育經費在其政府歲出總額中所占比例的分析，亦可了解各國政府重視教育事業的程度。表 4-6 資料顯示：自 1970 年至 1990 年間，世界主要國家政府的開支中教育經費所占比例，增減不一；我國在這方面的比例較之各國平均百分比略高，可見政府歲出預算中對增加有關教育部門經費的用心，但仍須注意國防經費被放進教育預算的缺失。

---

❺　各國統計數字，係根據 UNESCO, *Statistical Yearbook*. 我國資料係根據教育部。《中華民國教育統計》，以下各表皆同。

表 4-6　各主要國家教育經費占政府歲出總額百分比

國別	1970 年前後	1980 年前後	1990 年前後	增長倍數
美國	19.4	–	14.4	−0.35
英國	14.1	13.9	11.4	−0.24
德國	9.8	10.1	9.5	−0.03
法國	18.6	–	11.1	−0.68
加拿大	24.1	17.3	13.5	−0.79
日本	20.4	19.6	9.9	−1.06
韓國	21.4	23.7	17.5	−0.22
菲律賓	24.4	10.3	10.1	−1.42
臺灣	16.52	15.12	18.9	0.13

㈡我國教育經費相關的問題

　　為配合社會變遷及經濟發展的需要，提升國民教育及培育國家建設所需高級人力，在教育上投入更多資源（經費），乃成為必要的途徑。不過，我國教育經費在分配與運用方面，所衍生的教育問題，仍待檢討改進。茲簡述如下：

　　1.民國 86 年修憲凍結中央教科文預算不得低於 15% 的保障，引起教育界與教改團體的震撼與抗爭。89 年 11 月 28 日立法院通過「教育經費編列與管理法」，明訂各級政府教育經費合計不低於前三年度決算歲入淨額之 21.5%。教育經費預算於是以正式法律明訂下限。相關條文也規定：二級制之教育經費編列及審議機制：行政院下設「教育經費基準委員會」，負責研訂教育經費計算基準，計算各級政府教育經費基本需求及各級政府教育經費應分擔數額；教育部下設「教育經費分配審議委員會」，負責審議各級政府所屬公立學校和其他教育機構所定下之中長程教育計畫。教育經費重獲保障，但如何合理有效的運用，可能比教育經費的籌措更為重要。

　　2.目前中央與地方政府教育經費分配尚未符合公平合理原則，因而形成地方政府教育經費負擔過重，影響其他各項地方建設。一般認為充實地方政府財源的途徑為：⑴修改財政收支劃分辦法；⑵中央於歲入項目

中，核撥專款，以改善並促進各地教育之發展。

3. 各級各類教育之均衡發展，仍受各方重視。過去（民國 70 年至 80 年代）中央政府因提高教育經費比例達到憲法所規定標準，因此大量經費投入高等教育，而國民教育與幼稚教育則相對受到忽視。最近，中央決策者已逐漸注意到各級教育均衡發展的問題。此外，特殊教育與原住民教育所投入龐大經費，也是不可否認的事實。如何做到「公平」與「卓越」，固然是兩難困境，但如能建立各種客觀的指標以維持公平正義原則，據以形成最佳決策，避免教育經費分配的浮濫，應是日後努力的方向。

4. 私人辦學問題值得省思。我國私人辦理教育事業的興趣逐年升高，尤其教育改革策略中要求「開放」與「鬆綁」之呼聲，私校有如雨後春筍般紛紛設立。私人興學可以減輕政府在教育經費上所受的壓力與負擔，但如何避免將教育事業當作「牟利」的工具，政府對辦理不善私校似應嚴加整頓管理，對辦學績優者，則應予獎勵，並給予更多經費補助。

5. 市場導向的大學教育，也應嚴肅思考。教育上市場導向之趨勢，以大學最為明顯，如：大學學費自由化、校務基金的設置、推廣教育與建教合作之實施，以及大學宣傳與行銷的日益商業化，這些情形可能導致大學不當的競爭。當然，現今我國大學正面臨改革的壓力，必須改變傳統觀念及做法。但是，大學教育在回應時代變遷與市場導向的同時，如何能維護傳統所擁有的自主與自由，無損大學教育的學術尊嚴，是當今大學決策者必須審慎思考的主題。

參考文獻

布魯蒙、佘爾日尼克著，李永久編譯（民 61）。《社會學》。臺北：帕米爾書店。

田培林著，賈馥茗編（民 65）。《教育與文化》（上冊）。臺北：五南。

林清江（民 61）。《教育社會學》。臺北：國立編譯館。

黃昆輝（民 59）。〈教育計畫的經濟學基礎〉。《師大教育研究所集刊》, 12 輯, 頁 205–251。

蓋浙生（民 68）。《**教育經濟學研究**》。臺北：教育部教育計畫小組。

瞿立鶴（民 67）。〈制定中等教育政策的政治基礎〉。載於師大教育系主編：《**教育學研究**》。臺北：偉文。

Brameld, T. (1959). *The remaking of a culture*. John Wiley.

Harbison, F. & Myers, C. A. (1964). *Education, manpower and economics growth*. N. Y.: McGraw-Hill.（康代光等譯（民 54）。《**教育、人力與經濟成長**》。臺北：正中。）

Horton, P. B. & Hunt, C. L. (1976). *Sociology*, 4ᵗʰ ed. N. Y.: McGraw-Hall.

Kardiner, A., Linton, R., Bois, C. & West, J. (1945). *The psychological frontiers of society*. N. Y.: Columbia University Press.

Kroeber, A. L. & Kluckhohn, C. (1952). "Culture: A critical review of concepts and definition," in *Papers of the Peabody Museum of American Archaeology and Ethnology*, Vol. 47, No. 1.

Linton, R. (1947). *The cultural background of personality*. N. Y.: Appleton.

Lipset, S. M. (1960). *Political man*. London: Heinemann.

Machlup, F. (1970). *Education and economic growth*. University of Nebraska.

Matthew, D. R. (1954). *The social background of political decision-makers. Garden City*, N. Y.: Doubleday. Table 6.

Musgrave, P. W. (1965). *The sociology of education*. London: Methuen.

Ottaway, A. K. C. (1962). *Education and society: An introduction to the sociology of education*. London: RKP.

Rostow, W. W. (1960). *The stage of economic growth*. Cambridge University Press.（饒餘慶譯（民 54）。《**經濟發展史觀**》。臺北：今日世界社。）

Rush, M. & Althoff, P. (1971). *An introduction to political sociology*. London: Nelson.

Selznick, G. J. & Steinbery, S. (1968). *Antisemitism in the United States*. N. Y.:

Harper & Row.

Stouffer, S. A. (1955). *Communism, conformity and civil liberties*. N. Y.: Doubleday.

Tylor, E. B. (1871). *Primitive culture*, Vol. 1. Gloucester, Mass: Smith.

Wiseman, S. (1971). *Education and environment*. Manchester University Press.

第5章 社會階層化與教育

社會階層化 (social stratification) 是一種社會現象，也是一種社會過程。有些學者強調它是一種不可或缺的社會制度。它存在於傳統封建社會、貴族社會之中，即使在現代民主開放的社會中，也無法避免社會階層的存在。然而在傳統社會中，各階層之間的成員，彼此流動的可能性小，現代社會則流動的可能性大。本章分析社會階層化與教育的關係，共分四部分：首先說明社會階層化的性質；其次，討論社會階層化對教育成就的影響；第三，分析社會流動與教育的關係；最後探討教育機會均等的問題。

第一節 社會階層化的性質

一、階層與階級

廣義地說，任何事物若按照某種標準予以區分為高低不同的等級 (rank)，即可稱為階層化，其中任何一個等級即為一個階層 (stratum)。所以一個社會中的人，根據一個或若干標準，被區分為各種不同等級的安排方式或狀態，即可謂之社會階層化，其中每一等級的人，皆屬於一個社會階層。

至於區分社會階層的標準雖然每個社會不盡相同，而且，每個學者所探討的重點也略有差異，但這些標準仍有其共同的歸趨。《現代社會學辭典》(*A Modern Dictionary of Sociology*, 1969) 解釋社會階層化時，將其界定為「一個社會體系中各種不同角色與地位，因其不同的特權 (privilege)、聲望 (prestige)、影響力 (influence) 及權力 (power) 等所形成的較持久性的等級狀態」(Theodorson, et al., 1969, p. 421)。可見，社會階

層是指一個社會之中，根據個人學歷、權力、財富、聲望……等因素的差異，而形成高低不同的社會等級的狀態。

有些人將社會階層化與社會階級 (social class) 一詞，相互混用。他們認為兩者意義相似。不過在社會學上的用法，兩者仍然有所區別。一般認為，社會階層化的現象較為廣泛，而社會階級的性質比較特殊。一個社會可能包括無數的階層，但通常只區分為三至五個階級。每一個社會階級固然均可視為一種社會階層，即具有相同社會地位的一個團體，但每一個社會階層未必能構成一個社會階級。一個社會階級之中，通常包含很多社會階層。

社會階級形成的因素很多，除了上述客觀的標準以外，尚有主觀的因素。屬於同一階級的人，在心理上常有一種「群屬之感」(we-feeling) 的存在，他們不但在教育、經濟、地位及聲望上比較相似，而且在生活方式、社會態度、認同及意識上常趨於一致。所以麥其維 (R. M. MacIver) 在《社會結構及其變遷》(*Society: Its Structure and Change*) 一書中，解釋階級時，特別強調一種社會距離 (social distance) 的感覺（引自朱岑樓譯，民 51，頁 210–212）。靳世保 (M. Ginsberg) 也認為「階級」是一群人「彼此根據平等的關係，以業已接受的或默認的高低標準，有別於其他部分的個人。」（引自朱岑樓譯，民 51，頁 210–212）總之，社會階級的形成，除具備社會階層的條件外，尚有主觀的因素；屬於同一階級的人群，通常具有相似的階級意識與行為模式。這是區分社會階層與社會階級的主要標準。

二、社會階層化的類型

社會階層化的含義既然極為廣泛籠統，而且因不同社會或研究者的觀點而有差異。所以教育社會學者探討社會階層化時一般都以社會階級為主要對象。

社會階級的類型，通常可歸納為兩大類：一是封閉式階級制 (closed class system)，二是開放式階級制 (open class system)。在第一種制度下的

社會成員，深受傳統的桎梏，被囿限於具有嚴格世襲性的「喀斯德」(caste)
制度中。個人生於某一社會階級中，幾乎就終身屬之；階級之間的界限
森嚴，彼此很難踰越。其極端者如印度的喀斯德制度，將社會組成分子
嚴格地分為四個主要階級：最高的是波羅門 (Brahman) 或祭司階級，其
次是剎帝利 (Kshatriya) 或武士階級，第三是毗舍 (Vaisya) 或平民階級，
最後是首陀 (Sudra) 或奴隸階級。此外，如我國古代與歐洲中世紀，貴族、
武士、平民之間，也存有彼此不能踰越的封閉性階級關係。第二種制度
是現代開放性社會的特徵，階級間的界限並不嚴格，社會成員有向上或
向下流動的可能。一個人處於何種社會階級是憑其才能與努力而獲得，
不為其出身的家庭或團體地位所決定。易言之，個人的社會地位已由歸
屬的地位 (ascribed status) 轉變為成就的地位 (achieved status)。美國白人
社會接近於這種開放式階級制。

　　英國社會學者柯素 (R. K. Kelsall) 在分析階級與不平等 (class and
inequality) 的問題時，認為社會上的不平等，可以分為兩人類型：第一種
社會是公認不平等 (avowed inequality) 的社會，以奴隸 (slave)、喀斯德
(caste) 與封建 (feudal) 等三種制度為代表。第二種是公認平等 (avowed
equality) 的社會，但實際上，這種社會仍然充滿著不平等的現象
(widespread inequality)，以英、美兩個現代國家為代表 (Kelsall, et al.,
1974)。

　　此種社會階級的歸類，大體上仍因襲上述封閉式與開放式階級制的
分類法。不過柯素強調：傳統封閉式社會固然有階級上的不平等，即使
現代最講究自由與平等的英美社會，事實上還不能算是絕對開放、絕對
公平。因為有些居於不利地位的個人或團體，由於種種因素的限制，仍
然很難與上層階級競爭，而獲得向上流動的機會。許多社會學者均在努
力探究這些社會不平等的事實與原因，進而尋求避免或改善此種現象的
可行途徑。

三、社會階層化的理論

社會階層的存在，雖為普遍的事實，但何以社會分配財富、權力、和聲望，會有不平均的現象？對此一問題的解釋，通常有兩派不同的說法，茲分述如下：

㈠階層化的衝突論 (conflict theory)

此一學派的代表人物當然是馬克思 (K. Marx)。馬克思認為個人的社會地位決定於他是否擁有生產工具。這種個人與生產工具的關係，形成了不同的階級地位。人類歷史上通常是資產階級在剝削無產階級，而形成兩者的對立。馬克思認為無產階級的勞工終將起來推翻資本家，其結果將產生革命以建立一個沒有階級的社會。馬克思的理論係以單一的經濟因素來解釋社會階層化的形成原因，並預測階級對立與衝突的結果，終將發展出無階級的社會。但揆諸事實，今日歐美資本社會，工人經濟地位已普遍獲得改善，而且，除了經濟因素以外，其他社會層面（例如：政治、教育、文化等因素）對於創造整體社會利益及增進社會團結，亦有相當的貢獻。由於馬克思理論出發點的偏差，而導致一連串錯誤的推論，已引起許多學者嚴屬的駁斥。

㈡階層化的功能論 (functional theory)

此一學派的代表人物是戴維斯 (K. Davis) 和穆爾 (W. E. Moore)。他們在〈社會階層化的原理〉(Some Principles of Social Stratification) 一文中，認為社會階層化係為實現社會功能所無法避免的現象 (Davis & Moore, 1945)。他們所持的理由是：社會必須分工，而不同職位具有不等的功能上的重要性 (functional importance)。由於每一種工作所需的才能及所需的訓練各不相同，社會必須以不等的報酬或評價賦予不同的地位。此種不同的報酬或地位逐漸制度化，因而形成階層化的現象。根據戴維斯與穆爾的看法，社會為鼓勵人們去從事各種重要而困難的工作，必須給予不等（較高）的報酬，否則，許多必需的工作將無人去做。因此，

社會的不平等乃是功能上所必需的，而且會使整個社會獲益。

　　這種階層化的功能論，也遭受到一些學者的批評。例如杜敏 (Tumin, 1953) 認為階層化不但不能助長、反而限制了人們爭取重要地位的機會，尤其對於低階層者顯然更為不利。他認為階層化制度曲解與誤用才能的分配，使這一代透過較佳的教育與社會接觸，影響下一代；代間影響愈大，個人能力愈不能符合他所獲得的地位。杜敏指出，階層化的存在乃是由於上階層者運用其可觀的資源以維護其既得利益之結果，所以社會階層化只有負值功能，而無積極的意義。

　　綜觀上述學者的看法，吾人可以歸納出以下的結論：社會階層化是一種普遍存在的現象，由於社會日趨複雜，分工日益精細，每人必須從事不同工作，其所獲得的報酬與地位，自然形成不同的等級。尤其現代社會已日趨開放，階級之間沒有萬仞宮牆，個人可憑其才能與努力，獲得不同職位，因此階層化的功能論有其可取之處。唯社會階層化也可能有消極功能，諸如過分保護既得利益、阻抑個人能力的發展。就教育社會學觀點而言，社會階層化影響教育機會均等的可能性，也是不容忽視的事實。

第二節　社會階層化對教育成就的影響

　　社會階層化對學生教育成就是否產生影響？為什麼會有影響？如何幫助低階層者克服其所受不利影響，而達到教育機會均等的理想？這些都是教育社會學所要研究的重要問題。本節先探討社會階層化對教育成就的影響，有關教育機會均等的問題，容後討論。

　　有關社會階層化與教育成就之關係的研究，通常都以家庭「社經地位」（Social-Economic Status，簡稱 SES）來代表社會階層化。一般研究常根據職業類別、教育程度、經濟收入等客觀標準，偶亦採用主觀判斷及社會聲望評量法來決定「社經地位」（或逕稱「社會階級」），然後比較不同社會階級間的差異，並探求社會階級與教育成就的相關。

一、社會階層化影響教育成就的理論模式

　　許多研究發現社會階層化與學生學業成就有顯著的正相關，然而有些學者以為家庭社經地位並不直接影響教育成就，而是透過一些中介因素來影響它，這些中介因素與社會階級關係密切，但並非絕對不可分。因此，社會階層化與教育成就之間雖有關係，然並非必然一致。更有若干研究發現階級之內學業成就的差異，可能就是這些中介因素所造成的。根據林清江（民60，頁14）對於「家庭文化」的分析，認為父母的教育態度對子女學業成就最有影響。他說：「如果父母教育態度良好，對於子女教育多加關懷，雖然本身的職業地位及教育程度偏低，子女仍然會有較高的教育。」林生傳（民67，頁361）則以為「社會階層化可能決定擔負教育經費能力、影響家庭結構、價值觀念、語言類型及教養方式等等，從而對教育成就發生影響。」此外，有些學者強調家庭社經地位影響學生的智力發展、成就動機、抱負水準、學習環境……等，這些因素都直接間接影響其教育成就。

　　綜上所述，吾人可歸納出一個理論模式，茲圖示如下：（見圖5-1）

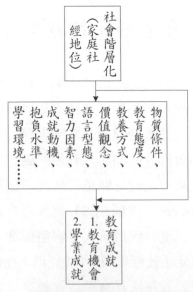

圖5-1　社會階層化影響教育成就的理論模式

二、社會階層化與教育成就的關係

　　根據上面的理論模式，可見社會階層化（或家庭社經地位）直接或間接影響教育成就。至於教育成就一詞係指個人在教育方面所獲得的成就，意義相當廣泛。唯一般學者分析教育成就時通常以教育機會、學業成就作為代表，茲就社會階層化與這兩方面的關係分別加以探討：

㈠社會階層化與教育機會

　　社會階層化在教育上的第一項重要意義是影響教育機會的多寡。許多調查研究獲得同樣的結論：來自不同社會階層的子女其接受教育之機會頗不相同。一般而言，社經地位較佳的子女，有更多的機會接受教育，尤其是大學教育。以美國情形為例，西威爾 (Sewell, et al., 1967, p. 9) 曾對威斯康辛州高中畢業生的升學狀況加以長期研究，發現社經地位的高低與升學機會的多寡具有密切的關係。來自上層、中上層、中下層，以及下層等不同社經階層的高中生，其計畫升大學，真正就讀大學，及大學畢業的百分比，顯然有極大的差異。（見表 5–1）

表 5–1　美國威州高中畢業生社會階層與計畫升大學、就讀大學及大學畢業人數百分比

社會階層	男　生				女　生			
	計畫升大學 (%)	就讀大學 (%)	大學畢業 (%)	人數	計畫升大學 (%)	就讀大學 (%)	大學畢業 (%)	人數
下層	14.8	20.5	7.5	972	7.9	8.5	2.7	1,101
中下	26.8	33.8	14.2	1,152	20.4	21.2	7.9	1,194
中上	39.3	44.6	21.7	1,155	29.3	30.5	12.4	1,195
上層	66.3	73.4	42.1	1,107	60.2	62.6	35.0	1,131
合計	37.4	43.7	21.8	4,386	29.5	30.7	14.5	4,621

　　就英國情形而言，根據柯素 (Kelsall, 1957) 調查結果顯示：1951 年英國勞動階級的男性人口約占 72%，但他們的子女進入大學就讀的僅占

26%（男生）與 19%（女生）。柯素再以男生父親職業作為分類基準，研究 1955 年英國各大學學生社會階級組成，指出牛津、劍橋兩大學，學生多來自上階層，其他大學則中上與中下階層的分配比率較為平均，但亦以中上階層占優勢 (Walts, 1972, p. 57)。（見表 5–2）

表 5–2　　1955 年英國各大學學生社會階層之比較

社會階層	男　　生				女　　生			
	劍橋 (%)	牛津 (%)	倫敦 (%)	其他 (%)	劍橋 (%)	牛津 (%)	倫敦 (%)	其他 (%)
1–2	83	77	64	52	91	87	75	66
3	7	9	11	13	3	5	9	10
4–5	10	14	25	35	6	8	16	24
總計	100	100	100	100	100	100	100	100

　　其他各國有關此類調查研究，為數甚多，而結果均大致相同，毋庸贅述。至於我國高中生升入大學的機會是否亦因社會階層化而有不同？此一問題教育部大學入學考試委員會曾委託臺灣師大教育研究所從事「報考者與錄取者家庭社經背景之比較分析」，該研究以 65 學年度報考大學之高中畢業生為研究對象，就其家庭背景進行分析，結果發現報考者與錄取者在家長教育程度、職業類別及家庭收入各方面的分布情形均有差異。一般而言，家長教育程度較高、職業類別較佳、家庭收入較多者，其錄取的比率較高，反之，則較低。唯此種差距與外國相比則較不顯著。該研究的綜合結論是：「我國大學入學考試，考生的錄取機會，確稍受父親教育程度、父親職業類別、家庭收入、家庭居住地區及家庭大小等構成家庭社經背景因素之影響，惟錄取的考生來自父親教育程度較低、父親職業屬於技術及非技術工人、以及全家收入較低等等之家庭者，占了相當大的比率，獲得了相當大的入學機會。可見我國大學入學考試還能符合教育機會均等的精神。」（臺灣師範大學教育研究所，民 67）但此一研究係以參加大學入學考試之考生為對象，就大學聯考制度本身探討其是否公平合理。今後如能進一步分析各級學校學生之家庭社經背景，

探討各教育階段學生社會階層結構的變化情形，將更能幫助吾人了解我國教育制度是否合乎教育機會均等的理想。

(二)社會階層化與學業成就

社會階層化影響教育機會的多寡，可能是由於不同社會階層的學生在學業成就上的差異所形成的。有關社會階層化與中小學生學業成就的研究甚多，其結果亦大致相同。英國著名的〈曼徹斯特調查〉(*Manchester Survey*) 報告中指出 (Wiseman, 1971)：關係教育成就的主要因素在於家庭環境之內，家庭因素的重要性幾乎二倍於社區和學校兩項因素的總和。勒文 (Lavin, 1965) 在《學業成就的預斷》(*The Prediction of Academic Performance*) 一書中蒐羅 1953 至 1961 年間有關學業成就研究文獻，所載十九篇涉及家庭社經地位與學業成就的研究報告中，有十三篇指出兩者具有密切正相關。懷特 (White, 1977) 研究一百篇有關家庭社經地位與學業成就關係的論文，發現兩者相關係數在 .10 至 .70 之間，平均相關係數為 .251，可見社經地位與學業成就確有相關。

我國有關此類研究，為數不少。黃富順（民 63，頁 81）研究影響國中學生學業成就的家庭因素，發現國中學生學業成就與家長職業水準之相關係數分別自 .29 到 .52，學業成就與家長教育程度之相關係數分別自 .20 到 .41，所有相關均達顯著水準。林義男（民 62）以家長職業與教育程度為標準，比較國中學生在數學、社會、國文、英語等學科的實際成就，發現家長職業及教育程度愈高者，學生在各科的平均成績亦愈高。謝季宏（民 62）的研究也發現：國中學生家長社會地位與學業成就之相關均達顯著水準。

以大學生為對象的研究，所得結論則較不一致。有些學者認為社會階層仍然影響大學學生的學業成就，有些研究則認為兩者並無明確關係。

一般研究認為中下階層的父母較不重視教育的成就價值，其子女之學業表現亦因而欠佳。但是，涂梅 (D. M. Toomey) 發現若干對子女教育極為關心，「以家庭為中心」(home-centred) 的勞工階級父母，其社經地

位雖低，但子女教育成就卻較高，迥異於一般勞工階級。這種同屬於一個階層之內，所表現的學業成就的差異，引起許多研究者的興趣與重視（引自林生傳，民 67，頁 359）。

綜括上述，可以發現大部分的研究均證實家庭社經地位與學業成就有關，但也有一些研究所得結論並不完全一致。其可能的原因除了研究對象與分類標準不同而外，未經控制的其他因素如智力、測量誤差……等，也可能影響研究結果。一般而言，家庭社經地位高者，其物質條件、教育態度、價值觀念、語言表達、成就動機、學習環境……等均較優，因而有利於學業成就的表現；然而家庭社經地位與學業成就之關係並非必然的，吾人必須再進一步分析這些中介因素，才能了解其真正的關係。

三、社會階層化影響教育成就的中介因素

㈠物質條件

一般而言，社會階層愈高的家庭，其經濟情況愈好，物質條件愈佳。物質條件不但為社會階層化的主要衡量標準；也是影響教育成就的重要因素之一。許多研究證實：貧窮、居住環境欠佳、過分擁擠均影響兒童的教育成就。例如英國道格拉斯 (Douglas, 1964) 調查一萬多個英國七歲兒童的家庭環境後，指出過分擁擠與學校成就有關。其他研究也證明貧窮家庭的子女就學率較低，罹病率高。佛勞德等人 (Floud, et al., 1956, pp. 89, 145) 曾研究英國十一足歲甄試的成功率，發現有些地區家庭物質環境普遍較佳，其成功率與經濟情況關係不大；但在物質條件較差的地區，「每一社會階層較成功的學生，都有較好的物質環境」。當然，也有若干研究認為：如果其他因素是有利的，貧窮本身不一定是教育成就的障礙。

綜觀上述，對於物質條件與教育成就的關係，可以從三方面來說明：

1.家庭物質條件可能透過其他因素影響教育成就。例如：貧窮家庭影響兒童健康與學習環境，間接影響兒童的學業成就。

2.生活的困苦迫使兒童與青年提早離校，影響其教育機會。

3.「貧窮文化」(the culture of poverty) ❶影響下一代的態度、價值觀念、

成就動機……等，這些因素轉而影響學校教育的成果。

(二)教育態度

　　家庭社經背景中的許多因素影響學生的教育成就，而其中研究結論最為一致的可能是父母對子女的教育態度；也就是說，父母的關心與鼓勵，對子女教育成就最有影響。例如：道格拉斯 (J. W. B. Douglas) 研究英國小學生考試成績與家庭環境因素的關係，發現父母的教育態度影響考試成績最大。1967 年〈卜勞頓報告書〉(*Plowden Report—Children and Their Primary Schools*) 中，有關調查資料也肯定了道格拉斯的結論：在許多影響學生學業成就的因素中，父母的關心與鼓勵比其他因素（家庭的物質條件、學校的設施與教學情況等）顯得更為重要 (*Plowden Report*, Appendix 4)。魏斯曼 (S. Wiseman) 就〈曼徹斯特調查〉所得的結論指出「對兒童最具影響的，並非家庭的地位，而是父母之所為」。他認為教育的缺乏，主要並非貧窮的結果，父親的態度及母親的照顧比物質條件的影響更為重要 (*Plowden Report*, Appendix 9)。

　　除了父母的教育態度之外，父母的教養方式也影響教育成就。中上階級的父母常能運用較為自由民主的方式，按子女的興趣、能力與需要，向子女提出合理的要求，勞工階級的父母其教養方式則常失之過嚴或漠不關心。因此中上階級的教養方式較能使子女由家庭順利過渡到學校，有效適應學校環境以接受教育，而勞工階級的子女則較易於導致學校生活適應上的困難。

---

❶ 「貧窮文化」(the culture of poverty) 一詞是路易士 (Oscar Lewis) 在其名著《五個家庭——墨西哥人貧窮文化之個案研究》(*Five Families: Mexican Case Studies in the Culture of Poverty*, 1971) 中所提出的。（該書民國 65 年由丘延亮譯成中文，牧童出版社印行）路易士在該書中對窮人的行為、態度與價值觀念，分析極為深入。兒童生活在貧窮環境中，吸收了這種次文化的基本態度與價值，難以適應正常學校生活，常遭致學業上的挫折。

(三)價值觀念

兒童在社會化過程中接受廣泛文化環境的影響,包括社會整體文化、地區性文化與某一社會階層的文化。家庭傳遞文化通常具有選擇的作用,因而形成兒童特別的文化價值觀念。例如:個人判斷的形成、價值衝突的解除及各種選擇的決定,都在家庭環境中進行,這種「選擇」形成了個人的價值觀念。現代社會科學研究承認:個人的價值觀一大部分是家庭中社會制約作用的產物。易言之,個人的價值觀念有一大部分受到家庭社經背景的影響。

克羅孔 (C. Kluckhohn) 曾提出「價值導向」(value orientation) 的概念,而由其夫人 (F. R. Kluckhohn) 發展出完整的價值導向理論❷。根據這種價值導向理論一般認為美國中層階級的價值觀念是: (1)主張人性善惡參半; (2)控制自然; (3)重視未來; (4)重視行動; (5)強調個人。但是屬於低階層者的價值取向則不相同,不少學者研究發現勞工階級的時間價值,不重視未來,而重視目前,因此比較不易接受「延緩滿足」(deferred gratification) 的觀念,而有及時行樂的傾向。他們常持「宿命論」的看法,缺乏積極進取的雄心大志,對於職業的固定與安全看得比實現自我理想更為重要。質言之,勞工階級比較傾向於聽天由命,重視目前存在的價值。因此,他們也不如中層階級那樣重視教育的價值。

由以上說明可見社會階層化影響個人的價值觀念;透過家庭社會化過程,由父母傳遞特殊的價值觀念,使其子女形成不同的教育態度,因而影響其教育成就。當然,價值觀念涵義廣泛,對教育影響極為複雜,但吾人認為它是影響教育成就的一個中介因素,應毋庸置疑。

---

❷ 克羅孔 (F. R. Kluckhohn) 提出五種價值導向的問題及其可能解決途徑: ①人性: 有些主性善, 有些主性惡, 有些主善惡混; ②人與自然的關係: 或主聽天由命, 或主天人合一, 或主征服自然; ③時間方面: 或重視現在, 或強調過去, 或憧憬未來; ④行動方面: 或重存在, 或重發展過程, 或重行動; ⑤重要關係方面: 或重積極性, 或重集體性, 或重個別性。參閱: Kluckhohn, F. R. & Strodtbeck, F. L. (1961). *Variations in value orientation.* Chicago: Row, Peterson.

㈣語言類型

語言是人類交互作用的主要工具，兒童接受教育，通常都是透過語言的運用，因此語言的學習影響個人的社會發展，也是個人社會化的要件。社會階層不同，不僅運用語言的數量不等，所使用的語言類型也有差異。一般而言，中上階層的家庭允許子女發表意見，利用共同討論以創造語言交流機會。此外，父母常在口語方面鼓勵子女，講述故事、閱讀書籍也成為家庭生活的主要內容。低階層家庭則因物質與社會環境欠佳，父母子女之間缺乏語言交流的機會，因而語言交流的質與量均差，影響子女閱讀能力，也影響其認知的發展 (Deutsch, 1967)。

柏恩斯坦 (Bernstein, 1961, pp. 288–314) 曾研究不同社會階層的語言類型。他以為中上社會階層的家庭，重視子女語言的表達及抽象觀念的認識，因此，他們的語言類型屬於精密型 (elaborated code)。這種較為正式的語言需用較多的字彙、形容詞、副詞、附屬句、抽象句等等，有利於從事邏輯思考及討論人際關係。相對地，低階層的家庭，因不重視子女的語言表達，所以他們的語言類型屬於閉塞型 (restricted code)；句子較短，字彙較少，詞類及附屬句也較少，詞不達意的情形也較多。

綜上所述，可見社會階層不同，使用的語言類型也不同，因而可能發展出不同的思考方式與認知結構，轉而影響教育成就。

根據社會階層化影響教育成就的理論模式，除了以上所討論的中介因素（物質條件、教育態度、價值觀念與語言類型）外，尚有智力因素、成就動機、抱負水準、學習環境……等，也都直接間接影響教育成就。而這些因素之間，彼此互相關連，互相影響。因篇幅所限，不擬深入探討。總括言之，社會階層化乃透過家庭背景中各項中介因素影響教育成就。因此，無論屬於何等社會階層，只要父母關心子女教育，採用合理的教養方式，建立積極的價值態度，仍能為子女創造有利學習的環境，進而提高其教育成就。

第三節　社會流動與教育的關係

一、社會流動的意義與條件

在開放式的社會階級制度中，各階級之間的社會成員有相互流動的機會，這種社會位置的變動現象稱為社會流動 (social mobility)。從流動的方向來說，通常分為兩類：一是橫的流動 (horizontal mobility)，凡是同等社會階層的成員在社會空間上更換其位置的都是屬於這一類，例如學生轉學，教師調校任教，米商改為布商等；另一類是縱的流動 (vertical mobility)，這是指在不同社會地位或社會階層之間的流動。此類又可分為向上社會流動 (upward social mobility) 與向下社會流動 (downward social mobility)，前者如店員升為經理，後者如貴族降為平民。此外，從流動的人數而言，可分個人社會流動 (individual social mobility) 與團體社會流動 (group social mobility)，前者流動現象僅涉及個人，而後者則包括一個團體，例如：勞工階級由於教育普及、收入增加，因而改變其職業地位，便產生團體向上社會流動的現象。

社會流動的產生有許多條件，就個人而言，憑其才智與努力固然有向上流動的機會，但客觀的社會環境也常決定個人社會流動的主要關鍵。此種客觀的社會環境除前述社會階級結構是封閉或開放的性質而外，還有許多因素必須同時加以考慮。其中較重要者有下面四項：即移民、工業化、各社會階級的出生率與種族統合等（林義男、王文科，民67，頁88）。就移民而言，不論國外移民或國內人口移動，移民或移動人口本身多半擔當社會中較低階層的工作，而使原有居民因有了新的基石而自然的向上流動。就工業化而言，因工業化結果對非技術工人的需求量大為減少，而對技術及專業人員需求則非常迫切，無形中提供許多向上流動的機會。此外工業化之後，社會財富增加，個人可能由於生活方式的改變而轉移至另一種不同的社會階層。就各社會階層出生率而言，由於中

上階層的生育率較低，其成員去世或離職時，其空缺需人遞補，而低階層者一般而言，生育率較高，部分成員可經由社會流動的歷程填補上述空缺。最後就種族統合而言，目前進步國家均不容許種族歧視的措施，在美國黑人與有色人已經逐漸獲得公平競爭機會，甚至為表示種族統合與扶植少數民族，各種工作機會還有保障名額的設置，以鼓勵處於不利地位的種族成員力爭上游，而有更多向上流動的機會。

由以上分析，可見影響社會流動的因素很多，現代社會日趨於開放，社會流動現象遠較過去普遍，向上流動機會也較過去為多。但若干學者研究認為流動幅度仍不夠大，低階層子女向上流動仍受不少限制。為突破此種障礙，達到更高一層的社會流動，通常必須接受良好教育。因此教育與社會流動的關係，在現代社會中乃日益密切。

二、教育與社會流動的關係

要了解教育與社會流動的關係，應先分析在傳統與現代社會中，有關社會角色與地位、教育價值、教育功能以及社會流動方式的變化情形，作為討論的依據。從有關學者的理論探討中，可歸納出傳統與現代社會主要特徵如下❸：

---

❸　此一分類表，係根據下述四位學者的理論：

　　① Linton, R. (1936). *The study of man*. N. Y.: Appleton, ch. 8.

　　② Havighurst, R. J. (1961). Education and social mobility in *four societies*, in Halsey, A. H., et al., eds., op. cit., p. 113.

　　③ Parsons, T. (1959). The school class as a social system, in Halsey, A. H., et al., eds., op. cit., p. 434.

　　④ Turner, R. H. (1960). Modes of social ascent through education: Sponsored and contest mobility, in Halsey, A. H., et al., eds., op. cit., p. 121.

表 5-3　傳統社會與現代社會的主要特徵

類別 ＼ 學者 主要特徵	林頓 (R. Linton)	哈維赫斯特 (R. J. Havig-hurst)	帕森士 (T. Parsons)	杜納 (R. H. Turner)
	角色與地位	教育價值	教育功能	流動方式
傳統社會	歸屬的地位 (ascribed status)	象徵性價值 (symbolic value)	社會化功能 (socialization)	保薦式流動 (sponsored mobility)
現代社會	成就的地位 (achieved status)	功用性價值 (functional value)	選擇的功能 (selection)	競爭式流動 (contest mobility)

　　現代社會大都屬於開放式階級制，所以決定社會階級的因素大部分根據「成就的」地位而非「歸屬的」地位，已於本章第一節中予以闡明。

　　就教育價值而言，根據哈維赫斯特 (R. J. Havighurst) 的說法，可分「象徵性」價值與「功用性」價值。在傳統社會中，教育是統治階級或閒暇階級的特權。教育之所以被重視，是因為它具有象徵性價值：即在於獲得某種象徵性社會地位，以及得到這種社會地位之後的滿足。在現代社會中，教育之所以受到重視，是因為它具有功用性價值：即在於利用自己的教育成就，獲得適當的工作。例如：取得高級學位，已不再是為光宗耀祖，提高身分，而是要施展所學，服務社會。在開發中的國家，論及利用教育力量以促成社會流動時，常特別重視教育的功用性價值。各國政府在研訂教育政策時，均注意訓練較低階層的社會成員，使其具備某些技術與能力，獲得適當工作及向上流動的機會。

　　就教育功能而言，帕森士 (T. Parsons) 在其〈班級為一種社會體系〉一文中，曾詳盡分析「社會化」與「選擇」兩種功能。傳統社會變遷不大，教育制度對於個人僅具有社會化的功能：即在培養個人適應社會生活所必需的知識、能力與價值觀念。現代社會趨於工業化後，社會分工日益複雜，教育制度除了繼續保留「社會化」功能而外，還要依據經濟制度中職業角色的需要，「選擇」並「分配」人力。教育制度乃成為分配

個人職業角色的選擇工具。各國教育制度所採用的選擇方式（如考試制度）各不相同。選擇方式的適當與否，涉及教育機會均等與人才浪費的問題，已引起許多教育社會學者的重視與討論。

最後就社會流動的方式言，杜納 (R. H. Turner) 曾提出「保薦式」流動 (sponsored mobility) 與「競爭式」流動 (contest mobility) 的理論，說明教育與社會流動的關係。他以英美社會流動的型態為例，說明兩者之區別。美國社會代表競爭式流動制度，而英國社會代表保薦式流動制度。在競爭式流動制度中，個人可憑自己的才能與努力，運用各種方法，獲得應有的成就，贏得應有的地位。在保薦式流動制度中，目前社會的精英 (elite) 及其代理者根據他們自己的標準選擇人才。個人的成就必須符合他們所要求的條件，才能獲得保薦，而有向上流動的機會。前者猶如參加五千公尺賽跑，必須憑個人的體力與耐力才能獲勝，而後者猶如參加選美大會，希望入圍，必須符合評判委員的審美標準。美國與英國的教育制度反映這兩種社會流動的方式。美國教育盡量延緩分化，教育內容採取綜合型態，以提供個人充分參與競爭的機會。而英國以前的學校制度則重早期分化，以不同類型的學校，選擇並培養不同人才。經甄選被認為優秀者，得以接受英才教育而向上流動，甄選失敗者，則喪失競爭的機會。不過，最近英國教育制度在中等教育方面，已經轉向綜合型態，而且盡量擴展高等教育機會；事實上，已經不能代表保薦式社會流動制度。而美國教育制度，仍多少受到社會階層的影響，因而在實現教育機會均等方面尚有若干障礙，所以也不能說它完全符合競爭式社會流動的理想。

綜上所述，可見社會變遷的結果，有關個人的社會角色地位、教育的價值與功能，以及社會流動的方式等都產生了極大的變化，而教育與社會流動的關係也日形密切。哈維赫斯特 (Havighurst, 1961, pp. 119–120) 研究美國、英國、澳大利亞，及巴西四國的社會流動與教育的關係後，曾指出：「西元 2000 年的工業及民主社會，必比目前社會更為開放及流動化。因此，教育會成為向上流動的主要途徑，缺乏教育或教育上失敗，

則成為個人向下流動的主要原因。」當然，促成社會流動的因素很多，已如前述，但「教育是影響社會流動的一項重要因素」，這一結論，大體上已為一般學者所確認。

第四節　教育機會均等的問題

一、教育機會均等的涵義

探討社會階級、社會流動與教育之間的關係，必定涉及教育機會均等的問題。關於教育機會均等的涵義，各家說法不甚一致。根據美國芝加哥大學安德森 (C. A. Anderson) 的歸類，所謂教育機會的均等，不外下列四種涵義（黃昆輝，民 61，頁 89–90）：

1. 教育機會均等即是提供每個人同量的教育；

2. 教育機會均等意即學校教育的提供，足使每一兒童達到一既定的標準者；

3. 教育機會的提供，足使每一個體充分發展其潛能者；

4. 提供繼續教育的機會，直至學生學習結果符合某種常模者。

這四項標準涵義並不明確，有些觀點仍待澄清。

美國、英國及西德等廿一個國家所組成的「經濟合作與開發組織」(OECD) 於 1965 年指出，教育機會均等，至少具有下述三種意義（黃昆輝，民 61，頁 91–92）：

1. 能力相同的青年不論其性別、種族、地區、社會階級等等，皆具有相等機會，接受非強迫性的教育。

2. 社會各階層的成員，對於非強迫性的教育，具有相等的參與比率。

3. 社會各階層的青年，具有相等的機會以獲取學術的能力。

此三種涵義，均強調強迫教育階段以上的各級各類教育的同等參與，並正視造成教育機會不平等的社會階層因素，為其特點。

上述有關教育機會均等的定義，如深加分析，不外兩個基本觀念：

第一，每一個人具有相等機會接受最基本的教育，這種教育是共同性、強迫性的教育，也可稱為國民教育。第二，人人具有相等機會接受符合其能力發展的教育，這種教育是分化教育，雖非強迫性，但含有適應個性發展的意義，也可以說是人才教育。所以教育機會均等包括國民教育與人才教育兩方面。

關於教育機會均等的問題，有些觀念必須加以澄清，才能把握其真義。例如：所謂「均等」指的是「機會」的均等，而非「結果」的相等，也就是 國父所說的立足點平等（真平等）而非齊頭點平等（假平等）。此外，教育機會均等，除了消極地不對學生之就學機會加以性別、宗教、種族、社經地位或其他之限制而外，更含有積極地提供彌補缺陷的機會，促進立足點的平等，以便充分發展個人才能的意義。

二、社會階層化與教育機會不均等

探討教育機會均等的問題，有許多不同的途徑。從教育社會學的觀點，比較重視社會階層化的因素。換句話說，教育社會學者常分析來自不同社會階層的人，是否具有相等的教育機會，有能力的人是否都能向上流動至最高階層？

根據許多調查研究發現：歐美國家勞工階級的子弟，進入大學就讀機會遠比中上階層子弟為少，而且比例相當懸殊，已於本章第二節中予以闡明。究其原因，除智力差異與家庭因素之外，教育機會不均等也是一種事實，這種現象形成很大的教育浪費。因為教育機會受到限制，很多優異的低階層子女，未能發展其才能，為國家社會服務。

柯爾曼 (J. S. Coleman) 於 1964 年領導進行美國各種族之教育機會均等的研究，並於 1966 年向國會提出調查報告，一般稱之為〈柯爾曼報告〉(*Coleman Report,* 1966)。在此報告中，他指出(1)學校的種族隔離仍然相當普遍，大多數美國兒童，還是黑白分校就讀；(2)除了亞裔美國人，其他少數種族兒童的學業成就遠遜於白人兒童，而此種差距隨著兒童就讀年級的增高而擴大。上述兩項結論，已為一般學者所確認。唯〈柯爾

曼報告〉中，對於有關黑白學校之間的特徵（包括師資、設備、經費……等）的差異以及這些特徵與學業成就關係的看法，卻引起頗多爭論❹。無論如何，〈柯爾曼報告〉還是強調要實現教育機會均等的理想，應具備以下四個條件：(1)要提供所有兒童免費教育至某一年齡水準；(2)無論學童的社會背景為何，要提供給他們共同的課程；(3)無論兒童的出身為何，皆進同類學校；(4)同一學區內的教育機會要絕對平等。

詹克斯 (Jencks, et al., 1972) 在其《不均等──美國家庭和學校教育的重估》(*Inequality: A Reassessment of the Effects of Family and Schooling in America*) 一書中，指出美國學校教育的不均等現象為：(1)教育資源分配的不均等；(2)某些學生的就學機會多於其他學生；(3)某些學生選讀某一種課程的機會多於其他學生。因此他建議採取如下的改革措施：(1)每一學生每年的教育經費相同；(2)以自由選擇（即公開考試）的方式，使每一學生有相同參與競爭性考試的機會；(3)避免對學生實施分化，即小學生可以隨意轉班，中學生不分升學與就業班，大學選課自由等。

其他有關教育機會均等的著名研究報告甚多，無法一一列舉❺。一般而言，研究者通常分別自學制上、數量擴充及社會階層就學率等方面加以探討，其研究的範圍可以歸納為三項：(1)調查並分析各社會階層兒童與青年，在各級教育中的就學比率；(2)探討有關影響教育機會不均等

---

❹ 〈柯爾曼報告〉(Coleman Report) 指出：黑白學校之間的特徵，沒有極大的差異，而且學校特徵與學生學業成就之間沒有顯著的相關，這些結論，引起頗多批評。參見：Bowles, S. (1968). "Towards equality of educational opportunity?" in *Harvard Educational Review*, Vol. 38. And Dyer, H. S. (1968). "School factors and equal educational opportunity", in *Harvard Educational Review*, Vol. 38.

❺ 其他較為著名的研究報告，有英國的〈克勞瑟報告〉(*Crowth Report*, 1959)，〈羅賓士報告〉(*Robbins Report*, 1965)，〈卜勞頓報告〉(*Plowden Report*, 1967)；法國葛拉得 (Mr. Griard) 與他的同事於 1962 年對一萬七千五百名小學生的追蹤研究，以及瑞典休森 (T. Husen) 於 1968 年所從事有關學校改革與教育機會均等的研究。

的因素；⑶研訂達成均等教育機會的有效策略。

三、促進教育機會均等的途徑

自第二次世界大戰以後，各國為謀求教育機會均等之實施，均分別從學制、課程與經費等方面力求改進，以擴增低階層子女就學機會、減少階級間教育參與的差異，至於實際改革的措施，則包括下列幾項：

㈠延長義務教育年限至中等教育階段

這種趨勢，一則由於各國社會與經濟的高度發展，要求提高國民教育水準，一則其於上述教育機會均等之理想，須盡量延長共同教育的期限，俾個人的能力獲得最大的發展。

㈡學校制度單軌化，延緩課程分化

歐洲源遠流長的雙軌學制成為教育機會均等的絆腳石，因此戰後各國均致力於單軌學制或綜合中學的建立。中等教育之過早分化，對於中下階層兒童較為不利，延緩分化，不但可以加強社會的統整，而且可以普遍試探學生的能力與性向，廣泛發掘人才。

㈢注重學生性向與能力之試探與輔導

先進國家均重視各級學校的輔導措施，以期充分了解學生的智力、興趣與性向，俾能因材施教，充分發展個人潛能。

㈣發展特殊教育，實施補償教育

戰後各國特殊教育急速發展，特殊教育的對象也隨著教育機會均等觀念的建立而大為擴充。先進國家更為文化不利兒童 (culturally deprived children) 實施補償教育，以期達成教育機會均等的理想。

㈤合理分配教育經費

教育經費分配的均勻與否亦影響各地區教育的均衡發展，各國均重視學生單位教育經費以及各地教育經費分配的平均，以期符合教育機會

均等原則的要求。

就我國而言，上述各項改進措施，部分已經付之實現，部分則正計畫實施中，為進一步促進教育機會均等，筆者認為我國今後應加強下列各項措施：

1.大量增設獎助學金，以幫助清寒優秀學生完成學業。此外應改進高中以上學生貸款辦法，以發揮其應有的功能。

2.由政府編列預算，增加對私立學校（或私校學生）之補助。

3.加強親職教育，以端正父母價值觀念，指導其教養子女的方式，建立有益於子女教育的家庭環境。

4.加強特殊教育，以適應資賦優異或身心缺陷兒童之需要。

5.實施補償教育，參考英國「教育優先地區」(Educational Priority Area)制度❻，與美國「及早開始計畫」(Head Start Program)❼，以政府經費補助偏僻或貧瘠地區加強辦理補償教育（包括學前教育），以增進低階層兒童在教育上立足點的平等。

---

❻ 英國「教育優先地區」(Educational Priority Area) 制度係根據 1967 年〈卜勞頓報告〉的建議而來。一些經費困難，設備不足之學校或地區，由教育科學部指定為「教育優先地區」。這些地區由中央直接補助學校建築與設備費用、調整其師生比例、給予教師額外津貼、配置助理人員……等。其目的在提高該地區教育水準、鼓舞教師服務情緒，並與社區人士合作，致力社區發展工作。這些措施在社會學上通常稱為「積極的差別待遇」(positive discrimination)。參閱：Kelsall, R. K. et al. (1971). *Social disadvantage and educational opportunity*. London: Holt, Rinehart & Winston, pp. 200–201. Also Halsey, A. H. ed. (1972). *Educational Priority, Vol. I: E. P. A. Problems and Policies*. London: HMSO.

❼ 美國「及早開始計畫」(Head Start Program) 為詹森總統「掃除貧窮」(War on Poverty) 政策之一部分。該計畫開始於 1965 年，是為低階層兒童提供學前教育機會的全國性計畫。其目的在於幫助社會不利兒童 (Socially deprived children) 獲得學前教育的機會，從健康、營養與福利各方面加以照顧，以期在接受正式學校教育之前，獲得與其他兒童在教育上立足點的平等。參閱：Kelsall, R. K. et al., op. cit., pp. 193–197.

參考文獻

林生傳（民 67）。〈社會階層化及其影響教育成就的理論架構與例證〉。師大教育系及教育研究所主編。《教育學研究》。臺北：偉文。

林清江（民 60）。〈家庭文化與教育〉。《臺灣師大教育研究所集刊》，14 輯。

林義男（民 62）。〈我國國中學生的智能分配與學業成就〉。《臺灣師大教育研究所集刊》，15 輯，頁 1–128。

林義男、王文科（民 67）。《教育社會學》。臺北：文鶴。

柯尼格著，朱岑樓譯（民 51）。《社會學》。臺北：協志。

黃昆輝（民 61）。〈論教育機會均等〉。載於方炳林、賈馥茗主編：《教育論叢》。臺北：文景。

黃富順（民 63）。〈影響國中學生學業成就的家庭因素〉。《臺灣師大教育研究所集刊》，16 輯。

臺灣師範大學教育研究所（民 67）。〈我國大學入學考試報考者與錄取者家庭社經背景之比較分析〉。《臺灣師大教育研究所集刊》，20 輯，頁 166–167。

謝季宏（民 62）。《智力、學習習慣、成就動機，及家長社會地位與國中學生學業成就之關係》。政大教育研究所碩士論文。

Bernstein, B. (1961). "Social class and linguistic development: A theory of social learning," in Halsey, A. H. et al. (eds.), *Education, economy and society*. N. Y.: Free Press.

Coleman, J. S., Campbell, E. O., Hobson, C. J., Mcpartland, J., Mood, A. M., Weinfeld, F. D. & York, R. L. (1966). *Equality of educational opportunity*. Washington, D. C.: U. S. Government Printing Office.

Davis, K. & Moore, W. E. (1945). "Some principles of social stratification," in *American Sociological Review*, Vol. 10.

Deutsch, M. (1967). The role of social class in language development and cognition. In Passow, A. H. et al. (eds.), *Education of the disadvantaged: A book of readings*. N. Y.: Holt, Rinehart & Winston.

Douglas, J. W. B. (1964). *The home and the school*. London: MacGibbon & Kee.

Floud, J., Halsey, A. H. & Martin, F. M. (1956). *Social class and educational opportunity*. London: Heinemann.

Harighurst, R. J. (1961). "Education and social mobility in four societies in habey," in Floud and Anderson (eds.), *Education, economy and society: A reader in the sociology of education*. N. Y.: The Free Press.

Jencks, C., Smith, M., Bane, M. J., Cohen, D., Gintis, H., Heyns, B., & Michelson, S. (1972). *Inequality: A reassessment of the effects of family and schooling in America*. N. Y.: Basic Books.

Kelsall, R. K. & Kelsall, H. M. (1974). *Stratification: An essay on class and inequality*. London: Longman.

Kelsall, R. K. (1957). *Applications for admission to university*. London: Association of Universities of British Commonwealth.

Lavin, D. E. (1965). *The prediction of academic performance: A theoretical analysis and review of research*. Russell Sage Foundation.

Report of the Central Advisory Council for Education (1967). *Children and their primary schools* (*Plowden Report*). London: HMSO.

Sewell, W. H. & Shah, W. P. (1967). "Socioeconomic status, intelligence, and the attainment of higher education," in *Sociology of Education*, Vol. 40, No. 1.

Theodorson, G. A. & Theodorson, A. G. (1969). *A modern dictionary of sociology*. New York: Barnes & Noble.

Tumin, M. M. (1953). "Some principles of social stratification: A critical analysis," in *American Sociological Review*, Vol. 18.

Walts, A. G. (1972). *Diversity & choice in higher education*. London: RKP.

White, K. R. (1977). "The relationship between socio-economic status and academic achievement," in *Dissertation Abstracts International*, Vol. 37, No. 8. 5067–A.

Wiseman, S. (1971). *Education and environment*. manchester University Press.

第 *6* 章　社會變遷與教育

　　宇宙現象隨時在變遷，人類社會亦不例外。社會變遷是指社會現象的變動而言，當代社會學者無不重視社會變遷的研究。到底社會變遷與教育的關係如何，社會變遷過程中教育會產生哪些問題，教育如何適應社會變遷趨勢，以及未來教育如何計畫與革新……等，這些都是本章所要探討的課題。

第一節　社會變遷與教育的基本關係

一、社會變遷的意義

　　社會學上的所謂社會變遷 (social change) 是指任何社會過程或型態的變化。它是一個籠統的名詞，指各種社會運動的結果。社會變遷的範圍，包括社會結構、制度、人群關係 (human relationship) 的變化與發展過程中所遭遇的一切情形。社會是其成員之間相互關係的複雜組織，社會結構產生變化，成員彼此間的行為亦隨之變動。人們必須應付因變動而產生的新環境，這些應付新環境的因素，包括新的技術發明、新的生活方式與新的價值觀念。易言之，社會變遷不僅是社會結構的變化，也是人們態度、價值的變更。因此，龍冠海（民 86，頁 337）在所著《社會學》一書中，概括地說：「社會變遷是社會生活方式或社會關係體系的變異。」

　　社會變遷與文化變遷有所區別（前者是指社會結構與人際關係的變化，而後者則強調價值與規範的改變），但兩者關係密切。例如：社會變遷可包括：人口結構的變化；教育水準的提高；生育率的增減；都市生活中，睦鄰觀念的改變；工會組成後，勞資雙方關係的建立；家庭民主

化中，夫婦關係的調整；以及學校專業化中，教師權威來源的改變等。
而文化變遷則包括：文物制度的踵事增華、生活方式的現代化與藝術化、
道德與價值觀念的改變……等，這些變遷與社會變遷，實際上無法分開。
因為所有變遷都包括社會的與文化的兩方面的意義，硬要加以區分實在
沒有必要。所以，有些學者就融貫兩者含義，而使用「社會文化變遷」
(social-cultural change) 一詞，來說明此一社會現象。

　　然而變遷並不一定代表「進步」(progress)。因為進步一詞，含有價
值判斷 (value judgment) 的意味。進步是指向著理想的境界改變，是一個
邁向特定目標的歷程。但是，價值、理想與目標都是相對的。在某一社
會，所定的價值判斷為進步，在另一個社會，可能被認為是退步或腐化
的現象。為了避免價值的牽連，社會學者通常用「變遷」一詞，代表社
會演化的歷程。

二、社會變遷的理論

　　有關社會變遷的理論，眾說紛紜，見解不一。以下僅略舉幾種類型
加以說明：

㈠就變遷途徑而言，可分直線式 (linear) 變遷與循環式 (cyclical) 變遷兩種類型

　　直線型變遷理論也稱為社會變遷的階段說，認為社會變遷的模式乃
是循著直線的方向，逐步趨於文明的境界。孔德所提出的人類思想發展
的三階段：神學的、玄學的與實證的，即將社會演化與進步，視為同一
歷程。斯賓塞則視社會為有機體，將社會的發展與有機的演化相比擬，
即將社會演化過程當作生長的過程；社會結構不斷增加複雜性，組織與
功能也不斷分化，而各部分間也逐漸趨於協調。所以他視社會演化是進
步的。和這些樂觀看法相對的是社會變遷循環論，是史賓格勒 (O.
Spengler) 在《西方的沒落》(The Decline of the West) 一書中所提出的。
他認為一切文明經歷一個出生、成熟、和死亡的相同循環，西方文明正

趨向沒落，解體是不能避免的。湯恩比 (A. J. Toynbee) 也提出了一種世界文化史的循環論。他說西方文明雖處於危急存亡之秋，但在「有創造力的少數者」(creative minority) 努力下，仍可渡過難關，繼續發展。索羅金 (Sorokin, 1941) 以重現循環 (recurrent cycles) 來解釋社會變遷，則具有調和直線論與循環論色彩。

㈡就研究變遷的觀點而言，可分為和諧（功能）派 (consensus or functional theory) 與衝突派 (conflict theory) 兩種理論

　　功能派的觀點強調社會體系中的各單元都是為了保持平衡和諧而發揮其功能。社會體系產生分化或不平衡狀態，只是暫時的現象，變遷是形成新的統整型式或恢復新的平衡狀態的一種過程。此派可以帕森士 (T. Parsons) 與戴維斯 (K. Davis) 為代表。衝突派則認為社會不斷在變遷，而衝突與對立是變遷的原動力，此派代表人物有柯索 (L. Coser)、達連德夫 (R. Dahrendorf) 及馬克思 (Karl Marx) 等 (Horton & Hunt, 1976, pp. 76–77)（相關內容請參考本書第二章）。

㈢就分析變遷的因素而言，可分單因說 (single-factor theory) 與多因說 (multiple-factor theory) 兩類

　　早期社會變遷理論，多採單一因素的看法，即單獨從經濟、種族、地理或文化因素來說明變遷的來源。當代社會學已經拒絕這些決定論 (deterministic theories) 的說法，而接受多因的觀點。多因說認為社會變遷乃導源於許多複雜因素的交織作用而產生的結果。因為影響社會變遷的因素非常之多，事實上無法一一列舉。根據一般看法，約可歸納為下述三種主要因素或條件：⑴物質及生物因素，⑵科學技術因素與⑶文化因素 (Morrish, 1972, p. 68)。

三、社會變遷與教育

　　關於社會變遷與教育的基本關係，林清江（民 61，頁 186）在其《教育社會學》一書中，曾根據麥基 (R. McGee) 的分析，歸納出下列三項結

論：⑴在意識型態方面，教育常為社會變遷的動因 (agent)。例如：每一國家均有其獨特的教育目的，實現此種目的，常可導致某種社會變遷。⑵在經濟方面，教育常為社會變遷的條件 (condition)。例如：為了達成經濟發展的目的，一個社會必須從事多種教育改革。這種教育改革的直接目的雖在促進經濟發展，卻能間接造成經濟發展所欲獲致之社會變遷。所以在這種情況下，教育成為社會變遷的一種條件。⑶在技術方面，教育常為社會變遷的結果 (effect)。例如：技術進步改變職業結構，職業教育制度便隨之調適；大眾傳播技術進步，教學輔助工具乃隨之改良。由此可知，社會變遷與教育之間關係極為複雜，教育可能是社會變遷的原因或條件，也可能是社會變遷的反應或結果。易言之，兩者關係不單是單向而是雙向的歷程，教育一方面「配合」社會變遷而調整本身的結構與功能，另一方面也在「引導」社會變遷的方向。

由於人類社會在不斷的變遷之中，不但知識增加、科技發展，生活方式與價值觀念也不斷在改變。教育本身也應具有動態性質，以適應社會的需要。教育工作者必須隨時留意社會變遷的事實，在目標、課程與教材教法方面盡量配合時代的要求。這樣學校教育才不致成為展示歷史事實的博物館，而成為一種適應時代生活的工具。從另一方面看來，「在快速發展的社會中，教育固須密切注意社會變遷，但並非只是被動的遷就它。變遷必須加以評價，而教育的作用必須能激發理想的改革，並導引社會變遷於正途 (Morrish, 1972, p. 72)。」易言之，教育的功能，不只是在傳遞社會文化的遺產、反映社會變遷的事實，而且也應該負起推動社會進步的責任。

在研究社會變遷與教育關係時，如果吾人沒有忽略一個基本事實：教育制度本身也是社會結構的一部分，它也隨時不斷地在變化與更新之中。那麼，教育制度與社會其他制度之動態關係，也就比較容易了解，而教育與社會變遷互為因果的觀點，也就毫無疑義了。

再進一步看教育與社會變遷的互動關係，如圖 6-1 所示，社會中的科學技術、民主素養與價值觀念的改變會造成社會經濟結構、政治體制

與社會規範的變遷，並影響教育的發展，教育必須「配合」社會變遷而調適本身的結構與功能。同時另一方面教育也在「引導」社會中各種因素變遷的方向。而社會變遷必須加以評價，教育更需激發理想、批判時弊，從根本上改變人們思想與觀念，以促成理想的社會改革（陳奎憙，民 90，頁 37）。在現代社會中，教育在消極方面應如何密切配合以適應社會變遷的要求，在積極方面如何採取計畫的策略，使教育成為改進社會現狀、並引導社會朝正確方向變遷的主要力量，這些都是值得進一步加以探討的問題。

圖 6-1　社會變遷與教育之關係

　　從臺灣近幾十年來的教育發展來看，可以發現社會變遷與教育結構的密切關係。過去為了配合經建技術與人力之需求，並緩和盲目升大學之壓力，政府逐年調整高中與高職學生比例，增加高職學生人數；然隨著經濟發展與社會結構的改變，科技發展與經濟建設需要更多專門人才，社會大眾對高等教育的需求也增加，因此近年來政府又致力於提升高中人數比例，以及擴充大學校數與入學機會，並改善入學方式。

　　教育在經濟功能方面的貢獻，可以從兩個方面說起：(1)在直接方面，是由於教育改進人力素質，革新生產技術，提高勞動生產力；生產力的提高，創造更多就業機會而加速經濟成長；(2)在間接方面，教育提高了國民的知識水準，增進其積極進取與服務創造的精神，並培養人們適應現代社會生活的習性與態度。臺灣地區在經濟上的成就被譽為一種奇蹟，教育之貢獻功不可沒。

　　另外，教育的政治功能方面，教育常具有政治社會化 (political socialization) 的作用，教育可以培養一般人民崇尚民主的信念與政治上

容忍的態度，透過教育制度也可以選擇與訓練政治領導人才。臺灣政治的民主化與自由化，與社會經濟繁榮、人民教育水準提高有密切的關係。同時在社會自由民主的發展之下，關於學生人權、教師自主權與家長參與權等需求都逐漸被重視，對學校中的權力結構也產生顯著的影響。

第二節　社會變遷中的教育問題

任何教育問題的產生，均具有強烈的社會意義。對於我國當前所存在的一些教育問題，有些人總認為這些問題乃是教育制度本身的缺失所造成，因此，可以藉「制度改革」予以解決。事實不然，根據林清江（民61，頁194）在其《教育社會學》一書中的分析，「教育制度中所產生的問題與廣泛的社會解組現象、社會價值衝突、及個人行為偏差是密切相關的。」教育問題為社會問題的一種，教育問題的產生，可以在社會變遷過程中發現可能的因素，而教育問題，也需借助社會事實與社會觀念的改變，而獲得調適與解決之道。茲就我國當前教育制度中所面臨的主要問題，加以分析並探求其可能調適的途徑：

一、升學主義的問題

我國社會瀰漫著升學主義的風氣，謀職就業重視文憑，以致一般人認為「唯有升學才有前途」，為了應付社會升學主義的壓力，各校盛行不當補習（通常稱為惡性補習）。自民國57年實施九年國民教育以來，教育當局一再強調教學正常化、五育均衡發展。唯迄至今日，國民教育是否正常化？五育是否均衡發展？一般的看法與感受是：較之實施九年國民教育以前有所進步，但並未能令人感到滿意。升學補習依然盛行，只是由國小向國中提升而已。

升學補習由來已久，而且根深蒂固，已非教育當局之三令五申或督學的突擊取締所能消除。因為升學主義影響教學正常化，乃是社會風氣問題，而非單純教育制度問題。這是由於社會上「文憑至上」——過於

重視學歷，父母之望子成龍、望女成鳳，以及少數教師無法堅持教育專業理念，所形成的結果。目前中小學校無論公私立學校，在校內或校外，或明或暗的施行升學補習的確相當普遍。

最近教育當局積極推動九年一貫課程及多元入學方案，但是學生升學壓力並不因此減輕。從社會的觀點而言，要達到中小學教學正常化，必須先樹立學生家長與社會大眾正確的價值觀念。換言之，就是要糾正並消除一般人「升學第一，文憑至上」錯誤觀念，使一般人具有德、智、體、群、美五育均衡發展才是教育應循之正途的看法。只有如此，學校教育正常化才易獲致，而阻礙正常教學的社會因素才能減低到最小的程度，因此，如何利用大眾傳播工具或採取其他有效途徑來達成這個目標確為當務之急。當然，在教育制度本身亦應從提高教師素質、加強教師專業精神、實施評量輔導工作、改進入學考試辦法、修訂現行課程、研究教材教法……等方面著手，使全體學生都能獲得最適當的教育。

總之，要達到中小學教學正常化，不但需要所有教育工作同仁的努力，同時也有賴於社會中每一分子在觀念上的改變，唯有消除社會上升學主義的風氣，中小學教學正常化才有實現的可能。

二、人力供需失調

近十幾年來，複雜的青年就業問題一直困擾著我國教育界與企業界。所謂「人力供需失調」，係指在某些工作領域中，不易找到適當人才，教育制度所培養的人力，有供不應求的現象，但另一方面，社會上仍有嚴重失業或不充分就業 (under employment) 的情況存在，甚至還有受過高等教育者無法就業的現象。教育制度是提供經濟結構所需人力的主要來源，所以人力供需失調，也可以說是一種嚴重的教育問題。

傳統社會，職業結構簡單，所需人力常可由既存的教育制度及學徒訓練提供。現代社會，職業結構改變，需要大量高級技術人才，原有教育制度在功能與內容方面均無法配合社會變遷需要，而舊有學徒訓練體系因無法擔負培養現代科技人才的責任，原有功能亦日漸消失。這是現

代社會人力供需失調的重要原因。

個人職業價值觀念的衝突，是人力供需失調的另一個影響因素。在變遷緩慢的社會中，個人的職業選擇極受到個人的志趣、願望、及社會需求的影響。我國目前正處於快速變遷的時代，一個人必須依據個人本身意願及社會職業結構的需求來選擇職業，可是傳統職業觀念的影響力卻仍存在。因而產生職業價值觀互相衝突的問題。例如：勞心與勞力之間、博雅教育與職業教育之間如何協調，這是變遷社會中，教育制度上的一個重要問題。

以上所述，係由教育制度本身的調適以配合社會變遷中經濟建設的需要。吾人均了解要完全達到人力供需平衡的理想，事實上並不可能，但經由職業技術教育的改進，配合社會職業價值觀念的改變，當可緩和此一問題的嚴重性。例如：改進技職教育課程，實施建教合作制度，建立全國性職業訓練體系，培養學生適當的職業觀念與態度，進而以教育力量協調「勞心」與「勞力」之間互相衝突的價值觀念，消除博雅教育與職業教育的界限，這些都是改進我國技職教育的重點。

三、校園倫理議題

社會變遷對學校倫理的影響可以從實際的情形來探討。首先就師生關係而言，常見媒體報導在校園中學生與老師之間暴力相向的事件，這些雖然只是所謂「偶發」的校園暴力事件，卻對於我們這個注重傳統學校倫理與良好師生關係的社會，構成嚴重的考驗和挑戰。另外，學生為保障權益而必須狀告教師或學校，或教師因受學生恐嚇或暴力脅迫而必須與學生對簿公堂，這些情況對於學校倫理將產生何種影響？實在值得深思。

再從教師的社會角色來看，「安貧樂道」、「神聖清高」原為我國教育工作者所秉持的生活規範與至上節操。但是，時代進步，社會繁榮，追求幸福生活及滿足物質欲望，已經是現代民主社會的共同理想。傳統社會以安貧樂道、神聖清高為社會地位的象徵，而現代社會偏於以經濟收

人的多寡作為衡量社會地位的標準。教師處於這種新舊價值觀念中，難以做適當的抉擇，乃引起角色衝突的問題。

而這種價值衝突可能形成教師偏差行為，由於教師一方面希望秉持高尚節操，作育英才；另一方面則希望增加收入，以提高本身社經地位。因此少數教師或者見異思遷、不安於位；或者招攬學生實施惡補；或者把教師工作當作副業；甚至行跡敗劣，不堪為人師表，大大影響社會對教師的觀感，以致許多人常為我國傳統學校倫理的式微而嘆息。

我們社會大眾對「師道」觀念非常重視，因此對教師的期望很高，批評也很嚴格。不過，作者並不主張現代教師要完全接受傳統的「師道」觀念，面對快速變遷的未來社會，學校倫理與師道觀念均應適度加以調整，以配合時代需要。因此，如何建立新的學校倫理，實有加以進一步探討的必要。

四、教育改革審議委員會的看法

除了上述三個較為嚴重的教育問題外，行政院教育改革審議委員會也在其《教育改革總諮議報告書》中，提出八項我國的教育問題，包括（行政院教育改革審議委員會，民 85）：

㈠教育僵化惰性必須袪除

臺灣的教育制度，時常被批評為僵化、改革緩慢、不能跟上社會變遷的腳步。這類現象，或由於教育體系的封閉，或由於教育的過度管制，或由於立法的緩慢，使得許多教育問題無法及時解決，民間的教育需求也無法充分反映。

㈡學校教育與社會需求脫節

在過去政府集中管制下，學校一致化，形成僵化體系，缺乏與社會的良性互動，學校體系已在多元社會中與社會需要脫節。如何建立前瞻而多元的教育體系，已成為當前的重要課題。

㈢終身學習社會尚待建立

因為終身教育體系尚未建立，成人及繼續教育無法有效推廣，以致專重學校教育的社會未能轉變為不分年齡與職業均可終身學習的社會，對民主自治的公民社會之形成，有相當不利的影響。

㈣教育機會均等亟需增進

教育現代化已將我國從文盲眾多的社會轉變為教育性的社會，惟未受充分照顧的教育對象卻仍明顯存在。此類對象包括學前教育對象、特殊教育對象、少數民族、國民教育中的低成就學生，及亟需接受基本補習教育的文盲等。如何有效擴充他們的教育機會，是一項重要的問題。

㈤偏重智育的考試文化仍待導正

臺灣教育一向注重升學考試。這種偏重智育、以考試為重心的學校教育，使得其他教育面向，如建立生活規範、建立人生觀的生活教育、強調研究創新的科學教育、形成民主法治價值觀的公民教育、發展特殊才能與個人興趣的藝術教育及體育等，相對受到忽略。

㈥課程、教材與評量方式亟待改進

目前我國學校的課程分科太細，缺乏統整；教材太難，不夠生活化；上課時數太多，教學方法及評量方式亦過於僵化，亟待改進。

㈦多元師資培育體系猶待改進

教育改革之成敗，有賴多元而專業的教師參與，目前我國正在建立多元的師資培育體系，培育更開放及更高水準的教師，改變學校文化，促成社會進步。此項改革尚待結合多元卓越的教育條件與政府經費之支援，方能培養出高素質之師資。

㈧教育資源運用效率有待提高

臺灣過去教育投資不足，更嚴重的問題在於教育資源分配不合理、無效率。這都不利於教育機會均等的理想及高品質教育的實現，如何使

教育經費增加並有效利用，是當前教育改革的重要課題。

前述教育問題，都與社會變遷息息相關。例如教育制度僵化、與社會需求脫節，教育機會不均等，代表教育制度無法配合社會變遷的腳步；導正考試文化、課程教材教法的改進、多元師資培育體系、終身學習社會等，可說是社會變遷後產生的教育需求；而教育資源運用效率的提升，則有助於教育改革以因應社會變遷的需要。因此在尋求這些問題的解決之道時，也必須從社會變遷的角度加以思考。

第三節　社會變遷與教育調適

教育問題為社會問題之一種；教育問題的產生，往往是社會變遷的結果。社會學者常將社會變遷、社會失調與社會問題之間的關係，歸納為下述循環的過程。

原來穩定和諧的社會→社會變遷→社會（文化）失調→社會問題→社會解組→社會重組→又回到穩定和諧的社會

就當前我國教育實況加以觀察，教育制度由於受到社會變遷的影響，已有「失調」的現象，也有許多「問題」發生（已如上節所述），但尚未嚴重到「解組」的程度。這其中亦涉及社會價值衝突與個人行為偏差的因素，需進一步加以分析。

我國教育發展現況，在「量」的發展方面速度相當驚人，但是「質」的提高顯然尚待努力。在中小學方面其師生比例、平均班級人數、建築設備以及教育內容與方法等均不盡如理想，尚待繼續改進之處頗多。在高等教育與技職教育方面，由於擴充過於快速，因此其師資、設備、教學與研究等，也與先進國家水準，尚有一段差距，難以實現「研究高深學術」或「養成專門人才」的目標。這種「質」與「量」發展的不平衡，形成一種教育上的「失調」現象。此外，整個教育發展因受社會功利主義影響，在課程與制度方面，傾向於重升學輕就業、重理工輕人文、重

應用輕基礎、重硬體（設備）輕軟體（方法），也形成教育上偏頗失調的現象。這種「失調」，導源於社會價值觀念的偏差，卻直接影響教育工作同仁的態度與行為。

由教育失調所產生的教育問題中，以升學主義的問題、技職教育失調問題，與「校園倫理」問題等最受矚目。這些問題的根本解決需賴社會價值觀念的導正，唯從教育制度本身的調適，也是相當重要的。面對快速變遷的現代社會，我國今後教育調適與革新之途徑，可分為三點說明：⑴提升國民教育品質；⑵健全技術職業教育體系；⑶重建適合現代社會的學校倫理。

一、提升國民教育品質

㈠延長國民教育年限，促使國中教育正常化

臺灣升學主義影響學校教學正常化，並非單純的教育制度問題。從社會的觀點而言，首先必須糾正並消除一般人「升學第一，文憑至上」的觀念，使一般人了解五育均衡發展才是國民教育應循之正途，然後再從教育制度本身改進。

在教育制度方面，鑑於以往聯考，至今日多元入學方案以及國中學生基本學力測驗的實施，均無法杜絕不當補習或不正常教學，因此只有採取釜底抽薪的作法，也就是延長國民教育年限，才能根本解決國中教育不當補習的問題，促成國中教育正常化。而延長國民教育年限可採漸進方式，先延長一年或二年，採學區制分發入學方式，經一段期間以後，再將高中（職）階段全部納入國民教育範圍，正式實施十二年國民教育。國民教育年限延長後，國中教育可繼續國小「統整」之教育功能，而將「試探」與「分化」功能盡量延緩至中等教育後期，如此不但可以加強社會統整之基礎，充分試探學生之能力性向，增進教育機會均等，而且因國中畢業生人人可以升學，國中階段的不當補習與教學正常化問題，將可迎刃而解。

㈡提前達成小班的目標

為了減輕教師教學負擔，使中小學教學正常化，並提高教學效能，應積極推動小班計畫，降低國民中小學班級人數至 35 人以下，並發展「多元化、個別化、適性化」小班教學模式。同時加強小班教學研習與經驗分享，提升個別化教學成效，進而發展與樹立富特色之優質教育環境。

近年教育部大力推動「九年一貫課程」的改革，也是要配合多元化、個別化與適性化的教學，摒除以往分科制式的教學模式，採取統整與協同的教學，以培養學生之各種基本能力為指標，代替傳統刻板的學習，以期提高教學效能，使國民教育的教學更加正常化。

㈢學前教育的擴充

近年來社會快速變遷，職業價值改變，已婚婦女投入勞動市場的人口擴增，連帶衝擊家庭結構與功能的轉型。許多學者認為教育機會的不平等，其實始於學齡前的幼稚教育，因此，幼稚教育政策之規劃與推動，基於社會發展之需求，需結合政府及民間共同參與，以幼兒的福祉及建立幼教機構特色為方向，發展高品質的幼稚教育。而健全學前教育發展，對於國民教育品質的提升，有密切的關係。近年來亦有學者主張，國民教育年限除了向上延長外，也要向下延伸，即是希望透過政府的力量，減少學齡前教育機會不平等的現象。

㈣協助學校行政革新

近年來隨著社會民主與開放的趨勢，學校中的權力結構與行政運作模式也產生許多重大改變，校長權力不如以往，教師專業自主與家長參與的需求增加，加上價值觀念的多元化，使得以往僵化、威權、封閉、缺乏績效責任概念的行政模式，將難以適應越來越多元而複雜的社會需求，也勢必影響教學的成效。因此，學校行政必須採取更民主化的領導與決策模式，加強行政人員的專業技能，重視績效責任，並且健全學校校務會議、教師會、教評會、家長會之角色與運作功能，重視多元與彈性，建立和諧的校園環境。

二、健全技術職業教育體系

由於國際競爭日益激烈，及經濟、產業、科技的快速發展，形成教育制度與人力資源發展與運用計畫無法完全配合的問題，技職教育必須積極因應加速改革，才能提升技職教育品質，有效培育國家社會所需的高科技人才。茲就管見所及，提出下述建議：

(一)整個技職教育制度應更具彈性

先進國家在義務教育階段以後所實施的技職教育，均極具彈性；以往我國技職教育各科修業年限與課程均有硬性規定，亦即學生必須在固定時間內修完規定課程方能畢業。近年來教育部已規劃實施高職採行學年學分制，以及技職體系一貫課程等改革，目的就是增加職業教育修課的彈性與課程的統整性。同時應擴大技職教育的對象，鼓勵不適於升大學的高中學生轉入技職教育體系；並配合健全的證照制度，讓技職教育與實務需求密切結合。

(二)增設各類技術學院與科技大學，重視高教質量平衡發展問題

為順應資訊社會的需求，配合企業結構的變化，並促進工業與科技的升級，全面提升人力素質並加強高級技術與服務人才之培養，今後我國高等教育的發展似應釐清大學教育與高級技術教育的目的，前者採嚴格淘汰制度，注重高深學術研究，後者則以培養高級技術人才為目的，吸收優秀職校畢業生或具有相當程度的在職人員，使其有機會修讀學士或碩士以上的學位，以提高技職教育在學制中的地位，並糾正一般人認為技職教育沒前途的觀念。

近年來教育部積極推動專科學校轉型為技術學院或科技大學，強調拓展升學的第二管道，雖然在數量上增加了高等教育的入學機會，但似乎讓學生們曲解了技職教育的本意，多數進入高職就讀的學生，其最終目的仍在於升大學，而非提升其職業技能，如此對技職教育質的提升是否有幫助？是值得深思的問題。

⊜技職教育應兼重職業知能與人文素養

　　資訊科學迅速發展所帶來的衝擊，改變了人們的生活方式，亦引發許多新的社會與文化變革。今後的技職教育發展應同時重視人力教育、生計教育、社會教育與文化教育等功能。易言之，技職教育除了培養各級技術人力以配合國家建設需要，亦應增進學生在未來社會中的生活與學習能力，因此在人文層面的教育不容忽視。

三、重建適合現代社會的學校倫理

　　我國傳統觀念認為，教師應具有完美人格以表率群倫，有淵博知識以啟迪學生，並有淡泊名利、安貧樂道的精神，以奉獻教育工作。但是由於社會變遷的結果，傳統的學校倫理與師道觀念已經面臨考驗與挑戰。學校組織的制度化與科層化、教學型態的資訊化與自動化，使得師生關係趨於疏淡；社會功利思想的衝擊，使得教師的觀念趨於現實。面對快速變遷的未來社會，如何重新建立適當的學校倫理以配合時代需要，實有加以探討的必要。僅提出下述觀念與作法，以供參考：

㈠就師生關係而言

　　無論社會如何變遷，「教育必須基於愛心」，乃是永遠不變的真理。教師應該發揮愛心、了解學生，並給予學生適切的輔導。由於時代更易與各種主客觀因素，促成了青少年群體特有的價值觀念與行為模式，於是形成學生的「次文化」。教師應設法了解這些次文化的特質，發揮其積極的功能，而導正其偏差的發展。此外，面對未來多元化的社會，似可建立一種「動態的」(dynamic) 師生關係的觀念，就是依據師生年齡、任教課程，以及教學實際情境的變化，教師可以彈性地扮演不同的角色，學生可以把教師當作父母、兄長，甚至朋友等不同角色來看待。如此可不拘泥於「一日為師，終身為父」的傳統模式，而能縮短師生距離，以利彼此溝通。

(二)就教師的社會角色而言

作者認為，應建立「相對期望」的觀念，就是政府與社會大眾有絕對理由要求教師發揮愛心、克盡師道，並且善盡其社會責任；而教師們同樣有權利要求政府與社會，在物質與精神兩方面給予適當的回報。例如政府與社會輿論嚴格要求教師「樂道」，應無疑義，但要求教師「安貧」一項，在標榜均富理想的現代社會中，並不切實際。教育人員待遇應該隨著社會經濟發展有所提高。當然，教師本身也應體認：在社會變遷中，教師的責任更為艱鉅，唯有充實本身的專業知能，發揮專業精神，並適當運用專業權威（以別於傳統的地位權威），才能建立現代教師良好的社會形象。總之，文化在變遷，時代在進步，傳統的學校倫理與師道觀念有其優點，應取其菁華予以保留，然後再賦予新的價值觀念，如此才能重新建立適合於現代社會的教師角色規範。

第四節　未來教育的發展

在社會變遷過程中，科學技術的進步與社會結構的蛻變影響了人類生活的方式，而教育制度也隨著這股時代潮流在演變。綜觀世界各國教育發展的趨勢，今後教育演變的方向，可能朝下列幾個途徑發展：(1)變通學校 (alternative schools) 的興起；(2)大學門戶的開放；(3)學前教育的擴充；(4)適應未來變遷的教育革新。茲分述如下：

一、變通學校的興起

近代社會變遷，教育趨向制度化、科學化與標準化，致使學生個性受到嚴重的忽視，社區的需要鮮被顧及，同時師生關係日趨疏淡，學生對學校產生隔離感 (alienation)，視學校為畏途。於是部分人士對這種正規學校教育產生不滿，乃紛紛另行設立種種新型學校，讓學生能在自由愉快的氣氛下學習，發展其個性，實現其自我。這類學校一般稱為「變通學校」。目前在美國已有一千三百所公立變通學校，私立變通學校為數

也不少（謝文全，民 65）。

這類學校源於倪爾 (A. S. Neill) 在英國所創始的夏山學校 (Summerhill School)。其基本理想是「由學校來適應兒童，而不是讓兒童去適應學校」，教育任務是在使人「工作愉快並獲得幸福」。這些思想經一些教育家的鼓吹，遂在美國興起「變通學校運動」——形成美國教育的一種新趨勢。

變通學校的種類很多，根據史密斯 (Smith, 1974) 的歸納，約有開放學校 (Open Schools)、自由學校 (Free Schools)、無牆學校 (Schools without walls)、學習中心 (Learning Centers)、繼續學校 (Continuation Schools)、多元文化學校 (Multicultural Schools)、雙語學校 (Bilingual Schools) 以及設在傳統學校內的變通學校 (Alternate Schools within traditional schools) 等等。其共同特徵為：(1)具有濃厚的自由氣氛，反對專制的教育方式；由學生來決定「學什麼」、「如何學」、「何時學」。(2)學生及教師享有較大的決策參與權。(3)課程較富彈性，並隨時適應社會的變遷並充分利用社區資源。(4)學校規模較小，教學方式多變化，以發展良好人際關係，並利於實施個別化教學。(5)學生是否就讀變通學校，其本身有絕對的選擇自由，易言之，就讀變通學校是志願性，而非強迫性的。

變通學校在美國的興起，歷史尚短，在發展過程中也有它的問題存在。但它的基本精神：「由學校來適應學生」，不但合乎教育原理，也是值得我國借鏡的。我們常聽到教師感嘆學生程度太差，缺乏學習興趣，這是學生本身的責任，或是學校制度的問題？學校與教師若能時時刻刻為學生著想，改善固定模式的制度與教學方法，來適應學生的需要與能力，那麼，我國教育將會有重大的改觀，而學生也必將受益匪淺。

除了上述各種變通學校的構想以外，最近在美國更有一種極端的想法，主張逐漸廢除學校教育制度，而新設立各種機構來負擔教育的任務。伊里奇 (Illich, 1972) 在其《貶抑學校教育之社會》(*Deschooling Society*) 一書中，認為目前美國學校教育無法迎合當前個人與社會的需要；今後依賴專業的、全日的、經由學校安排的教育措施，必將逐漸減少。他主張

另闢更多其他的學習環境及尋求更多的教學法，所以一切社會機構的教育功能必須加強。伊里奇貶抑學校教育的理論，雖然在美國引起強烈的反應。但一般認為，要廢止當前的學校教育制度或貶抑其功能，實在近於烏托邦的想法 (Hook, 1973, pp. 67–74)。事實上，學校教育制度的缺點，可以逐步改善，但完全否定其價值，而欲徹底加以廢除，實在是不可能，也沒有必要。

二、大學門戶的開放

在傳統社會中，個人社會地位的高低常決定其接受教育的機會；教育層次愈高，愈只為少數人所獨享。過去，各國大學教育的功能，均囿於純學術研究與博雅教育。主要在培養某一特殊階級的領導才能，以便服務教會或擔任公職。一般人即無資格也無需要接受高等教育。此種情形，至上世紀才開始轉變。在現代社會中，由於人口的增加，知識領域的擴展，科學技術的進步，和民主思潮的高漲；影響所及，均等的教育機會已被認為是一種人權，不再是少數貴族階級的奢侈品。各國高等教育的機會乃日漸擴及於中下階層，而接受高等教育的必要性也與日俱增。就美國而言，雖然不能人人都進理想學校，但想升學者幾乎都有機會升學。歐洲各國也不斷增設高等教育機構，以容納日益增多的學生數量。

大學門戶開放的意義包括：大學免試入學，實施開放教育與舉辦空中大學等措施，使大學的理想由傳統的「象牙之塔」轉變為現代的「開放的大學」。

1970 年美國紐約市大學首創門戶開放政策——免試容納高中畢業生。實施這種制度，是基於少數團體的子弟希望有機會進入大學就讀的實際需要。但此種措施導致學校過分擁擠、教學要求較寬、學生素質降低等問題。此外，在教育上也引起了爭論：到底大學教育應該是英才教育或是人人應有的權利？這顯然是介於教育機會均等的理想與教育應有選擇性之間的一種相互矛盾的問題（白秀雄等，民 67，頁 339）。

大學免試入學在許多國家中事實上無法做到，即使在高等教育最普

級的美國，也是困難重重。因此，若干先進國家高等教育的改進乃從實施開放教育著手。日本 1973 年創立的筑波大學就是要實現「開放大學」的理想，以改變過去對社會採取閉鎖的態度。該大學在大學研究活動上盡量與校外機關密切合作，並致力於各種公開的講座，把大學開放給社會，達成其在社會上成為文化中心的功能（劉焜輝，民 65，頁 258-259）。

英國於 1971 年首創空中大學（Open University，又譯開放大學），其目的在為無機會接受高等教育者提供完成大學學業的課程。因為入學沒有學歷的限制，申請入學者極為踴躍，依 1974 年的統計，共有學生四萬多人。日本倣效此種制度，自 1977 年起開辦「放送大學」（即空中大學），使高中畢業或具有同等學歷的社會人士，有機會透過空中大學，而取得入學學位。空中大學的教學方式通常包括：⑴電視和廣播教學，⑵函授教學，⑶暑期講習（面授及討論）。

而國內大學的數量因應大眾對高等教育的需求，自 1986 年起有急速增加的趨勢。雖然已經呈現「人人有大學可念」的初步成果，但是相對的在大學生素質，以及教育內涵、品質方面，卻沒有獲得預期的進步。在這個強調競爭力的時代，各大學也以追求卓越為期許，或是選擇體質相近的學校合併，以提升競爭力。相信在不久的未來，國內大學在不斷開放的同時，也能注意其素質的不斷提升。

三、學前教育的擴充

許多教育學者認為教育機會的不平等，始於學齡前的家庭教育。家庭社經背景較差的兒童，可能在入學前就已經在立足點落後，因此，根本解決其問題，應從改善其學前環境著手。美國 1965 年的「及早開始計畫」(Head Start Program) 就是為低階層兒童提供學前教育機會的全國性教育措施❶。1966 年全國教育協會 (NEA) 的教育政策委員會即曾建議：「為早期兒童教育提供普及機會。」（徐南號，民 67）該委員會建議提高四、五歲兒童的受教率，增設幼稚教育機關以滿足社會要求，使文化不

---

❶　見第五章❼。

利的家庭子女也有機會接受幼兒教育，並獲得醫療與營養的照顧。

英國 1967 年〈卜勞頓報告書〉，除建議改進現有初級學校的設備、師資與教學等問題外，特別強調五歲以下保育學或保育班之教養措施的重要性，尤其對於社會環境較差的地區更有迫切的需要。英國政府 1972 年的〈教育白皮書〉，採納〈卜勞頓報告書〉的建議，決定實施五歲以下兒童教育的新政策；預定在十年內，即至 1981 年時，凡父母願意送五歲以下子女入學的都將免費供應，以期達到四歲兒童有 90%，三歲兒童有 50% 能入學的目標 (Department of Education and Science, 1972)。

蘇俄的學前教育，係以三歲至六歲的幼兒為對象，在幼稚園實施，標榜全面發展的教育為目的。蘇俄學前教育的特色，對於兒童身心發展方面，較重視教師的管理訓育功能，而近來則根據教育學及心理學之實驗研究結果，開始強調「知育」方面，主張配合兒童發展階段，有系統指導其學習活動及勞動活動。

從以上各國學前教育發展趨勢，可以歸納如下：(1)為配合科學、文化、技術等各方面的急速發展，及社會生活的需要，各國都已體認到幼兒教育的重要性，亟需提供組織化的教育機會，以補救家庭教育之不足；(2)對家庭社經地位較低的兒童或社會環境較差的地區，給予優先的考慮；一般認為，根據教育機會均等的理想，擴充學前教育是必要的。

四、適應未來變遷的教育革新

當前社會面對的是急速變遷的時代，教育原有保存與傳遞文化之任務，更有創造文化的功能。在社會變遷過程中，教育是否能夠擷取過去文化的菁華，適應當前社會的需要，進而開拓未來的生活，實在是值得探討的問題。

有許多歐美學者紛紛利用新的科技知識規劃變遷，亦即對未來社會的預測、計畫和管理，從事有系統的研究，以期更能配合現在、適應未來，藉以引導社會向美好的方向去發展，此種行動，有人稱之為「未來主義」(futurism)。由此導致一門新的專門學問稱之為「未來學」(futurology

或 future studies)（楊國賜，民 66，頁 201）。其主要代表人物有杜佛勒 (A. Toffler)、卡安 (H. Kahn)、魏納 (A. Wiener) 及史都勒 (H. L. Sturdler) 等人。茲將未來主義學者對教育革新的看法介紹如下：

㈠未來教育的目的

未來主義學者認為教育的任務，在增進適應的能力，申言之，在於訓練學生迎接即將來臨的變遷，協助學生利用各種新機會以適應變遷，進而發展學生應付變遷問題的可行方法，並學習如何預測與影響變遷的過程，以增強個人的實際參與和適應變遷的能力。

迄至目前，「強調未來」(future oriented) 教育觀念，已逐漸為一般人所接受。根據此　觀念，教育確為文化變遷的動力。我們應該藉教育力量加強一般人的「未來意識」，並幫助學生塑造光明的遠景。易言之，教育的目的，除了要增進學生適應未來變遷的能力外，還要培養其積極探索並貢獻未來社會的意願。

㈡未來的教育方法

對於未來的研究，不僅包括可能發生的未來，而且包括一種理想的未來。以未來為重點的教育觀念，即相信學校應成為社會改革的先導。因此對學生施以未來教育，需要一些新的教育方法。未來教育的方法，將具有下述幾個特徵：⑴教育方法將日趨人文化，包括價值觀念的澄清、情感教育的實施、成就動機的運用、父母暨教師的效能訓練 (effective training) ……等，旨在促進教學情境中人際的和諧關係。⑵學習的重點，由「學習什麼」轉變為「如何學習」，亦即從強調知識的灌輸與技能的訓練，轉而注意到培養學生探求知識的能力、方法與態度。⑶教師未來的角色將趨於多元化，教師除扮演指導者角色外，還要扮演學習伙伴或作為學生的「助學者」，不但熟悉各種教學方法技術，以及新式視聽教具的使用，還要有「未來導向的教學」(future-directed teaching and learning) 的觀念。

(三)未來的學校課程

近年來，在美國高等教育學府中探討有關未來問題的課程，日趨普遍。許多教育專家與研究人員也在設計以未來為重心的新教材，以取代當前中學生所接受的傳統的、靜態的教材。以未來為中心的學校課程，強調幫助成長中的人去了解自己、了解社會變遷並認同他們在變遷過程中所扮演的角色，同時要幫助已成熟的人去了解與協助成長中的人，和他們打成一片，共同改變「不成熟」的制度規章❷。未來學校課程的組織，須能配合多種需要和目的，除了強調當前社會背景的探討（如人口、生態環境、國際環境、都市化、自動化……等）外，基於對未來的關切，我們還必須設計一種「幫助成長中的個人適應變遷」的課程，使學生了解可能的未來 (possible future)、或然的未來 (probable future) 以及所希望的未來 (preferable future)。

總之，社會正在急遽的變遷，教育必須具有適應性與前瞻性。今後教育除為當前的生活而準備外，也應培養學生具有「未來意識」，發展他們「探索未來」的興趣與能力。因此，現代學校教育的目標、課程與教學方法，均應隨時加以調整和改變，才能適應未來社會變遷的需要。

參考文獻

白秀雄等（民 67）。《現代社會學》。臺北：巨流。

行政院教育改革審議委員會（民 85）。《教育改革總諮議報告書》。臺北：作者。

林清江（民 61）。《教育社會學》。臺北：國立編譯館。

柯尼格著，朱岑樓譯（民 51）。《社會學》。臺北：協志。

---

❷　參見：M. A. McDanield. Tomorrow's Curriculum Today. pp. 104–105. 原文曾提十六項教材選擇原則，詳見：楊國賜（民 66）。《現代教育思潮》，頁 217–218。臺北：黎明。

徐南號（民 67）。〈各國初等教育的改革動向〉。《師友》，132 期，頁 23。

陳奎憙（民 90）。《教育社會學導論》。臺北：師大書苑。

楊國賜（民 66）。《現代教育思潮》。臺北：黎明。

劉焜輝（民 65）。〈日本高等教育改革動向〉。中華民國比較教育學會主編，《世界教育改革動向》。臺北：幼獅。

龍冠海（民 86）。《社會學》。臺北：三民。

謝文全（民 65）。〈美國變通學校的發展〉。《中等教育》，27 卷 5 期，頁 580。

Department of Education and Science (1972). *Education: A framework for expansion.* London: HMSO.

Hook, S. (1973). "Illich's deschooled utopia," in Troost, C. J. (ed.). *Radical school reform. Critique and alternatives.* Boston: Little, Brown and Company.

Horton, P. B. & Hunt, C. L. (1976). *Sociology,* 4th ed. N. Y.: McGraw-Hill.

Illich, I. (1972). *Deschooling society.* N. Y.: Harper & Row.

McDanield, M. A. (1974). "Tomorrow's curriculum today," in Toffler, A. (ed.). *Learning for Tomorrow: The role of the future in education.* Vintage, Books.

Morrish, I. (1972). *The sociology of education.* London: George Allen & Unwin.

Smith, V. H. (1974). *Alternative schools: The development of options in public education.* Lincoln, Nebraska: Professional Educators Publications, Inc.

Sorokin, P. A. (1941). *Social and culture dynamics.* N. Y.: American Book Co.

第 7 章　社會問題與教育

社會問題有廣義與狹義的區別。廣義的包含人類社會生活所發生的一切問題，這些問題也是各種社會科學（如政治學、經濟學、教育學、法律學、心理學……等）所探討的對象。狹義的社會問題，則與社會學的關係最為密切，是指社會生活顯現出某種「病態」的徵候，必須採取適當的行動加以改善或解決的問題。本章所探討的社會問題是指狹義的社會問題，首先，從社會學者的觀點，闡明社會問題的性質，然後分別討論我國當前社會中若干主要的社會問題，以及這些問題與教育的關係。

第一節　社會問題的性質

一、社會問題的意義

社會問題 (social problem) 是一種社會情況或情境，這種情況對社會生活或社會福祉構成威脅，必須加以干涉使之減輕或消除。社會生活中的情況極為複雜而且隨時發生，但並非所有情況均構成社會問題。依照凱斯 (Case, 1924, pp. 268-273) 的看法必須「在這個社會中引起許多有資格的觀察者的注意，而喚起他們用集體行動來設法改良的情況」，才是社會問題。

霍頓與雷斯里 (Horton & Leslie, 1955, p. 4) 在其《社會問題之社會學》(*The Sociology of the Social Problems*) 一書中曾謂：「一種社會問題係對於多數人具有不良影響，而可藉集體行動予以解除的情況。」如詳加分析，一個社會問題，通常具有下述特徵：(1)它是影響多數人的一種社會情境；(2)這種情況被該社會中的成員（通常是由少數有見識的觀察者指出）認為它對多數人是有害的；(3)公眾有意尋求方法來對付或改善；(4)

需要採取集體的社會行動予以解除。

龍冠海（民 55，頁 352–353）綜合一般社會學者的意見，給社會問題下了這樣的定義：「社會問題是人類社會中所發生的某種情境，其影響足以危害社會全體或一部分人的福利或社會安全，因而引起人們的注意，認為需要採取集體行動予以對付或改善的。……社會問題，可說是社會關係的失調。」從以上各種定義的探討，吾人對社會問題的性質有了初步的認識。

社會問題會因時間、空間、歷史文化背景或社會變遷而產生變動。例如：1930 年代以前，猶太人在德國的存在並不是社會問題；希特勒和納粹黨當政以後，卻被認為是嚴重的社會問題，二次大戰後又不成為社會問題（楊國樞、葉啟政主編，民 80，頁 8）。不過，社會問題本身仍有若干特性必須加以說明（龍冠海，民 55，頁 352–355；曾中明，民 89，頁 364）：(1)普遍性：任何社會都有其問題存在，只是問題有多有少與程度輕重不同而已。(2)個別性：每個社會或因時代背景、民族特性、民俗國情等因素的不同，產生獨特的社會問題。(3)關聯性：每個社會問題的存在並非孤立的，而是與社會其他現象或問題，彼此關聯、交互影響的，以致問題盤根錯節，錯綜複雜。例如：藥物濫用問題可能連帶影響犯罪問題或家庭問題。(4)感染性：由於人類許多行為是學習與模仿的結果，加上傳播媒體的發達，資訊快速傳遞，形成一種感染特質。(5)時間性：由於時代不同，社會問題也不一樣；古代的社會問題與現代的社會問題不同，所以應付社會問題的方法也不一樣。(6)空間性：社會問題有其地域性，各國國情與文化背景不同，所以其社會問題也各不相同，即使同一國家中的不同地區，也可能有不同的社會問題。(7)多元性：由於科技文明的進步、社會變遷的急速，社會問題經由傳播過程，導致不斷有新的社會問題推陳出新，具有多元的面貌。(8)累積性：即增強作用 (reinforcement)。例如：刮刮樂詐欺案，因犯罪手法不斷更新，破案率低，以致不斷演變，最後變成跨國性的集團犯罪。

二、社會問題的學說

　　社會學者研究社會問題所採取的觀點，常常有所不同，這些研究觀點，也可以稱為社會問題的學說，用以解釋社會問題發生的原因或說明社會問題的真象。1971 年魯賓頓 (Eart Rubinton) 和魏伯格 (Mortin S. Weinberg) 合編之《社會問題導論：五種理論觀點》一書中曾從社會病理學、社會解組說、價值衝突說、偏差行為說及標籤理論來分析社會問題（陳秉璋、陳信木，民 82）。本書依據其看法再加上「文化失調說」，此六項觀點分別簡述如下：

㈠社會病理學

　　社會病理學 (Social Pathology) 源自斯賓塞 (H. Spencer) 的「有機比擬論」，有機比擬論認為社會如生物一般也會生病，即社會關係失調產生社會問題。該派借用生物學上的疾病學理論，對社會問題進行研究，認為社會問題最終成因是由於社會化的失敗。早期認為是先天生理缺陷原因，後期則認為是學習到錯誤價值之結果，歸咎於社會環境。所以早期認為以優生學來解決先天生理缺陷，後期則認為要解決社會問題，則要改變價值觀念，亦即道德教育（曾中明，民 89，頁 369–370）。

㈡社會解組說

　　採用這種觀點者，認為社會是有組織的；它的各部分之間是互相連繫協調的。但在變遷發展過程中，某些部門喪失其功能，彼此之間無法協調而產生社會解組 (social disorganization) 的現象，其結果就是社會問題。該派以現代社會科學分析社會法則，以客觀可量化的方法研究社會問題，認為形成社會解組的根源為：⑴利益與價值的衝突；⑵身分地位與角色義務的衝突；⑶錯誤與不正確的社會化；⑷錯誤不正確的社會溝通；⑸傳統社會解組而現代社會無法重組（曾中明，民 89，頁 370）。涂爾幹 (E. Durkheim) 認為社會解組是一種失去均衡的狀態，或是一種缺乏團結或社會一致的狀態。有些學者則認為社會解組是「現有行為規則對

團體成員影響力的低落」(Thomas & Znaniecki, 1958；引自朱岑樓譯，民57，頁 301)。易言之，當社會規範不能控制個人行為時，社會制度開始解體，團體中個人與個人之間的關係失去常軌，各種社會問題隨之產生。

㈢價值衝突說

此學說是美國社會學者傅勒 (Fuller, 1937, pp. 496-502) 於 1937 年首先提出，後來有些學者也採取同樣觀點。所謂價值是指個人對事物判斷的標準，包括理想、信念⋯⋯等。因為社會中各團體的人，有不同的價值觀念，他們對某種情況的判斷有見仁見智之別，乃產生了問題。所以社會問題，就是價值衝突的結果。例如勞工問題的產生，係由於資本家與工人之間價值或利害的衝突。當前的社會急遽變遷，價值觀念分歧，所以價值衝突的情況更易產生。此外，由於個人無法建立適切的價值體系，也容易形成個人偏差行為。

㈣偏差行為說

所謂偏差行為 (deviant behavior) 是指個人行為不合社會一般人所遵守的規範。克連納 (Clinard, 1964) 等人就採取偏差行為的觀點來研究社會問題。社會規範受到威脅時，社會問題就存在了。引起個人偏差行為的原因可分為兩類：⑴由於生理心理或社會方面的缺陷，在早期生活中，無法遵守社會規範的能力，以後在社會發展過程中，乃形成行為的困擾，構成社會問題。⑵個人在社會化過程中，並沒有養成社會所認可的人格品質。易言之，他們處於一種偏差的次文化中，養成了反社會的行為習慣。所以，偏差行為的主要解決方法就是再社會化。

㈤標籤理論

標籤理論 (Labeling Theory) 的代表人物是貝克 (H. Becker)，他認為「社會團體經由制定規範而同時創造偏差；因為遵奉規範的反面即偏差：應用規範來界定某些人，並指稱他們為邊際人。偏差不全是個人行為品質所決定，而是他人應用規範及制裁於違犯者的結果。偏差者是那些武

斷地被指稱為偏差的人，而偏差行為是被扣上『偏差』這頂帽子的行為」。當社會界定某種情境為社會性的偏差問題，會導致「偏差者」進一步的偏差，如有前科的假釋者，有「偏差」的烙印限制其生活機會，不得不再重返犯罪生涯。因此，社會問題之解決只有以接受更大幅度的容忍，改變定義，重新標籤（曾中明，民 89，頁 371）。

㈥文化失調說

根據這一派的說法，所謂解組，就是一個社會中文化各部分之間失去了平衡或調適。烏格朋 (Ogburn, 1950) 在 1920 年代出版《社會變遷》(*Social Change*) 一書中，首先提出文化失調 (cultural lag) 一詞。烏氏認為文化變遷速度有快慢的不同，某一部分（通常是物質文化）的進展常比其他部分（非物質文化）為快，於是彼此之間有失調或不能適應的現象，便產生了社會問題。有些學者在研究社會變遷時也用「社會失調」與文化失調一詞交互使用。文化失調說，注意到物質文化（或科技發明）與社會問題的關係。這一派學說，從某種觀點而言，也可以補充說明社會解組的原因。

三、社會問題與教育

從以上有關社會問題的意義與學說的探討，可知在社會變遷過程中，社會上難免會有異常的或失調的現象出現，這種情境，社會學上稱為社會問題。為了解決社會問題，許多社會學家都在努力尋找社會問題的事實真象，以及產生這些問題的背景或原因，然後採取必要的手段，設法解除或減輕這些社會問題對人類生活的不利影響。

社會學的研究在應付社會問題方面，過去曾有許多的貢獻。在某些方面的知識已發展到有效解決問題的地步，但卻很少有機會運用這些知識。原因是這些知識不一定為社會大眾所接受，人們習慣於因循舊經驗以應付社會問題，對於一種新的知識常抱懷疑與排斥的態度。一種改革建議，常不能於短時間見效，一般人缺乏遠見，不肯接受新觀念，也許

是最重要的因素。所以,「如何使大家接受(改革建議),這是一個教育問題,也就是說,解決社會問題之道,需要教育作後盾」(尹蘊華,民 54,頁 144)。當然,單採教育力量不足以解決社會問題。但是,教育可以改變年輕一代的思想觀念,培養他們正確面對社會問題與解決問題的態度。

在比較穩定的社會中,社會制度與價值觀念,都處於平衡和諧的狀態,所以社會問題並不存在。社會變遷的結果,社會制度遭受破壞,個人態度與社會價值產生衝突,於是社會解組現象不可避免,問題隨之層出不窮。在這種情況下,社會常可能出現另一種新勢力,阻擋社會的完全崩潰,產生一種「重組」。所謂「重組」,係指社會再求調適,形成新的社會規範,使社會達到另一種平衡的狀態。這種社會重建 (social reconstruction) 的工作,固須依賴政治、社會、經濟各種因素的配合,而教育實為從事這種調適與重建的主導力量。

魏恩保 (Weinberg, 1971) 在其《教育與社會問題》(*Education and Social Problems*) 一書的導論中說:「社會問題並非教育問題,但它們卻替教育製造問題。」易言之,社會風氣的良窳,社會問題的多寡,決定學校教育的成敗。例如:青少年問題,不但是社會問題也是教育問題,而社會上的人口問題、貧窮問題……等均對教育的實施產生極大的影響。本章從第二節起分別探討這些與教育有特殊關係的社會問題。其他尚有家庭、婚姻、吸毒、成人犯罪……等問題也與教育有關,唯因篇幅所限,只能從略。

第二節 青少年問題與教育

青少年是國家未來的主人翁,是延續民族命脈的新血。但是在人生的歷程中,青少年正處於身心急劇發展,邁向成熟的過渡時期。在此時如能善加輔導,他們可以成為國家社會的棟樑。反之,則可能產生情緒與行為上種種問題,輕者形成個人身心發展上的障礙,重者構成重大的社會問題。因此各國莫不將青少年的照顧與輔導列為國家的重要政策。

本節擬先就青少年問題的特徵加以探討，進而分析青少年問題形成的原因，最後提出如何預防與補救的途徑。

一、青少年問題的特徵

青少年問題非常複雜，概括言之，約可分為兩大類，一類屬於一般行為或心理困擾問題，另一類屬於犯罪問題。這兩種型態又各分為許多問題特徵，茲分述之：

(一)一般困擾問題

1.**健康問題：**青少年由於進入青春期，身心發生急劇變化而漸趨成熟。同時因自我意識增強，對身體發育更加關心，對特殊的生理現象也十分敏感。一般而言，青少年時期較易產生的健康問題，除身高、體重以外，尚有貧血、虛弱、視力不良、月經、自卑感、過度緊張與焦慮等。

2.**家庭生活問題：**家庭生活的適應為建立個人價值觀念與行為模式的基石。個人日後社會角色扮演的成敗，常決定於是否有良好的家庭生活。一般而言，家庭生活問題產生的因素，包括家庭經濟、家庭結構與家庭關係等，而其中最重要者可能是由於家庭破碎或父母管教態度不當所致。這一方面的特徵包括家庭不和睦、管束過嚴、溺愛、心情苦悶、欺騙、偷竊、逃學、離家等。

3.**學校生活問題：**在目前社會上升學風氣影響之下，學生課業壓力十分沈重，有些學生對學業毫無興趣，由於成績低落而產生恐懼心；有些學生學習方法不當，對於教師的教學無法適應。有些學生則無法與同學相處，對學校或教師的規定感到不滿，引起行為上的困擾問題。另有些青少年因考試落第，而自暴自棄。

4.**社交與戀愛問題：**青少年時期重要特徵之一是社會適應方面的困擾。社會適應包括以前從未經驗過的異性關係，以及與家庭以外其他同儕或成人的關係。在新的社交圈裡，青年男女常面臨的問題是：如何待人處事、如何贏得別人的好感、如何分辨友情與愛情、甚至如何選擇對象和

考慮未來婚姻問題等。

5.**職業問題：**有些青少年升學未成便轉而謀職。因社會經驗的缺乏或專門技術的不足，常感無法適應工作環境，形成心理上的不滿。此外，學非所用、用非所學以及人浮於事、求職不易等，都深深地困擾青少年。

6.**人生問題：**青少年階段為一個人形成生活態度、建立人生觀的關鍵時期。有些青少年思想偏激、不滿現實，常覺得社會上到處黑暗、無情與殘酷。有些則思想溫和、態度穩健，對目前社會充滿樂觀的看法，並進一步對宗教、哲理、宇宙人生等有探討的興趣。一般青少年常面臨的人生問題包括：自我認同、角色衝突與建立個人理想等問題。

㈡少年犯罪問題

依照我國現行「少年事件處理法」規定：少年事件可分少年犯罪事件及虞犯事件。前者係指少年觸犯刑罰法令之行為，後者（虞犯）係指有觸犯刑罰法令之虞者。

針對少年兒童犯罪的發展趨勢，根據法務部（民 101）的分析，可以歸納出下列九項特徵：

1.**整體少年兒童犯罪情勢近年呈明顯上升，後續發展仍有待觀察：**91 年至 100 年這十年間，整體少年兒童犯罪總人數大致呈先減後增之情形。自 91 年起，少年兒童犯罪人數雖呈逐年下降，但 99、100 年則均呈明顯上升，100 年甚至高達 11,394 人。惟近年來在少年兒童人口持續減少與政府及社福團體的關注下，相信未來少年兒童犯罪人數應不會出現太大幅度揚昇情形。不過還是要留意的是，在現今社會風氣開放、色情暴力資訊流通泛濫下，少年兒童容易遭受不良影響，故仍應注意如傷害罪、毒品犯罪及妨害性自主罪等個別犯罪類型之發展趨勢。

2.**少年兒童犯罪類型趨於暴力化與多樣化：**就趨勢而言，各類少年兒童犯罪類型中，竊盜罪所占比例仍然最高，但呈逐年減少趨勢；相對地，傷害罪及妨害性自主罪之人數及所占比例則明顯增加，顯示少年兒童犯罪漸趨暴力化。而主要犯罪類型以外之「其他」犯罪類型（如違反著作

權法、贓物罪、公共危險罪、妨害風化罪、妨害自由罪、違反兒童及少年性交易防制條例及偽造印文罪等），所占比例達四分之一以上，顯示少年兒童犯罪趨向多樣化。

3.**竊盜罪人數仍居首位，惟所占比例呈減少趨勢**：由於少年兒童身心發展尚未成熟，心理慾望的滿足較不能延後，對於自身之行為控制力亦較缺乏，因此「竊盜」最易成為少年兒童偏差行為的起始，或犯罪的「入手」。長久以來，竊盜罪一直為少年兒童犯罪人數最多的犯罪類型，預測未來，少年兒童犯罪中，竊盜犯罪仍會是重要的犯罪類型。惟因社會型態快速轉變，觀察近年來少年兒童犯罪呈現暴力化與複雜化之傾向，因此單純觸犯竊盜罪之人數所占比例，應將呈現逐漸減少之趨勢。

4.**毒品犯罪問題日趨嚴重，須持續關注**：毒品犯罪人數在政府積極推動各項反毒措施及「毒品危害防制條例」之公布實施，給予初次施用毒品者一次勒戒自新的機會後，已漸趨穩定。91 年至 100 年這十年間，少年兒童觸犯毒品犯罪人數及所占比例雖不高，但近五年來所占比例有逐年升高的趨勢，尤以 100 年所占比例已為近十年新高，因此如何防制少年兒童毒品濫用問題仍屬重要焦點議題。

5.**傷害罪、妨害性自主罪人數仍繼續成長**：由於社會資訊傳播日趨多元，各類色情、暴力資訊泛濫，致使少年兒童容易暴露於暴力、色情危害之中，犯罪人數逐年增加。而鑑於少年青春期的生理、心理發展因素的影響及社會性自主權意識之抬頭，政府應及早鑑別暴力傾向與性犯罪高危險群少年兒童的工作，更需要積極著手實施相關輔導與兩性平等及性知識的教育。

6.**女性少年兒童犯罪仍將維持一定的比例**：91 年至 100 年間，女性少年兒童犯罪比例，約介於 13.60% 至 19.15%，以 91 年犯罪人數及比例最高（2,647 人，占 19.15%），隨後則逐年降低，至 96 年犯罪人數為這十年來最低；但自 97 年後則呈逐年增加，100 年有 1,547 人，占 13.60%。此顯示由於社會結構的變化與兩性觀念的改變，女性參與社會活動的機會增加，女性少年兒童犯罪人數仍將占有一定之比例。

7. **犯罪少年年齡朝高年齡層增加**：91 年至 100 年間犯罪少年之年齡均集中於 14 歲以上、未滿 18 歲之年齡層，尤以「17 歲以上、未滿 18 歲」之年齡層所占比例最高，且逐年明顯成長。由於配合少年事件處理法「以教育代替處罰、以輔導代替管訓」的精神，社區處遇制度的引用及刑事政策強調不使少年兒童太早接觸司法程序的理念，因此將來少年兒童犯罪的各年齡層所占比例的趨勢仍將朝向較高年齡層集中。

8. **中途輟學學生犯罪人數持續趨緩**：教育部自 87 年訂頒「中途輟學學生通報及復學輔導方案」、成立跨部會專案督導小組，建構中輟學生通報及復學輔導網絡以來，已有效降低中輟學生犯罪機會。依據資料顯示，犯罪中輟學生人數占整體少年兒童犯罪人數比例已逐年減少，從 91 年之占 17.67%，至 100 年已降為 5.50%，足見相關輔導方案之成效。

9. **兒童犯罪持續呈現緩和趨勢**：91 年至 100 年間兒童犯罪人數雖呈現下降趨勢，惟走勢和緩，在政府及社會逐漸重視兒童福利、幼教保育措施及加強弱勢家庭子女的扶助政策下，預測未來兒童犯罪仍應將呈現緩和降低趨勢。

二、青少年問題產生的因素

現代社會的特徵是變遷迅速。由於科技的發展、經濟的繁榮，社會結構已由農業社會轉變為工業社會，再進入資訊社會。隨著社會經濟結構的改變，人們生活方式與價值觀念以及社會意識型態均已發生重大的變化。在此急劇變遷的過程中，由於社會解組與價值衝突的結果，必然會產生一些新的社會問題，青少年問題便是其中之一。青少年問題的特徵已如上述，然而導致青少年問題之主要因素為何？研究教育及實際從事教育工作者，必先徹底認識，才能按其個別情況對症下藥，設法予以適當輔導。茲就一般分析，略述青少年問題產生的主要因素如下：

㈠個人身心方面的因素

青少年問題源於青少年本身的因素，可從生理和心理兩方面的發展

特徵來說明。就生理方面而言，青少年的身高、體重迅速增加，其他各部分也都逐漸發生變化，形成身體比例的不平衡。動作的發展隨著身體的生長而進行，唯缺乏良好的骨骼、肌肉、及神經三者的協調，而有「笨拙」現象的發生。一待新習慣養成後，笨拙舉動即逐漸消失。此外，性機能也開始發展，並逐漸趨於成熟。就心理或情緒方面而言，青少年階段的特徵，包括：(1)情愛；(2)自卑感；(3)憂慮；(4)恐懼；(5)妒忌；(6)反抗；(7)好奇……等現象。由於社會意識的增進與反抗權威心理的增強，使此一階段青少年的態度與行為發生顯著變化。此時表現對同儕團體的高度忠誠與嘗試擺脫父母、師長和其他成人的束縛而謀求獨立，均為其心理發展的特徵。

　　以上所述為青少年身心發展上的一些共同特徵，可能引起的只是一般困擾問題。至於比較嚴重的犯罪行為的形成因素，則須更進一步加以探討。過去精神醫學家對於犯罪原因的研究貢獻很多。就生理因素而言，通常都涉及個人體質和遺傳的問題。近幾十年來，由於生理學、遺傳學、腦波學等的發達，尤其根據雙生子的實驗研究，發現犯罪與「性格異常」以及遺傳、體質等均有極大的關係。此外，由於先天性梅毒所引起的神經精神系統障礙，常引起人格變化而形成反社會行為，病人動作因失去意志的控制，雖有犯罪行為而不自覺。根據一般研究，尚有聾啞或畸型者，由於他們對生理缺陷產生強烈的情緒變化，而引起對社會一般的反抗意識，結果引發犯罪的動機。就心理因素而言，根據各國統計，智能不足者在犯罪人數中的比例，比一般人為多。這些人因為智能發展有了障礙，故其學習能力受到限制，尤其在道德判斷上發生困難，因而引起反社會行為。在防範犯罪方面，對於這種人的處理是一件很困難的工作。此外，個人在人格發展過程中的障礙，也是形成犯罪行為的重要因素。一個人在人格發展中「超我」的作用（即良心、道德等）如受到阻礙，不可能有羞恥心與罪惡感，即便做出反社會行為也沒有道德的判斷與良心的責備。因此，加強心理衛生工作，培養個人健全人格，也是防止犯罪的重要手段。

㈡學校制度方面的因素

學校的功能，是要以正常的教育力量促成學生德、智、體、群、美五育的均衡發展。但在升學主義的影響下，學校教育產生了若干偏差，不但未能達成教育功能，反而直接或間接地助長了青少年問題的嚴重性。茲舉數例說明青少年問題源於學校制度方面的因素：

1.**課業繁重與缺乏調劑：** 由於升學競爭，學生課業負擔很重，學校教師又很少指導學生從事於有益身心的課外活動，以致學生生活緊張、情緒惡劣。

2.**教材缺乏彈性與教法不當：** 學校教育多採用同樣教材、同一進度，無法適應學生個別差異，且教師教學多偏重書本知識，採用傳統演講法，無法引起學生興趣。少數學生乃將精力用之於不正當的活動。

3.**教師專業訓練不夠或情緒不穩：** 少數教育人員未受專業訓練或缺乏教育工作之熱忱，以致無法給予學生適當有效之指導。有些教師或由於家庭或婚姻問題、個人身體健康問題，乃至個人經濟狀況欠佳、校內工作分配不協調等原因，而導致情緒不穩定，不但無法正常教學，而且影響師生關係。

4.**處理學生問題方法不當：** 學校訓導工作常給人一種錯覺，以為訓導人員只是負責獎懲工作而已。少數訓導人員或教師誤用「社會制裁」，而當眾處罰學生，或借體罰為報復手段。如此不僅無法收到預期效果，反而會產生不良副作用；輕則使學生產生仇視與恐懼心理，重則導致學生逃學缺課，形成嚴重問題。

㈢社會文化方面的因素

社會學者或人類學者在探討人格形成時，比較重視社會文化方面的因素。米德 (M. Mead) 研究原始社會中兒童及青年人格發展情形，並用以和現代工業社會的情形比較，發現兩者差異極大。米德發現南太平洋中薩摩亞 (Samoa) 及新幾內亞 (New Guinea) 的青少年在其身心發展過程中，並沒有所謂狂風暴雨時期存在。她認為青年期狂風暴雨的現象並

不是由於人類的本質（生理因素）所形成，而是決定於社會文化因素。現代社會中青少年所遭遇的適應問題特別多，是由於工業社會價值多元化，同時又有不同的行為標準，使得個人無所適從。在比較原始的社會中，沒有這類社會因素存在，自然不會形成人格困擾問題。可見，一個社會的文化模式或次文化，影響其成員的人格發展❶。

　　以上說明並無意忽略遺傳或生理因素對人格發展的影響，只是從社會學觀點而言，比較重視社會文化因素而已。

　　青少年問題源於社會文化的因素，可分家庭與社會兩方面來探討：

　1.家庭因素：家庭是人格發展的溫床，有健全的家庭，才有正常的青少年。問題青少年多半出自問題家庭。由於現代社會變遷，家庭的結構與功能亦隨之改變，大家庭崩解，小家庭應運而生，固有倫理觀念日趨淡薄，家庭對子女思想與行為的控制也較往昔鬆懈。如果家庭教育不當或家庭遭遇變故，極易造成問題青少年。根據一般分析，形成青少年問題的家庭因素，包括：(1)破碎家庭；(2)犯罪家庭；(3)貧窮家庭；(4)家庭教育失當；(5)不良家庭氣氛；(6)父母的虐待與疏忽；(7)價值觀的衝突（趙雍生，民 86，頁 49–59）。

　2.社會因素：廣義而言，青少年問題是社會的產物，因為青少年的種種問題行為，總離不開社會文化的影響以及個人與社會接觸的結果。目前我國社會變遷快速，舊的制度已經瓦解，新的制度尚未完全建立，道德行為驟然失去了準繩，青少年因缺乏辨別是非的能力，在一種好奇或尋求刺激的心態下，易受社會環境誘惑而做出越軌行為。根據一般分析，形成青少年問題的社會因素，包括：(1)大眾傳播內容的不當；(2)社會不良風氣的影響；(3)不良幫派組織的引誘；(4)正當活動場所的缺乏。

三、預防與補救之途徑

　　我國對於青少年問題之處理，除了學校負有大部分責任及中小學積極推行輔導工作外，行政院設有青年輔導委員會，民間財團法人「中國

---

❶　參閱第四章第二節。

青年服務社」(前身為「青年反共救國團」)對於青少年活動積極投入輔導,並附設「張老師」電話以幫助青少年解決困擾問題。此外,由民間宗教或慈善團體所主辦的青少年輔導機構也與日俱增,足以說明社會大眾對此問題的重視與關懷。對於如何防治青少年問題,各方討論甚多,茲歸納幾項原則性的解決途徑藉供參考:

㈠重視青少年在社會中的地位

青少年是國家未來的主人翁,目前雖未成年,但其「人格」仍應受到尊重。吾人應抱著「擬情」的態度,了解他們的想法與作法。處理青少年問題的信條是:只有將青少年們納入現存的社會制度內,使他們承擔適當的角色,切勿將他們排斥於社會制度之外,否則一旦造成他們失家、失學、失業之際,他們將毫不顧惜的破壞社會制度(周震歐,民66,頁151)。

㈡改進輔導青少年的方式

由於社會變遷,造成價值觀念的分歧,行為規範的失據,加以家庭與學校功能的轉變,以致傳統的管教方式已無法適當地輔導青少年。吾人應以科學方法積極探討輔導青少年的新理論與新技巧,並須家庭、學校、社會各方面充分配合,以謀求防治對策。

㈢強化親職教育的功能

家庭教育是人生全部教育的開端,也是防治青少年問題的第一道堤防。父母朝夕與子女相處,如能注意子女教育,給予適當的教導,必能使青少年問題減少。政府與有關機關(如社教館、婦女會)應普遍設立青少年問題諮詢中心,並推廣類似「親職教育」的活動,以加強親職教育功能。司法單位應徹底執行少年事件處理法對少年之法定代理人,因忽視教養,致青少年再有觸犯刑罰法令之行為,得處罰鍰並公告其姓名之規定。

㈣改進學校教育的內容與方法

學校教育內容不應偏於智育，教學方法也不應限於教導學生記憶、背誦、應付考試。除課內教學，學校應輔導學生多參加各種聯課活動。學校應從制度、課程與教材教法等方面力求改進，把握因材施教原則，合理幫助青少年各展所長。

㈤充實青少年休閒活動場所

青少年時期身心遽變，體力充沛，除學校教育外，需要休閒娛樂活動為之調劑。目前我國提供青少年休閒活動場所相當不足，以致電動遊樂場所、撞球場所常成為不良少年聚集之所。因此，充實青少年休閒活動場所，實在刻不容緩。

㈥發揮大眾傳播媒介的功能

大眾傳播媒介兼具有教育性與娛樂性功能。唯如過分偏重後者，其所描繪的情節，常有刺激物慾、訴之暴力或誨淫誨盜的內容，對於青少年脆弱的心靈影響甚鉅。因此政府或社教機關宜多加輔導，不但促使大眾傳播工具淨化其內容，而且尚須使其發揮積極的教育青少年的功能。

㈦統整青少年輔導機構

目前我國雖有公私立各種青少年服務或輔導機關，但因各有所司、各行其是，無法發揮統整解決問題的功能。「青少年問題的處理，無論是個案的問題，或者區域性的環境問題，不是集體的商談，而是集體的工作，需要強有力的單位，將不同職掌納入在集體工作之內，方有助於青少年問題的解決（周震歐，民 66，頁 148）。」所以成立一個統整有力的單位來協調解決青少年問題，實有必要。

除了上述七項重點之外，司法與教育機關，似可從普及法律教育、強化觀護功能、改進感化教育、以及實施區域性防治計畫等措施來配合，以期逐漸消弭青少年問題於無形。（作者附註：閱讀本節時，請參照第十二章「青少年次文化」，以便相互印證與補充。）

第三節　人口問題與教育

　　人口本身包括兩大問題：一是人口數量問題，二是人口品質問題。人口數量的過度膨脹，有些國家由於財力所限，無法大量提供教育機會，有些國家雖在就學率的統計數字上年有增加，而實質上並未達到教育目標所要求的水準。本來，各國教育理想是盡力擴增國民受教機會，並希望能培養健全國民使能適應現代社會環境。可見教育本身所努力的，乃是著眼於解決人口的問題。因此人口問題即是教育問題（余書麟，民56，頁201）。本節首先探討有關人口理論，然後分析當前我國臺灣地區人口問題及其對教育的影響，最後申論如何藉教育力量解決人口問題的途徑。

一、有關人口之理論

㈠我國傳統人口思想

　　中國傳統人口觀念中，「多子多孫」是家庭幸福的源泉，也是祖宗積德的報償。基於「不孝有三，無後為大」的古訓，儒家思想中明顯的強調家庭是傳宗接代綿延生命的基本社會單位。家庭的延續與人口的增長，對家族、民族、社會及國家的生存有極大的重要性。除了上述家庭倫理思想之外，「生生之謂易」的哲學觀念、「天地之大德曰生」的道德觀念，以及「生之者眾，食之者寡……」的經濟觀念，構成我國傳統文化價值的一部分，而為促成「眾民」的人口思想之主要因素。

㈡馬爾薩斯的人口論

　　西方著名的人口學說，首推馬爾薩斯 (T. R. Malthus) 的人口論。他於1798年發表《人口原理》引起人們注意，1803年就原文加以擴充發表第二版，以後陸續修正，至 1826 年刊行第六版。人口論的重點，包括：

　　1.糧食為人類生存所必需，兩性之情愛亦為不可避免之事。在此兩大前提之下，馬氏認為人口的生殖力遠超過土地的生產力；人口如不受限

制，將以幾何級數增加，但物質只以算術級數增加。因此發生人口過多，糧食不足的現象，而罪惡 (vice) 與困窮 (misery) 將接踵而至。

2.對於人口與物資的關係，馬氏提出三個結論：

(1)人口之增加，必受物資的限制；

(2)人口如不受限制必隨著物資之增加而增加；

(3)人口的增加終必受到一種強大的抑制力，才可保持其與生活物資的平衡。抑制人口增加的因素包括兩種：①預防的抑制 (preventive checks) 或稱人為的抑制，由於人類感覺多生的痛苦，設法預防生育過多，如遲婚、獨身、禁慾、節育等，導致降低出生率的因素。②積極的抑制 (positive checks) 或稱自然的抑制，也就是罪惡與痛苦的抑制，如殺嬰、饑饉、瘟疫、戰爭等導致增加死亡率的因素。

(三)適度人口論 (optimum population theory)

　　英國甘南 (E. Cannan) 從經濟學觀點認為在某一時期，人們的生產知識及其他情形不變，各種生產上都有一種所謂最高的報酬點 (a point of maximum return)，當此點達到後，勞動量如增加或減少，均將導致每單位勞動的報酬減少。他指出「在任何一個時期，某一地區內恰能使當時產業獲得最大生產的人口數量是一定的。」超過這個界限即人口過剩，反之，則是人口不足。英國社會學者卡桑德斯 (A. M. Carr-Saunders) 說：「適當的人口數量是指在某性質的自然環境、生產技術、人民風俗習慣、及其他一切有關條件下，能使每個人獲得平均報酬最高的人口數量。」又說：「適當的人口數是能產生最大經濟利益的人口數量。」（張德粹，民 53，頁 60）可見，從經濟學者觀點而言，一個國家社會應有多少人口才算適當，須視該社會的經濟條件而定。但現代社會變遷迅速，各種經濟情況變化萬端，因此適當人口數也就難以估計。

二、臺灣地區人口現況

　　人類努力的目標，是要提高本身的生活水準，增進社會的福利。為

了達到這個目標，必須設法使人口的數量、特性、與分布等現象配合生存空間與資源，如此，才能使人民生活改善、社會繁榮進步，達到安和樂利的境地；反之，則可能產生人口問題。臺灣地區自民國 53 年全面推廣家庭計畫以來，已有效的紓解臺灣的人口壓力問題，以下簡單介紹臺灣地區人口之特色現況。

㈠人口增加率逐漸趨降

臺灣地區人口總數在民國 35 年為 609 萬餘人，至民國 94 年底已增為 2,277 萬餘人。從表 7–1 可了解近五十多年來臺灣地區人口自然增加率的情況，最高的是民國 40 年的 38.4‰，民國 50 年仍維持在 31.58‰，民國 60 年降至 20.86‰，民國 70 年是 18.14‰，民國 80 年降至 10.52‰，到 99 年自然增加率已降為 0.91‰，下降趨勢至為明顯；然 100 年及 101 年則有略為復甦之趨勢（內政部，民 102）。

表 7–1　歷年臺灣地區人口總數及自然增加率統計表

年別（民國）	人口總數	自然增加率 (‰)
35 年	6,090,860	–
40 年	7,869,247	38.40
50 年	11,149,139	31.58
60 年	14,994,823	20.86
70 年	18,135,508	18.14
80 年	20,605,831	10.52
90 年	22,405,568	5.94
97 年	23,037,031	2.40
98 年	23,119,772	2.07
99 年	23,162,123	0.91
100 年	23,224,912	1.88
101 年	23,315,822	3.23

資料來源：內政部（民 102）。《中華民國統計年報》。臺北：內政部。

㈡年齡結構青壯化

　　人口年齡結構中，將幼年人口（未滿 15 歲）及老年人口（65 歲以上）視為非生產年歲的人口，一般稱為依賴年齡人口。依賴年齡人口比率高，表示生產年齡的人口負擔重，將抵消經濟發展的成果。臺灣地區依賴年齡人口年齡結構之演變，從表 7-2 可以了解；民國 68 年的幼年人口與老年人口合計 37.1%，到 78 年的幼年人口占 27.7%，老年人口占 5.8%，依賴人口合計 33.5%，青壯年人口（15 至 64 歲）占 66.5%；94 年底幼年人口占 18.7%，老年人口占 9.7%，依賴人口合計占 28.4%；101 年依賴人口合計占 25.8%，即青壯年人口占 74.2%。若以 101 年與 68 年作比較，幼年人口比率下降 18.4%，青壯年及老年人口比率則分別上升 11.3% 及 7.1%，有人口年齡結構青壯化以及老年人口增加的趨勢（內政部，民 102）。

表 7-2　臺灣地區人口年齡結構

年別（民國）	人口年齡結構百分比 (%)		
	0-14 歲	15-64 歲	65 歲以上
68 年	33.0	62.9	4.1
78 年	27.7	66.5	5.8
80 年	26.3	67.2	6.5
82 年	25.1	67.8	7.1
85 年	23.1	69.0	7.9
90 年	20.8	70.4	8.8
94 年	18.7	71.6	9.7
97 年	17.0	72.6	10.4
98 年	16.3	73.0	10.6
99 年	15.7	73.6	10.7
100 年	15.1	74.0	10.9
101 年	14.6	74.2	11.2

資料來源：內政部（民 102）。《中華民國統計年報》。臺北：內政部。

(三)人口老化及產婦高齡化

　　由於醫藥科學的發達，公共衛生設施及國民營養的改善，國民平均

壽命逐年提高，加上生育率逐年趨降，加速臺灣人口的老化。民國 82 年老年人口率為 7.1%，達到聯合國組織認定的「老人國」標準（65 歲以上人口超過 7%），使臺灣正式成為「老人國」，到民國 101 年老年人口比率已增為 11.2%；近年來，獨居老人遭子女棄養、老死無人聞問的社會新聞屢見不鮮，已成為嚴重的社會問題。因此，應加強辦理老人福利措施，健全老人安養體系，推行家庭奉養制度，以及老人醫療保健工作。另外，近年因晚婚風氣漸盛，國人結婚年齡逐漸延後，婦女生育年齡逐年提高，101 年生母年齡超過 30 歲所占比率上升至 45.1%，產婦高齡化趨勢也已逐漸顯現（內政部，民 102）。

㈣人口分布不均勻及都市化

臺灣地區因受地理、歷史、人文、政治、產業及資源等條件的影響，人口分布並不均勻。近年來，工商業發展迅速，都市謀生比較容易，鄉村的人口大量移居都市。根據 96 年統計，居住於都會區之比率高達 69.8%；人口密度每平方公里 634 人，在全球千萬人口以上國家中，排名第二，而北、高兩市人口密度都將近萬人，約為新加坡及香港的 1.5 倍（行政院主計處，民 97）。

從以上分析，可知臺灣地區所面臨較為嚴重的人口問題，是人口老化問題、產婦高齡化以及人口分布不均、過於集中都市等。

三、實施人口教育

當前世界各國，尤其是低度開發或開發中國家，由於人口膨脹所衍生的各種問題，可謂日趨嚴重。為求有效解決人口問題，各國通常從治標及治本兩方面著手：治標的方法，即控制生育率，也就是通常所說的家庭計畫，而治本的方法必須徹底實施人口教育。因為人口問題解決的關鍵在於「觀念」問題。唯有透過教育，使下一代認清人口問題的嚴重性及其應負的責任，並培養一般人家庭計畫的觀念，採取適當的態度與理智的行為，來抑制人口的增加，如此才能有效解決未來的人口問題。

㈠人口教育的意義和內容

人口教育是一個比較新的觀念，所以對於它的定義迄至目前，尚無一致的說法。1970 年聯教組織亞洲分署於曼谷舉辦「人口教育會議」所下的定義是：「人口教育是提供學習家庭、社會、國家和世界人口情勢的教育計畫，其目的在使學生對此情勢建立一種理智而負責的態度與行為。」（臺灣師大衛教系等，民 66，頁 4）這個定義強調人口教育不但要讓下一代了解最切近的家庭人口問題，並遠及社會、國家和世界的人口情勢，更進一步要讓他們改變態度與行為。唯此一定義中，所謂「人口情勢」似指人口的增長或「量」的調適，並未包括「質」的提高。而且以「學生」為對象，顯然僅限於學校教育，並未包括社會教育。吾人認為人口教育的內容，似宜兼顧人口「量」的調適與「質」的精進，而其實施對象也應擴及於全民。

根據上述人口教育的涵義，參酌曼谷「人口教育會議」所決定的項目，茲將人口教育的主要內容，列舉如下：

1. 對人口學的基本認識：包括靜態人口學與動態人口學。
2. 人口成長的因素及其影響。
3. 人類生殖作用的知識：包括受孕、優生、遺傳、營養衛生、生育保健等。
4. 國內外人口政策與家庭計畫實施方案。
5. 對人口計畫養成理智而負責的態度。

㈡人口教育的實施

目前我國政府正在積極推展國家現代化工作，致力於建設一個安和樂利的社會。在整個國家建設過程中，必須面對人口問題。而解決人口問題之首要在於人口教育之實施；亦即使全體國民對人口問題有正確的觀念，並加強國民對家庭、對社會、對國家的責任感。尤有進者，實施人口教育，能使國民了解人口政策及家庭計畫的真正意義，而樂於與政府或有關機關合作，共同致力於人口「量」的調適與「質」的精進，以

促進社會的繁榮與國家的進步。一般認為，要加強我國人口教育，可採取下列措施：

1.**統籌人口教育工作**：由社會學者、教育學者與衛生學者共同策劃，研擬我國人口教育實施方案，並建議政府成立專門機構負責推動人口教育工作。

2.**將人口教育納入學校課程**：其方式有三：或單獨設科、或實施單元教學、或將人口觀念適當地組織於課程中，採取隨機教學方式。

3.**加強師資訓練**：在師資訓練機關普遍開設必修或選修人口教育課程，並經常舉辦在職訓練。

4.**推行社會人口教育**：不僅在學校內，在學校外也要利用各種機會對成人實施人口教育，尤應重視偏遠地區的漁、農、礦工以及一般低收入大眾的人口教育問題。

5.**吸收國際經驗，培養領導人才**：人口教育為專門性的工作，必須吸收先進國家的經驗，此外為培養研究與領導人才，需要有進修計畫，包括出國進修或在國內研究所開設有關人口教育課程。

四、臺灣地區人口政策執行成效

「人口政策」是指國家為解決社會經濟問題及人口問題，對人口的生育、教養、素質與分布等所採取的一種方針對策；其目的在促進經濟發展、增進國民健康、促進社會福利、促使人口與產業活動均衡分布。因此，人口政策的制訂，應綜合人口的數量、素質與分布、人力資源的培養、開發與運用、人力預測、人力規劃及土地資源等因素，並配合政府的施政方針與經濟建設計畫。一個國家唯有明確的人口政策，才能有效運用人力資源，促進社會經濟發展，增進人民福祉，使國家邁入富強康樂的境界。

民國 38 年國民政府撤遷來臺，政府為有效紓解臺灣地區人口壓力問題，53 年全面推廣家庭計畫工作。民國 55 年內政部成立一個臨時性人口政策委員會，研擬人口政策綱領、家庭計畫實施辦法，行政院於 57 年

及 58 年相繼公布「臺灣地區家庭計畫實施辦法」暨「中華民國人口政策綱領」，揭櫫合理人口成長、提高人口素質及均衡人口分布之目標，將人口政策列為政府施政之重點；72 年，為適應臺灣地區人口情勢之變遷及社會經濟發展之需要，經修正「中華民國人口政策綱領」，並訂定「加強推行人口政策方案」，明定各項具體措施，由各有關機關擬定中、長程計畫及年度實施計畫切實執行。

多年來政府推行人口政策及家庭計畫成效卓著，且已逐漸緩和人口成長的壓力，人口自然增加率從民國 52 年推行家庭計畫之前的 30.14‰，降至民國 80 年之 10.53‰。民國 90 年之 5.94‰，再降至 94 年的 2.92‰，使得原估計臺灣地區將於民國 72 年突破二千萬人口的時刻，延遲了六年；此一績效並曾獲得聯合國世界衛生組織及美國人口危機委員會評鑑為世界開發中國家的第一名（第二名為新加坡，第三名為南韓，第四名為中國大陸，第五名為香港）。

以下簡單說明臺灣地區人口政策執行成效：

㈠緩和人口成長

由於家庭計畫、人口教育及人口政策宣導等措施之有效推展，使得臺灣地區出生率逐年遞減，獲得有效控制。

㈡提高人口素質

較為重要之成效如下：

1. 人口年齡結構日益青壯化；
2. 國民教育程度提高；
3. 就業人口行業結構轉變，由農業生產為主轉為以工商業為主；
4. 國民平均壽命延長。

㈢均衡人口分布

近年來臺灣地區人口向北部區域城市集中現象逐漸緩和，在均衡人口分布上具有相當成效。

　　近年來臺灣地區人口的生育率持續下降，為了避免未來人口迅速衰退及人口快速老化而影響國家經濟發展，未來的人口政策目標應著重於維持人口的合理成長及提高人口素質。因此，有人主張促使生育率適度回升，但其用意並非鼓勵大量生產，而是著重於提高有偶率及略為提升生育率；宣導國人應適齡結婚，適量生育，以達到「兩個孩子恰恰好」的理想目標，期使人口淨繁殖率回復至「一」的替換率。而提高人口素質，須加強學校教育及終身學習，培育國人之公民意識與責任，而成為五育均衡發展之健全國民。

　　此外，為因應高齡化社會及國家未來持續發展之需要，政府已研擬修正「中華民國人口政策綱領」及「加強推行人口政策方案」，並將移民政策（包括外籍與大陸配偶之輔導事項）納入人口政策中，以達到人口政策之「維持人口合理成長、提高人口素質、健全社會福利制度及均衡人口分布」等目標。

第四節　貧窮問題與教育

　　近年來，政府積極推動社會建設，是在謀求增進社會福利，改善人民生活，並以縮短貧富之差距，滿足民生需要與促進社會和諧為基本方針。因此，貧窮問題的解決，乃被列為社會建設的首要工作。本節首先闡明貧窮的意義，其次說明我國政府過去對於消除貧窮所作的努力，最後探討貧窮問題與教育的關係。

一、貧窮的意義

　　人類群聚而居，每因物質環境之不同，智力體能之差異，以及生活境遇之變化（如災難、變故等），而形成貧富不均的現象。通常所謂貧窮，是與富裕相對而言。社會學者對於「貧窮」(poverty) 一詞，有不同的定義。比較具有代表性者，如季靈 (J. L. Gillin) 在《社會病理學》(*Social Pathology*) 一書中所說：「貧窮可以視為一種情況，在此情況中的個人不

能維持自身以與其團體的生活標準相符合，因而身心能力不能在團體內發揮有用的功能。」（引自朱岑樓譯，民 57，頁 308）在美國，對貧窮程度的衡量，有絕對與相對兩種概念。

貧窮的絕對定義，以一公認的分界線為準，通常以固定的年收入為劃分的依據。例如，1960 年代，美國有關這方面的研究，多以年收入三千美元為貧窮線 (poverty line)，再依生活費之增加而略作調整。「就 1966 年之收入計，非農村人口之貧窮標準，包括六十五歲以上獨居婦女，收入在一、五六○美元以下者，以至七口或七口以上家庭收入在五、四四○美元以下者，以及四口之家所得在三、二三五美元以下者❷」。採用固定與絕對標準的貧窮概念，有其缺點：就是一般對於可接受之最低生活水準，常有不同的看法。

至於相對的貧窮概念是指：在所得分配中屈居全國最低之五分之一的人口，不論其收入多寡，都視之為窮人。採用此一概念時，最主要問題在於：最窮苦的五分之一人口，其收入在全國總收入所占比例，有無重大改變？可能他們經濟狀況已有顯著的改善，但仍被列為貧窮人口，這是採取相對標準的缺點。

除了上述客觀的衡量標準以外，有些社會學者特別強調貧窮的主觀的與文化的意義。例如：一個人收入不足三千美元，若其周遭人口也大多收入不足三千美元，感受自不同於其周遭人口多數為收入超過三千美元者。此外，貧窮者常由於居住環境、物質條件、教育程度、生活方式與價值觀念與常人不同，因而自認屬於社會上異於他人的一個群體，因而形成其獨特的次文化。根據路易士 (O. Lewis) 對於「貧窮文化」(the culture of poverty) 的分析，貧窮者通常盡力規避社會上的各種主要機構，

❷　根據美國勞工部統計，當時在美國大多數都市中，四口之家維持普通生活水準所需要為每年九、二○○美元。參見：Current Population Reports, Consumer Income, "The extent of poverty in the United States 1959 to 1966," Series P–60, No. 54 (May 31, 1968), pp. 1–2. 引自：Robert Nisbet 等著，郭振羽、羅伊菲譯（民 67）。《當代社會問題》。頁 334。臺北：國立編譯館。

他們對政府、學校、教會、甚至救濟機關常抱不信任或排拒的態度。一般貧窮者對於外在世界甚少了解，因而無法分享社會共同價值。他們缺乏穩定的家庭或婚姻關係，所以家庭解組的情況較嚴重，私生子的比例也較高。而且，路易士特別強調在貧窮文化中，充滿「及時行樂」的人生觀，對「衝動」缺乏控制，並有「宿命論」的傾向。因此「貧民窟中的孩童到六、七歲時，通常即吸收了他們的次文化中之基本態度與價值，並且未有任何心理準備以應付現狀的改變，或設法把握生活中的好機會」（白秀雄等，民 67，頁 202）。

路易士對於貧窮文化的分析，雖然也引起部分學者的批評，但他對貧窮意義的深入探討，卻有其貢獻。正如羅賓遜 (Robinson, 1976, p. 32) 所說：「貧窮並非單純是經濟貧乏的問題，而是一種生活方式的問題，其嚴重後果將導致冷漠、絕望與疏離。」因此，解決貧窮問題，不僅在於消極的幫助貧窮者解除其經濟上的困境，而且在積極方面更應採取適當措施（如教育或輔導），培養其自立更生的信心與勇氣。

二、政府對於「消滅貧窮」所作的努力

我國政府在「消滅貧窮」工作上有相當長久的努力。民國 52 年臺灣省開始有系統的辦理貧民調查；民國 54 年行政院頒布「民生主義現階段社會福利政策」，將「社會救助」列為七大社會福利措施之一。

當時對於貧戶的認定，兼顧「工作收入」與「工作能力」二項標準，各級貧戶之條件如下：

1. 一級貧戶：全家人口均無工作能力且無恆產，亦無收益，非靠救濟無法生活者。

2. 二級貧戶：全家人口中，有工作能力者未超過總人數四分之一，而其家庭總收入未超過全家最低生活費用二分之一者。

3. 三級貧戶：全家人口中，有工作能力者未超過總人數三分之一，而其家庭總收入未超過全家最低生活費用三分之二者。

民國 61 年開始實施「消滅貧窮計畫綱要」也就是「小康計畫」（臺

北市稱為「安康計畫」）。小康計畫的作法是採標本兼治、消極與積極並
重方式，但較著重於輔導生產、就業；對老弱殘障無生產能力者，則給
予適當的救助和照顧。在作法上，按貧民實際需要，以救助、安置、生
產、就業、教育訓練等五類方法，分為近程、中程、遠程三個階段分年
分項實施，以促使貧民養成自立自強、勤勞奮發的精神和意志，參加生
產，踴躍就業，從而增加財富，改善生活。同時加強辦理急難救助，防
止新貧戶的產生，期以消滅貧窮。貧民人數在政府有計畫、有組織、有
步驟的救助與輔導下，大量銳減。

　　民國 61 年小康計畫推行之初，全省貧戶 74,247 戶，貧民 391,463 人，
經過短短六年的努力，到 67 年 6 月貧戶已減至 7,485 戶，貧民亦僅餘
24,799 人，成效相當卓著（參見表 7-3）。

表 7-3　臺灣省推行「小康計畫」成果統計

年度	貧民戶	貧民人數	減少貧民戶數	減少貧民人數
60	74,247	391,463	－	－
61	67,968	346,909	6,279	44,554
62	43,142	196,362	24,826	150,547
63	31,906	137,980	11,236	58,382
64	25,726	103,952	6,180	34,028
65	22,144	86,203	3,582	17,749
66	12,273	41,269	9,866	44,934
67	7,485	24,799	4,793	16,470

　　小康計畫幫助貧民改善生活，逐漸脫離貧窮，是民生主義社會建設
的初步工作。政府為擴大社會福利措施，於民國 69 年公布「社會救助法」，
成為照顧生活困難之低收入者及遭受緊急救難或非常災害者之生活，並
協助其自立的專法。民國 86 年 11 月第一次修正通過，擴大適用對象，
統一認定標準，增加扶助項目，使我國社會救助工作邁向另一新里程碑。
　　社會救助的受益對象即所謂的「低收入者」，係指所得或資產低於「最
低維生水準所得」以下的人口群，也就是所得低於「貧窮線」(poverty line)

以下的國民。至於貧窮線訂定標準，根據陳琇惠的研究指出，有採「所得法」與「支出法」兩類，關於所得法與支出法的比較，其認為從所得上設定貧窮線較難滿足低收入民眾最低生活需求，因為所得的變動與最低生活費用的變動並非一致也非必然相關，從支出上設定貧窮線則較易使低收入民眾獲得最低生活保障，因支出係從維持一個人基本生活需要之食、衣、住、行、育、樂、醫療、交通、燃料等各方面之最低支出計畫，算出最低生活費用標準，因此以支出來設定貧窮線，當比以所得來設定貧窮線較易達到保障低收入民眾獲得基本生活安全的目的(陳琇惠，民 89，頁 453–454)。

三、貧窮問題與教育

家庭物質條件與學生教育成就的關係，在本書第五章第二節中已有概略的探討。一般而言，貧窮家庭可能由於物質條件欠佳，直接或間接影響兒童教育機會與學業成就。同時，「貧窮次文化」也影響下一代的態度、價值、動機……等，形成不利學習的因素。就歐美國家而言，對於貧窮地區的教育均有特別的措施，以謀補救（參閱第五章註❻與❼）。我國小康計畫、社會救助法案對於消滅貧窮收效至為顯著。唯在教育方面，似乎仍欠缺積極的措施加以配合。

事實上，要消滅貧窮，除實施社會福利政策、擴大貧民救助、收容、安養、以及輔導其就業生產之外，也要從改進教育政策與措施來配合支援，以幫助貧民解決困難，鼓勵貧民奮發圖強，革除自卑、依賴、懶散等不良習性，面對現實，堅強地站起來自立更生，脫離貧窮。易言之，消滅貧窮問題，應從物質建設與心理建設雙管齊下，才是根本解決的途徑。茲從教育政策與教育措施兩方面分述其如何配合消滅貧窮之道：

㈠在教育政策方面

1.輔導全部低收入戶兒童接受九年國民教育，免除一切學雜費用，以增進其基本謀生知能，成為一個身心健全的國民。

2.大量增設獎學金或貸款名額，以幫助優秀低收入戶子女就讀高中職或大學。

3.建立低收入戶成人補習教育制度，培養其勤勞精神與謀生能力，並增進其環境衛生、家庭計畫、公民道德及其他現代化知識。

4.仿傚英國「教育優先地區」制度，徹底改善偏遠或貧瘠地區教學設備與師資素質，以提高其教育水準。

(二)在教育措施方面

1.加強學校教師與社會工作人員的連繫，溝通彼此觀念，使學校教育工作配合社會福利措施，共同致力解決低收入戶子女的教育問題。

2.建立低收入戶子女完整而有系統的個案資料，並能加以分析與運用，針對需要，作有效的輔導。

3.加強低收入戶親職教育，輔導社區父母如何教養子女，改進家庭學習環境，並善盡父母的職責。

4.實施低收入戶子女免費補救教學，提高其學業水準，並輔導其升學或就業。

參考文獻

內政部（民 102）。《中華民國統計年報》。臺北：內政部。

尹蘊華（民 54）。《教育社會學》。臺北：臺灣書店。

白秀雄等（民 67）。《現代社會學》。臺北：巨流。

柯尼格著，朱岑樓譯（民 57）。《社會學》。臺北：協志。

行政院主計處（民 97）。《中華民國統計年鑑》。臺北：行政院主計處。

余書麟（民 56）。《國民教育與人口問題》。臺北：師大出版組。

法務部（民 101）。100 年少年兒童犯罪概況及其分析。臺北：法務部保護司。

周震歐（民 66）。〈有關青少年問題的問題〉。輯於《邁向開發國家的犯罪問題》。

臺北：幼獅。

張德粹（民 53）。《人口問題要義》。臺北：正中。

陳秉璋、陳信木（民 82）。《邁向現代化》。臺北：桂冠。

陳琇惠（民 89）。〈社會救助〉。輯於郭靜晃等著。《社會問題與適應》。臺北：揚智。

曾中明（民 89）。〈社會問題之剖析〉。輯於郭靜晃等著。《社會問題與適應》。臺北：揚智。

楊國樞、葉啟政主編（民 80）。《臺灣的社會問題》。臺北：巨流。

臺灣師大衛教系、中國農村復興聯合委員會合編（民 66）。《人口問題與人口教育》。臺北：臺灣師大衛教系。

趙雍生（民 86）。《社會變遷下的少年偏差與犯罪》。臺北：桂冠。

龍冠海（民 55）。《社會學》。臺北：三民。

Case, C. M. (1924). "What is a social problem?" in *Journal of Applied Sociology*, Vol. 8.

Clinard, M. B. (ed.) (1964). *Anomie and deviant behavior: A discussion and critique*. N. Y.: Free Press.

Fuller, R. C. (1937). "Sociological theory and social problems," in *Social Forces*, Vol. 15.

Horton, P. B. & Leslie, G. R. (1955). *The sociology of the social problems*. N. Y.: Appleton-Century-Crofts.

Ogburn, W. F. (1950). *Social change: With respect to culture and original nature*. N. Y.: Viking.

Robinson, P. (1976). *Education and poverty*. London: Methuen.

Thomas, W. I. & Znaniecki, F. (1958). *The polish peasant in Europe and America*, 2nd ed. N. Y.: Dover.

Weinberg, c. (1971). *Education and social problems*. N. Y.: Free Press.

第 *8* 章　學校組織特性的分析

　　本章主旨在於利用現代組織原理 (organizational theories)，將學校當作一種正式組織 (formal organization)，來分析其內在結構與功能，藉以了解現代學校的特質，並供改進學校行政之參考。

　　所謂組織，簡言之，即一群人彼此之間分工合作，為達成某一目的而形成的一種有機的結構。當然，社會組織的必要條件是人群之間產生社會關係，但並非任何社會行為均能形成一種正式組織。布勞 (Blau, 1968, pp. 297 304) 從社會學觀點強調一個正式組織的存在是由於不同社會單位，尤其是附屬團體 (sub-groups) 之間，需要一種協調作用，以追求共同的目標。雪茵 (Schein, 1965) 在其《組織心理學》(*Organizational Psychology*) 一書中，歸納出下列組織的特性：(1)協調合作的觀念；(2)完成某些共同目標或目的的觀念；(3)職務分工的意義；(4)權力結構的必要。柯溫 (Corwin, 1967, p. 161) 也提出類似的看法，他說：「一個複雜的社會組織包括：(1)穩定的交互作用的型態；(2)群體之間有一致的認同體 (a collective identity)；(3)追求共同利益，並完成特定的任務；(4)權力與權威結構的協調作用。」

　　由上述有關組織的涵義，可見一個正式組織至少應具備三個條件。首先，必須有共同的宗旨或目標；正式組織均以完成某些特殊任務為目的。其次，一個組織中必須有比較固定的交互作用的型態；這種型態逐漸形成權力或權威的結構，此即科層體制 (bureaucracy) 的由來。第三，協調合作為一個組織的基本活動；高度科層體制形成後，必須透過相當的協調合作，而後始能完成組織的目標。這種協調作用表現於組織成員之間的就是能夠充分溝通彼此的意見。

　　以下各節擬就：(1)學校組織的目標，(2)學校科層化結構，以及(3)意見溝通與學校行政效率三方面，從社會學觀點分別加以探討。

〜〜 第一節　學校組織的目標 〜〜

一、教育目的與目標

　　各種社會組織，正如前述，都是具有目的性的。學校的功能從社會組織的觀點而言，乃在於提供適當的環境（包括場所、設備與人員），而使青少年順利完成社會化過程，以便圓滿的參與社會生活。因此，學校組織之目的，應在於傳遞社會文化；而文化的內容又涵蓋整個人生的領域，包括知識、技術，與價值觀念。教育的內容自然也就包括認知、技能與道德三方面，以達到陶冶健全人格、服務社會人群的目標。

　　研究教育目的或學校教育目標者，常常強調其時代性與地區性。教育目標既然是由社會規定的，常因時代或社會背景不同而各異。就當代學校教育目標而言，歐美國家比較注重實現民主主義的社會理想。1938年美國教育學會 (N. E. A.) 教育政策委員會，曾把美國教育目標歸納為下列四項：⑴自我實現 (self-realization)；⑵人群關係 (human relationship)；⑶經濟效率 (economic efficiency)；⑷公民責任 (civic responsibility)。英國馬斯格雷夫 (P. W. Musgrave) 亦曾分析英國學校的教育目標，並歸納出四個領域：⑴宗教 (religion)；⑵平等 (egalitarianism)；⑶經濟 (economic goals)；⑷獨立性 (independence)。如將英美這兩套教育目標逐項加以對照比較，可以發現頗多吻合之處：第一，宗教陶冶即在於培養國民之社會道德觀念，俾能履行公民之責任。第二，平等主義為民主主義之特色，社會中人人平等無階級之分，而後良好人群關係可以建立。第三，經濟目標強調個人生產力與經濟效率，為近代教育主要功能之一。最後，養成獨立性以發揮個人創造力，而完成自我實現。要之，英美教育目標，頗能調和人文主義與實利主義之衝突，兼顧群性與個性之發展，可為當代民主社會教育目標之典型。我國於民國 18 年由政府頒布教育宗旨及其實施方針，以後陸續發布各級各類學校教育目標，其內涵不外乎國民健

康、固有道德、生活知識、職業技能、文化陶冶等方面，與歐美民主教育目標相較，雖有倚重倚輕之不同，而無基本上之差別。

在現代許多組織理論的研究中，發現社會組織中各成員之間，由於人格特質與社會背景互異，不一定彼此完全協調，也並不一定產生同化作用而形成共同一致的性質。然而，各個不同的部分，卻是彼此互相補充、互相運用，而發揮其獨特功能達成共同目標。例如，一個組織內的個別分子，不一定對組織的目的有明確的概念，對於達成目的的方法，也不一定有相同的意見。就學校組織而言，遙遠的教育目的與教育宗旨，含義抽象籠統，許多教育工作人員對此等教育努力方向，往往覺得不易把握。因而對於切近的學校教育目標各持不同看法。學校這一組織可以視為灌輸知識的場所、可視為維護文化道德的堡壘、可視為社會活動的中心、亦可視為職業訓練的場所。但學校組織的功能在使個人社會化 (socialization)，在於培養社會上健全的公民，此一共同目標是所有教育工作人員所公認的。

不過由於教育行政體制與社會文化背景不同，如比較我國與西方社會影響學校目標之因素，可發現頗多差異之處。一般而言，英美社會之學校目標或其組織功能，極受地方社區與家長（如美國）或校外考試（如英國）之影響。由於社會價值觀念多元化，負學校決策主要責任者：如地方教育首長 (superintendents) 與校長 (principals) 經常面臨角色衝突的情況 (Gross, et al., 1958)。舉例言之：學術性課程與技術性課程孰重，社會化功能與選擇功能如何協調，激發學生批判思考力 (critical thinking) 或強調符合一致的觀念 (conformity)，諸如此類問題很難有一致的看法。

反觀我國學校教育目標與功能，長久以來臺灣的社會、文化、政治背景具有相當的一致性，價值觀念差異不大，各級各類學校教育目標分別規定於課程標準中。校長秉承上級指示，依據教育法令及教育理想，領導全校師生共同努力實現學校教育目標。一切教育措施很少地區色彩，通常亦不受社區人士干涉。校長辦理學校縱然也會有角色衝突現象，但其性質屬於校內事務居多，屬於決策方面問題較少。我國學校教育的統

整性——觀念接近、步調一致——對於學校功能的發揮，無疑是一種有利的條件。但隨著社會的變遷，政治民主的開放，學校教育亦趨向多元自由。民國 85 年 12 月，行政院教育改革審議委員會完成之《教育改革總諮議報告書》指出：「落實學校自主經營，宜廢除影響學校專業自主的法規和行政命令，賦予學校組織架構的彈性，……，同時保障學生學習權和學校專業自主權，促進組織彈性化、權能區分和多元參與。」增加學校自主權已成為我國教育重要的發展方向之一。學校教育目標、組織結構與教育內涵亦須隨著社會價值多元化而加以調整，以符合社會發展之需求。

二、個人目標與組織目標的統合

組織理論的另一研究重點，是如何統合個人目標與組織目標的問題。組織為達其目標而加之於個人的理想與個人認為屬於自己的需要，並不完全一致，甚至可能產生衝突。阿格里斯 (Argyris, 1964) 對這方面的研究頗著成效。對於如何在組織的結構與過程中融合個人需要，他曾提出許多建議。巴納德 (C. I. Barnard) 所提出的「效能」(effectiveness) 與「效率」(efficiency) 兩種概念，也是意味著組織及個人的目的，非依靠兩者間的合作不能達到。「效能」是指對於組織目標的實現，而「效率」則涉及個人從追求組織目標中所獲得的一種需要的滿足。各類行政人員（包括教育或學校行政人員）於領導部屬實現組織目標時，決不可忽視成員本身的個人目標。在探討組織目標與個人目標如何統合時，往往不是強調犧牲個人目標以遷就組織的要求，就是注重個人在團體中的滿足與自我實現，而忽略組織的目標。巴雷特 (Barrett, 1970, pp. 4–14) 曾根據其理論模式設計一個調查研究，以探求在何種情況下，一個組織中的成員能「同時」實現組織與個人目標。巴雷特將目標統合的方式分為三種：

㈠交易的方式 (the exchange model)

這種方式，顧名思義，就是組織與個人之間有相當明顯的交易關係。組織提供某些誘因 (incentives)，以滿足個人的欲望，而個人亦以時間與精力回報以達成組織目標。這種關係類似於心理學上的條件增強的原理 (a conditional reinforcement model)。嚴格言之，這種方法只是促進個人目標與組織目標的「關聯」，而非造成兩者「統合」的理想途徑。交易的方式通常都是利用「加薪」、「非正式社會關係」（即聯絡情感），以鼓舞成員貢獻力量達成組織目標。韋伯 (M. Weber) 的組織理論，即曾提出一般經濟學的概念，用以說明個人與組織之關係。泰勒 (F. W. Taylor) 的「科學管理」(scientific management) 運動，則更具體主張以工作計酬的辦法。巴納德與賽蒙 (H. A. Simon) 所提出的「誘導　貢獻理論」(the inducements-contributions theory)，也是強調以交易方式實現組織目標。

㈡社會化的方式 (the socialization model)

此種方式基本上是一種社會影響的方式，亦即運用社會影響力量使個人致力於促進組織目標的行為而放棄其違反目標的行為。社會化方式可透過教育與說服的方式，以及樹立行為規範，鼓勵個人將組織的目標當作自己的目標，懸為努力的方向（此即積極的社會化），亦可勸個人放棄或改變其與組織目標相違背的行為（此即消極的社會化）。這種方式可依社會化之促進者 (the agent of socialization) 分為領導者之社會化 (leader socialization) 與同輩之社會化 (peer socialization)。前者由領導者明白提示組織目標，並以身作則樹立規範，部屬受其感召，將個人需要與動機統合於組織目標中，努力求其實現。後者指同事之間相互影響，建立共同信念，正如雪茵 (Schein, 1967) 所說：「組織社會化」乃是一種互相影響的過程，經由此一過程，個人學習了組織的價值、規範與目標。

㈢適應的方式 (the accommodation model)

適應的方式係先考慮並確定個人動機與需要之所在，然後根據這些個人動機與需要安排適當角色，設計達到組織目標的程序；因此，在追

求組織目標的同時，也能滿足個人的願望，達成個人目標。如果社會化的方式是強調組織目標的重要性，即個人應遷就組織目標，則適應的方式是強調訂定組織目標時應該先考慮個人因素，亦即考慮個人的需要與動機，而作適當配合，必要時亦可放棄某些組織目標。以適應的方式統合組織與個人目標，有兩種途徑：第一，是角色的分配 (role design)，在追求組織目標的各種活動中，依據個人需要分別安排適當的任務。因此，實現組織目標，亦即達成個人願望。第二，是共同「參與」(participation)，組織中所有成員，應有機會參與目標的選擇、問題的解決與決策的擬定。就第一種途徑言，阿格里斯 (C. Argyris) 根據心理學上的人格理論，來解決組織與個人問題。他主張以個人的需要與能力，來決定如何分配組織中的工作。他指出許多途徑，可以擴充角色任務，並將組織的結構與過程融貫於個人的需要中。就第二種途徑言，卡茲與卡安 (Katz & Kahn, 1966) 在其合著《組織的社會心理學》(*The Social Psychology of Organizations*) 中，曾把組織中的權限分為執行權 (executive power) 與立法權 (legislative power)。他們認為理想的民主方式，即讓全體成員共享立法權，並有選舉首長、複決重要政策的權力，這些都是適應方式中，「共同參與」的最佳例證。

以上三種統合個人目標與組織目標的方式，根據巴雷特的研究發現，以第二種（社會化）與第三種（適應）方式的效果較好。交易的方式則顯現出不穩定，有時在目標統合關係中，產生反效果。可見一種外鑠的誘因或刺激，並非持久維持目標統合的有效途徑。一位學校校長，如能一方面善用社會化方法以身示範，則風行草偃，必能培養良好校風；一方面透過適應的方式，知人善任，使全體教師各得其位發揮所長，進一步以民主作風鼓勵全體師生提供意見，共同參與學校決策，則學校組織中的個人目標與組織目標，必能同時達到。

第二節　學校科層化結構

一、科層體制與學校科層化

組織理論中的一個重要概念是科層體制 (bureaucracy)，科層體制是指具有人事階層的行政體系，有時亦用以形容無能與腐化的「官僚政治」。德國著名社會學家韋伯 (Max Weber) 曾經對科層體制加以系統的研究，排除其官僚腐化的含義，並強調在當今複雜社會組織中，為合理地實現組織目標，實施科層體制是絕對必要的。依照韋伯的看法，科層體制具有以下的特徵：

1. 由一系列特定的職位或官階所形成。
2. 依照一定的專門性才能，選任適當的人員擔任職務。
3. 具有正式頒訂的組織章程、行事規範，規定任職者之權利、義務，以及彼此之間的交互關係。
4. 對任職者的升遷、待遇，以及發展機會均有明確而合理的保障。

學校制度逐漸擴充，科層化的趨勢亦日益明顯。為達成其目標，學校（與其他組織一樣）必須有功能上的分工 (functional division of labor)——即根據法定的規則與章程，依照所需的專業才能，分別任用各級行政與教學人員。就整個教育行政制度而言，由教育部長（下有次長，司長）、各縣市教育局長以及各級教育行政人員，自成一個體系；就學校內部組織言，由校長、主任、組長、導師、專任教師、職員而及於全體學生，另成一個體系。所有教育人員（包括行政與教學人員）在各自體系中，占有一正式（法定）的職位；享有一定的權利，並負有一定的義務。

柯溫 (Corwin, 1965) 認為近代人口劇增、都市化、社會流動、知識爆增、以及教育經濟功能之日趨重要，都是促成教育制度科層化的重要因素。根據杜賓 (Dubin, 1951) 的說法，形成科層體制的因素很多；除了組織規模的「大小」以及組織的「目的」之外，組織成員之「異質性背景」

(the heterogeneous background) 為最重要之因素。近代學校規模擴充後，整個教育組織中的人事，已經不同於往昔；學校組織分子包括各種不同社經背景的學生、教師與行政人員。對於這些教育人力以及許多校外人士──包括課程改革專家、青少年問題專家、心理治療專家……等樂於參與學校內部工作後，如何重新合理分配其職責以符分工協調原則，而達到學校組織的目的，是一項值得考慮的問題。

顯然，由於人類社會生活日益複雜，欲使各項行政程序有條不紊地進行，實施科層體制乃為必然之趨勢。歐文斯 (Owens, 1970) 曾分析科層體制，認為如果運用適當，它可產生下述功能：

㈠效率高

科層體制對於人數眾多的大眾提供系統與一致的行政服務，透過專業訓練的人員，以極少時間發揮極大效果。

㈡可預測

依法定章程分配任務，角色地位與職責極為明顯，所以能夠預測組織成員之行為表現。

㈢公正無私

一切依規行事不摻雜私人感情成分，所以能做到公正無私。

㈣速度快

一致化的規則可公正而快速地處理成千累萬的案件，專家的合作，可迅速解決重要問題而不遲延。

二、科層化與專業化的衝突與協調

科層體制在現代社會組織中，固然不可或缺，但如運用不當，亦可能產生某些不良功能 (dysfunctions) 的後果。墨頓 (Merton, 1940, pp. 560-568) 曾指出：如果行政人員過度強調行政體制，一切完全依規行事，可能導致繁文縟節 (ritualism)、防衛心理 (defensiveness) 與食古不化

(rigidity) 等反效果，影響他們與一般大眾之間的和諧關係。就教育制度科層化而言，由於教學或行政事務已經趨向於運用科學的方法，一切措施力求客觀、公正以及嚴格的標準化。因此，難免與教育學或心理學理論中，注重個別適應的原則不盡相符。科層化 (bureaucratization) 與專業化 (professionalization) 之間的衝突，在許多專業性組織中均無可避免。在教育組織中，此類衝突尤為顯然。因此，這個問題也就成為許多社會學與教育行政學者討論的重點。

教育工作專業化，已經是世界各國師範教育之共同趨勢，學校教師在任教之前必須接受長期專業訓練，具備特殊的專業知能。在他任教之時，具有雙重角色：就科層化體制而言，他是附屬於組織的一分子，亦即被雇者 (employee)；就專業化功能而言，他是具有獨立自主性的專業人員 (professional worker)。學校教師如自居於前一角色，則其行為常受制於正式組織中的權威結構，即尊重行政體制，接受行政督導；學校教師如自居於後一角色，則其工作態度必基於專業信念，為顧及專業水準，改善教育措施而反對過度的行政控制。這兩種角色之間的衝突，深深影響學校行政人員與教師之間的關係。此種現象在高等教育機構（如大學）可能較為顯著，當前中小學教師專業教育水準已大為提升，各級學校將因教師專業權威的加強，而面臨類似的問題。

由於教育專業性質特殊，有人認為學校不必完全採取科層體制。根據一般分析，可歸納出下述三個理由 (Elboim-Dror, 1971, p. 49)：

1. 多數學校仍屬小型社會組織，學校行政人員與教師可藉許多機會，維持面對面的非正式關係，因此可以減少不必要的、形式化的或公事上的來往。易言之，即以非正式溝通代替正式溝通，一則可緩和組織分子間的緊張關係，二則可圓滿達到組織的目標。

2. 教育工作（或社會化過程）的特質，在於師生之間必須具有深厚的情感，此與「非人情化」(impersonal) 的科層體制無法完全相容。學校組織不僅在傳授知識，而且在培養學生社會方面與情感方面的適應能力，幫助他們體認社會價值與規範，並加以內在化。要發揮這些功能，必須

「貶抑科層化」(de-bureaucratization)，而採用專業化的方式，始能達到目的。

3.教育活動在許多方面無法客觀而精確的加以評價；教育工作趨向專業化，需要專業人員根據其高度睿智的判斷，採取必要的措施。但是這種專業方面的自主性 (autonomy)，往往受到科層組織的干擾。科層組織中嚴格標準化的獎懲制度，尤其不利於革新創造性的發揮。

雖然，教育專業化的趨勢愈來愈明顯，但是教育科層化體制並不因此而減弱。教育專業化活動必須由行政單位提供必要的服務，而後始能順利進行；另一方面過度科層化的行政體制亦可能限制、阻抑專業化的發展。這兩種組織功能，如何充分協調發揮其效果，是值得進一步探討的問題❶。

畢德威 (Bidwell, 1965, p. 1014) 對於教育制度科層化，曾提出改進的意見，他反對過度強調行政體制的權威——認為此將使人產生一種觀念，以為學校本身是一種嚴屬寡情的官僚組織 (punishment-centred bureaucracy)。畢德威對於學校行政管理提出「代表性模式」(representative model) 這一概念。他認為學校行政人員「應改變其正式體制上的權威，而以高水準專業能力的權威，以及政策形成的代表程序」來贏得全體教

---

❶ 在我國有關這一方面的研究包括：①王受榮（民 67）曾根據專業化與科層化之理論架構，調查我國國民中小學教師之角色取向，發現我國國中與國小教師之專業角色取向均高於受雇角色取向，其差異均達統計上之最高顯著程度。參見：王受榮（民 67）。《國民中小學教師角色取向之研究》。臺灣師大教育研究所碩士論文。②吳清基（民 68）研究學校組織結構與教師工作滿意之關係，發現：學校組織結構運作上「專門化」、「標準化」、「正式化」程度愈高，則教師工作滿意得分亦隨之增高；但學校組織結構運作上「集中化」、「組織傳統」程度愈高時，則教師工作滿意得分反而降低。參見：吳清基（民 68）。《國民中學組織結構與教師工作滿意之關係》。臺灣師大教育研究所碩士論文。③理論探討方面，參見：陳伯璋（民 67）。《組織發展理論及其在學校組織革新上的意義》。頁 555–562。《臺灣師大教育研究所集刊》，20 輯。

師的合作。例如：代表性的政策決定，事實上，也就是透過各校通常舉行校務會議的方式，使行政人員與教師能「面對面」討論問題，藉以縮短彼此之間的社會距離。班尼斯 (Bennis, 1966, p. 19) 亦認為嚴格強調階層體系的組織結構，會阻礙上下間之意見溝通，而且不易適應環境與時代的變遷。他認為未來的組織，必須在所有成員之間構成一種「信念的氣氛」(a climate of beliefs)，亦即培養一種價值信念，在這種信念氣氛中，組織成員會對內在需要與外在壓力產生有效的反應。這種價值信念，包括下述特質：

1.不分官階與權力的高低，能有充分與自由的意見溝通。

2.根據雙方意見的協調，而不訴諸傳統強制的方式來解決彼此的歧見。

3.領導人員的影響力應得自於其所具備的專業知識與能力，而非依賴其職位上的特權。

4.維持一種自由的氣氛，除要求認真工作達成組織目的之外，也應允許甚至鼓勵個人情緒的充分表達。

5.由於個人觀點不同，組織與個人之間的衝突在所難免，但應根據理性原則來考慮解決衝突的有效途徑。

根據畢德威與班尼斯的看法，正式組織中的科層體制，應注重協調合作與意見溝通，以免產生流弊。因此，分析學校科層化體制後，應該對意見溝通與行政效率的問題再進一步加以探討。

第三節　意見溝通與學校行政效率

一、意見溝通的意義與理論

為促使科層體制產生積極功能，以增進學校行政效率，意見溝通 (communication) 是一種重要的手段。意見溝通又稱「交通」或「傳播」，就是交換意見和訊息的意思。具體的說，就是把事實、觀念、價值、感情等從一個人或一個團體傳播給別人的過程。溝通的基本要素包括溝通

者 (communicator) 與接受者 (communicatee)，兩者溝通的過程，可以圖示如下：

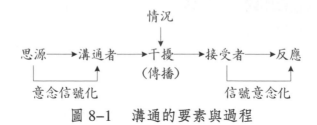

圖 8-1　溝通的要素與過程

　　溝通的基本動態是由思源 (source) 到接受而反應的過程。茲分述之：

1.一個人或一個團體有了某種觀念或事實，想要別人了解。

2.選擇語言、文字、手勢、表情或圖畫，使意念變成訊息 (message)。

3.透過各種途徑 (channels)，例如：談話、討論、書信、報章、雜誌、電視、廣播、網路等方法，傳達訊息，其間受到不同情況、不同程度的干擾。

4.接受者按個人的興趣、態度和團體關係，解釋對方傳來的訊息。

5.接受者對此訊息加以思考後，決定反應，例如：與傳播者討論，表示贊成、反對或無所謂等等。

　　有關小團體成員意見溝通的型式，李威德 (Leavitt, 1958, pp. 546–563) 等人曾做過系統的實驗研究。他們以五人小團體的溝通型式為實驗對象，發現溝通的型式與成員的活動量、滿足感、溝通速度與正確性均有密切關係。李威德等人將溝通的型式分為下列四種：(1)圓圈式，(2)鏈狀式，(3) Y 字式，與(4)輪狀式。（參見圖 8-2）

⑴圓圈式：

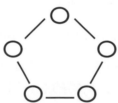

(2)鏈狀式：

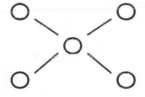

(3) Y 字式：

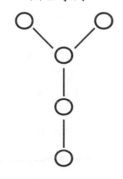

(4)輪狀式：

圖 8-2　溝通的型式

　　此四種型式中，由第一種至第四種型式，為兩個極端。李氏等發現，第一種圓圈式的特徵是：成員之間的交互作用比較活躍，雖然沒有明顯的領導人物，缺乏有力的組織，溝通的錯誤較多，但能滿足成員心理上的需要。相反，第四種輪狀式，則有一位明顯的領導人物，成員之間的交互作用僅限於與領導者的溝通，雖有穩定的組織，溝通錯誤較少，但是無法滿足成員心理上的需要。

　　貝爾斯 (Bales, 1951) 曾觀察團體中成員之間面對面的交互作用，並將成員之溝通行為（語言為主）歸納為下列的模式：（參見圖 8-3）

		1	表示團結 (solidarity)
A	社會情緒的領域 (social-emotional area) 積極的反應	2	表示緊張的解除 (tension release)
		3	表示同意 (agree)
B	任務的領域 (task area) 應答部分 情緒上中立	4	給予建議 (suggestion)
		5	提供意見 (opinion)
		6	指示方向 (orientation)
C	任務的領域 (task area) 詢問部分 情緒上中立	7	要求指示方向
		8	要求提供意見
		9	要求給予建議
D	社會情緒的領域 (social-emotional area) 消極的反應	10	表示不同意
		11	表示緊張
		12	表示敵意

a b c d e f

（註）a. 溝通　b. 評價　c. 控制　d. 決定　e. 緊張處理　f. 再統整

圖 8-3　貝爾斯 (Bales)「交互作用過程分析」歸類表

　　貝爾斯「交互作用過程分析」係早期（1950 年前後）有關此一方面的研究。其分類可能過於概括化，但是對於團體結構與功能的比較分析則頗有貢獻。根據上面的歸類表，用以分析學校組織中成員之間的交互作用，可以發現：中間部分由「4」到「9」係屬任務領域，包括達成學校組織目標的一切工具性 (instrumental) 活動。「1」到「3」及「10」到「12」各項與團體的形成與維持有關，乃屬社會情緒的領域，顯示學校內部的合作或競爭，和諧或排斥的人際關係。任務的領域又分 B 部分

（4 到 6）的給予作用，亦即應答，C 部分（7 到 9）的需求作用，亦即詢問。社會情緒的領域，又分為積極的（A 部分）與消極的（D 部分）的反應，再以感情的程度配合排列，由明顯的「1」與「12」表示團結或敵意的強烈作用，到含蓄的「3」與「10」表示同意或不同意的緩和作用。

　　貝爾斯最後並將十二種類別依序以六種功能來說明：⑴溝通、⑵評價、⑶控制、⑷決定、⑸緊張處理、⑹再統整。就學校組織而言，為實現教育目標，如果學校師生發現有任何困難問題，而校長能適時予以指導（包括指示方向、提供意見、給予建議），那麼，即可順利達成「溝通」、「評價」與「控制」的功能。至於學校組織成員之間在社會情緒的交互作用方面，如多採取積極反應，即可以培養良好的團體氣氛。即使任何一方有消極反應的行為表現，另一方亦應以積極的態度來配合。如此，在意見的決定，緊張的處理與團體的統整等方面才能保持平衡，而學校組織的安定和諧亦賴以維持。

二、意見溝通與學校行政效率

　　賽蒙（Simon, 1947, p. 73）在其所著《行政行為》（*Administrative Behavior*）一書中，對於意見溝通的重要，曾有如下的敘述：「行政組織是一種協調合作的體系，組織中每一成員都被期望將其行為導向目標的實現；因此他們的行為必須協調一致，彼此之間必須充分了解對方行為的意義，以便作為自己行為的基礎。」可見，有效的協調作用，絕對不僅僅是指組織的成員機械化的聚集在一起；而是指成員之間必須有密切的意見溝通，彼此互相了解、互相影響。

　　巴納德（Barnard, 1938, p. 91）也強調在組織理論的探討中，意見溝通必須占有一個中心地位，因為「組織結構、範圍與深度，都是決定於意見溝通的技術運用。」巴納德認為組織是由若干人員或單位所構成，為使這些人員或單位能協調合作，就必須依賴良好的意見溝通。至於如何建立良好的溝通網路，巴納德認為應注意下列幾點：⑴確定每個人的職位與權責並公布周知，使全體成員相互了解溝通的途徑，並加以充分運用；

⑵溝通路線應盡可能直接而簡短，以提高效率並減少錯誤的發生；⑶溝通路線應循權力層級依序進行，以免造成溝通衝突、誤解及損害權力體系的現象；⑷負責溝通的人員應具備溝通的技巧，而且溝通路線不能中斷，必要時可請幕僚人員代理或協助。

在探討組織中意見溝通運作的方式時，蓋哲克 (Guetzkow, 1965, pp. 534–573) 提出兩種意見溝通的性質作為討論的重心，其一為訊息之流動量 (message flows)，另一為訊息之內容 (message contents)。他曾歸納各種研究結果，發現：

1.訊息之輸入 (inputs) 與輸出 (outputs) 之間有一定的關係。

2.這種關係可能由於各種因素（例如運用方式之不同，包括縱的溝通與橫的溝通，正式溝通與非正式溝通等）而產生不規則的變化。

3.訊息內容的重複出現，以及經由反饋作用 (feedback) 的證驗，均可增加組織中意見溝通的正確性。

如果將這些發現應用於學校組織中，可以給教育行政人員一種啟示；即除正式權威結構以外，學校還必須有一套充分自由的意見溝通的體系，透過這一體系，正式的權威結構才能充分發揮其功能，達成組織的目標。例如：在學校中意見溝通的途徑，縱的方面可以由校長將其決定或構想，依行政體系經主任、組長、導師而下達全體學生；也可以利用橫的溝通，使同事與同事之間，學生與學生之間有機會彼此交換意見。此外，學生的意見也可以經由教師往上反映，使校長了解學生的想法與看法，而做到「上情下達」與「下情上達」的地步。簡言之，意見溝通應由單向溝通改變為雙向溝通，甚至多向溝通。

從實際經驗中，許多學校教師都覺得縱的溝通，並非順利無阻。例如，上級下了一道命令，在下的人有時根本不了解為什麼上級要如此決定，於是有的表面上服從命令，內心裡並不以為然，有的設法規避或敷衍。伯恩 (Burns, 1951, pp. 330–331) 把這種現象稱為「地位的保護作用」 (status protection)，因為他們自己覺得需要表現敢於擺脫權威的控制，來保護他們人格的統整與自尊。有些阻礙溝通的因素，可能是由於上級無

意的疏忽,但是下級的人卻無法了解,誤以為是有意的安排。所以,學校校長為維持學校行政的效率,必須提供機會,使學校組織中每一成員都有充分自由表達意見的機會。史普曼 (Shipman, 1968) 在其所著《學校社會學》(*Sociology of the School*) 一書中說:

「要求下屬服從領導,必須先使他們充分了解學校一切措施,透過各種委員會、書面通知、非正式談話、校務會議等方式,不但可幫助意見溝通,而且可以增進行政權威並維持良好關係。」(p. 162)

除了有計畫的正式溝通體系之外,近年來許多研究顯示,超越法定行為之外的許多非正式 (informal) 人際關係,對於組織目標的實現具有重大的意義。賽蒙認為組織中的非正式溝通,包括道聽塗說的謠言 (the grapevine),是無可避免的,但如善加利用,亦可對組織產生積極的功能。巴納德也認為非正式組織與正式組織之關係有如影之隨形,不可或離。正式組織是有意的協調活動的體系,而非正式組織則是由一種無意的、不定型的、及無結構的 (structureless) 人際關係所形成。非正式關係不只對正式組織產生制約作用,而且賦予正式組織以活力;它雖有時會妨礙正式組織的運作,但也能為正式組織擔任某些積極的功能。例如:非正式關係能傳遞正式組織所不便溝通的事實、意見、建議或決定。此乃因有些事情若由正式組織程序來處理,便會傷害到當事人的人格尊嚴,而一位成員若因此無法維持其自尊心時,他便無法在組織中有效地發揮其功能。此外,非正式關係也可經由調節成員服務的意願及客觀權力的穩定性,來維持組織的凝聚力 (cohesiveness)。因此,巴納德強調:在正式組織運作過程中,非正式關係的影響力是不可忽視的 (Barnard, 1938, pp. 115–123)。

由於近代學校組織日趨擴大,人事及行政措施方面的問題亦日趨複雜。因此,在學校行政中,校長應與校內其他人員充分協調、有效溝通,以減少彼此之間的緊張氣氛,進而和諧一致達成學校教育的目標。

參考文獻

Argyris, C. (1964). *Integrating the individual and the organization*. N. Y.: Wiley.

Bales, R. F. (1951). *Interaction process analysis*. Cambridge, Mass.: Addision Wesley.

Barnard, C. I. (1938). *The functions of executive*. Harvard University Press.

Barrett, J. H. (1970). *Individual goals and organizational objectives: A study of intergration mechanism*. The University of Michigan.

Bennis, W. G. (1966). *Changing organizations*. N. Y.: McGraw-Hill.

Bidwell, C. E. (1965). "The school as a formal organization," in March, J. G. (ed.). *Handbook of organizations*. Chicago: Rand McNally.

Blau, P. M. (1968). "The theories of organization," in Sills, D. L. (ed.). *International encyclopedia of the social sciences*. N. Y.: Macmillan. Vol. 11.

Burns, T. (1951). "Authority and communications to subordinates." in Dubin, R. *Human relations in administration*. N. Y.: Prentice-Hall.

Corwin, R. G. (1965). *A sociology of education*. N. Y.: Appleton-Century-Crofts. ch. 5.

Corwin, R. G. (1967). "Education and the sociology of complex organizations," in Hansen, D. A. & Gerstl, Joel E. (eds.). *On education: Sociological perspectives*. N.Y.: John Wiley.

Dubin, R. (1951). "Technical characteristics of a bureaucracy," in *Human Relations in Administration*. N. J.: Prentice-Hall. ch. 7.

Elboim-Dror, R. (1971)."The management system in education and staff relations," in *Journal of Educational Administration and History*, Vol. 4, No. 1.

Gross, N., Mason, W. S. McEachern, A. W. (1958). *Explorations in role analysis: Studies of the school superintendency role*. N. Y.: Wiley.

Guetzkow, H. (1965). "Communications in organizations," in March, J. G. (ed.).

Handbook of organizations. Chicago: Rand McNally.

Katz, D. & Kahn, R. L. (1966). *The social psychology of organizations*. N. Y.: Wiley.

Leavitt, H. J. (1958). "Some effects of certain communication patterns on group performance," in Maccoby, E. E., Newcomb, T. M. & Hartley, E. C. (eds.) *Readings in social psychology*, 3rd ed. N. Y.: Holt.

Merton, R. K. (1940). "Bureaucratic structure and personality," in *Social Forces*, Vol. 57. pp. 560–8.

Owens, R. G. (1970). *Organizational behaviour in schools*. N. J.: Prentice-Hall.

Schein, E. H. (1965). *Organizational psychology*. N. J.: Prentice-Hall.

—— (1967). *Organizational socialization and the profession management*. Cambridge, Massachusetts: Massachusetts Institute of Technology.

Shipman, M. D. (1968). *Sociology of the school*. London: Longman.

Simon, H. A. (1947). *Administrative behavior*. N. Y.: Macmillan.

第*9*章　學校組織的社會環境

　　學校組織中的社會環境或人際關係，狹義言之，僅包括「校長—教師—學生」之間的交互關係；廣義言之，尚可擴及校外之社會關係，例如：教育行政人員（上級教育主管、督學）、學生家長以及社區人士等，均可包括在內。根據這些社會環境，吾人可以教師為中心，繪出一個角色組合之關係圖，如圖 9-1（箭頭所指係表示主要影響力量）。

　　在整個教育的社會環境中，無疑地，師生關係應占最主要的地位，關於師生關係將在本書第十一章予以探討，本章首先討論校長與教師的關係，其次分析教師與同事的關係，最後探討學校的外在環境，包括學校與社區、教師與家長的關係。

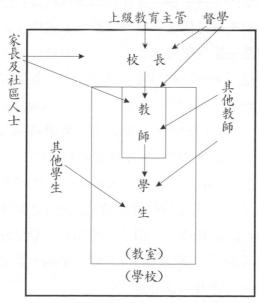

圖 9-1　教師角色組合關係圖

第一節　校長與教師的關係

一、校長的領導與教師的期望

在任何組織之中最重要、最具影響力的人物，當然是領導者。因為領導者居於組織的頂端地位，負責引導全體成員協調合作以完成組織目標。學校的領導者是校長，一般而言，校長對全校一切事務負指揮督導之責，他負責分配學校組織中的職務，確定各種職位之權限與校內外活動之準則。關於校長的義務，史普曼 (Shipman, 1968) 曾指出三項:「第一、校長應該公正無私，對於全校師生應一視同仁；第二、他應該作教師的後盾，保證教師不受校外人士不當的干擾；第三、有以校為家的精神，完全認同其學校 (to identify completely with his school)。」(p. 49)

校長與教師應維持何種關係，實在是個值得商榷的問題。儘管有人認為他們之間應該避免維持傳統「長官一部屬」的關係，而採取民主平等的對待方式。但是校長在學校組織中所負的責任比教師重，所擁有的權限比教師大，則是不可否認的事實。一般而言，教師頗能尊重校長的權威，但他們對校長也有某種角色期望。貝克 (Becker, 1961, p. 246) 曾研究美國芝加哥地區公立學校教師的行為，指出教師雖然接受校長領導、尊重校長的職權，但是這種對校長的支持並非無條件的。他說:「教師本身有某種成熟的觀念 (well-developed conception)，期望校長如何運用權威，達到何種目標，如果校長蔑視教師的期望，他們之間極易引起衝突。」誠然，如果校長與教師之間缺乏互相了解的能力，無法預期對方的行為表現，則彼此關係之緊張勢難避免。這種的情境，莫禮生與麥克因泰 (Morrison & McIntyre, 1969) 曾描述如下:

「一位新教師來到學校，他對校長的印象只是『老闆』(the boss) 這一個概念而已。他不知道校長會要求他做什麼，也不知校長能夠給他什麼幫助。由於校長與教師都根據他們過去的經驗而形成彼此間的角色期

望，這種缺乏確定性的校長角色期望，是產生許多誤解與緊張的原因。」
(p. 85)

因此，校長與教師之間，可以說是在交互角色期望 (reciprocal role-expectation) 的反應中，逐漸產生互相的了解。校長的法定行為，由於明文規定，有脈絡可尋，比較容易預測。但是關於校長的領導方式，及其他行政程序，則因人而異，變化多端，須要進一步加以探討。

二、校長的領導與學校的氣氛

對於校長領導行為的研究最廣泛而深入的，可能是葛樂士 (N. Gross) 等人於 1965 年所發表的〈全美國校長職務的研究〉(The National Principalship Study) (Gross & Herriott, 1965, Dreeben & Gross, 1965)。研究者在美國各大都市中抽取代表性的學校校長接受訪問調查，而同校的教師則接受問卷調查。評鑑的內容是要測量校長對教師施以「專業領導」(professional leadership) 的程度，所謂專業領導是指校長經常會見教師，給予鼓舞並指導其教學、訓導問題。這種領導方式顯然有別於強調科層體制的行政領導。此一研究發現，如果校長多用專業領導方式，那麼這個學校教師的教學效果較佳，教師的服務士氣也較高昂。

在許多研究教育行政領導的文獻中，常強調校長在學校組織中必須同時扮演兩種角色。第一，他必須樹立目標，並領導師生共同努力實現目標，此可稱之為工具方面 (instrumental) 的角色；第二，他必須滿足全體教師的個人需要，此可稱為情意方面 (expressive) 的角色。前者在於達成目標 (goal achievement)，後者在於維護團體 (group maintenance)。在「組織目標」與「個人目標」兩者之間，校長是居於協調者 (mediator) 的地位。就組織目標言，校長要奉行國策遵守法令，依據上級行政主管的要求及社會人士的期許，來推行校務。就個人目標言，校長要滿足教師的欲望與抱負，其中包括安全、承認、公平待遇、尊嚴、進修、升遷等等個人需要。組織目標與個人目標往往不能統整一致，已如前述，但是校長應立於二者之間，運用各種可行方法予以協調，設法使組織目標得以實現，

而個人需要也獲得相當的滿足。

霍伊 (W. K. Hoy) 和阿普伯里 (J. B. Appleberry) 曾研究小學校長與教師之關係，他們用「人情味的」(humanistic) 和「監督式的」(custodial) 兩類學校來表明學校組織氣氛之不同。經過分析和比較，霍伊和阿普伯里發現具有「人情味」的學校比「監督式」的學校，更能顯示出下述的特徵（組織氣氛）(Hoy & Appleberry, 1970, pp. 27–31)：

1.教師更能合作，並努力於教學方面的改進。

2.教師更具有教育熱誠與滿足感，即一種完成任務、實現社會需要的滿足感。

3.校長對待教師比較善於利用非正式面對面的關係，而盡量避免「公事公辦」的官僚作風。

4.校長常以身作則，而不用嚴格的方式督導教師。

5.校長與教師間的關係保持公開接納與尊重權責的氣氛。

哈賓 (Halpin, 1956) 曾應用類似上述的分類法研究美國教育行政人員的行為，他用「結構的倡導」(initiation of structure) 與「體諒」(consideration) 來表示領導者與部屬之間的關係。前者強調倡導新觀念，維持團體規範，後者則重視對部屬寬厚愛護之意。事實上，領導者如過分偏重任何一方，均非所宜。若重視倡導功能，領導者易變成專權或獨裁，如果太注重體諒方面，可能導致公私不分。哈賓認為有效的領導方式是適當的釐清領導者與組織成員之界限，建立明確的組織型態與意見溝通的途徑，以利工作之推行。同時領導者亦應表現其友善、信賴、尊重等良好人格特質，而與組織成員維持良好人際關係。根據此研究所獲得的觀念，哈賓乃轉而對學校的組織氣氛 (organizational climate) 加以進一步的探討與分類。

哈賓與克羅弗 (Halpin & Croft, 1963) 從七十一個小學的調查研究中分析校長與教師的關係，而歸納出八項行為特徵，其中四項屬於教師者為：懶散 (disengagement)、阻礙 (hindrance)、工作精神 (esprit)、親密 (intimacy)，四項屬於校長者為：冷漠無情 (aloofness)、重視績效

(production emphasis)、衝勁 (thrust)、體諒 (consideration)，並依據這些行為特徵將學校環境中的人際關係，與校長的領導方式，按其「開放」(open)與「封閉」(closed) 之性質，來界定各種不同的組織氣氛。

我國呂木琳（民 67）曾根據哈賓等人的理論模式探討我國國民中學校長領導方式與學校氣氛的關係。張銀富（民 63）則根據哈賓所設計的「組織氣氛描述問卷」(Organizational Climate Description Questionnaire) 來研究我國國中教師參與決定與學校氣氛的關係。從這兩項研究發現，可知我國國中學校氣氛與校長領導方式以及教師是否參與決定關係密切，而教師參與決定的程度則主要繫於校長的信念和作風。

三、專業的領導與民主的作風

國內外有關校長領導方式的研究甚多，此處不再贅述❶，茲綜合各種研究結果，提出兩項結論，藉供參考：

1.校長的角色行為無法完全符合各方的角色期望，可能產生角色衝突的現象。影響校長行為的因素不但來自校外的教育行政當局與社會人士，而且也來自學校中的教師與學生。一位校長最常面臨的角色衝突是，

---

❶　有關我國校長領導方式的研究，參閱：

①黃昆輝（民 61）。〈教育行政領導的意義〉，頁 111-137。《臺灣師大教育研究所集刊》，14 輯。

②許勝雄（民 64）。〈國中校長的基本職務與領導方式之調查分析〉。《臺灣師大教育研究所集刊》，17 輯，頁 249-339。

③鄭進丁（民 65）。《臺北市國小校長角色之調查分析》。政大教育研究所碩士論文。

④呂木琳（民 67）。〈國中校長領導方式與學校氣氛之關係〉。《臺灣師大教育研究所集刊》，20 輯，頁 571-577。

⑤涂崇俊（民 67）。〈國中校長─教師溝通問題之研究〉，頁 581-586。《臺灣師大教育研究所集刊》，20 輯。

⑥曾燦燈（民 67）。《國中校長領導型式與教師服務精神之關係》。臺灣師大教育研究所碩士論文。

他究竟應以行政首長 (administrative leader) 自居，或以專家顧問 (professional adviser) 的態度來領導全體師生。作為一個專家顧問與作為一個行政長官所須具備的知識、技能與態度是不同的。教師們希望校長具有開明的作風、親切的態度，一方面可以隨時向他提供校務改進意見，一方面可以經常請教有關教學或訓導上的困難問題。事實上，由於學校組織擴大，事務繁雜，校長所擔任的行政角色似乎已沖淡了其專業的功能。校長的主要工作，除經費預算、校務協調與決策之外，似乎只有校外公共關係。因此在學校組織科層體制益愈發展時，如何保留其專業領導的功能，是為校長者所須深加考慮的問題。

㈡一個學校的組織氣氛——即是校風，影響全體師生行為可說至深且鉅，而校風的形成，常決定於校長的角色觀念與角色行為。易言之，良好校風的培養，端賴校長能否以民主公開的態度，充分接納師生的意見並透過共同參與的方式決定學校的一切措施。如果認為學校為一種專業性質的組織，那麼許多具備專業知能的教師所共同貢獻出的智慧應勝過校長一個人的看法。根據本書作者調查中英兩國對於這方面的實際情況，發現我國教師比較保守 (Chen, 1975)。他們不願積極參與學校事務，其中因素固然很多，而校長未能提供機會，有效鼓勵教師參與，可能為最重要之原因。因此學校校長應設法建立一套可行的辦法，鼓勵全體教師參與學校校務之決定以及校務之推行，如此才能一方面縮短校長與教師之間的社會距離，一方面減少學校科層化與專業化之間可能發生的衝突現象。

許多有關教師角色的研究，對於影響教師行為的社會因素均曾加以深入分析，其中有關校長的領導方式常被認為是引起教師角色衝突的一種主要因素 (Musgrove & Taylor, 1969)。校長在學校組織中既居於最具權威的領導地位，因此，一位理想的校長也應該隨時隨地做教師的後盾，在精神上鼓舞教師，在工作上幫助教師。

～ 第二節　教師同儕關係 ～

一、教師非正式團體的形成

把學校視為一種社會組織的概念，意味著教師不但與校長及學生發生極為密切的關係，教師同儕之間也有某種程度的正式或非正式的社會關係。這些關係對於整個學校的風氣以及校務的推行具有相當的影響作用。

教師在學校組織中，擔任各種不同的職務，占有各種不同的地位。以中學為例：校長以下，各處主任，各組組長，指導活動秘書，導師，幾乎都是由教師兼任。他們具有法定的地位，也有某種程度的法定權威 (legal authority)。這些兼有職務的教師，和其他同事固然會有某些公事上的來往，但是一般而言，教師與教師之間的關係，以非正式的來往居多。而非正式關係的重要性，已如前述，是研究組織理論者所不能忽視的。

一個學校同事間的情誼，可能決定於這個學校組織的類型。例如：一個鄉間小學校，除了一位校長之外，只有幾位教師，他們職掌的劃分極為簡單；大家相處不分彼此，有如一家人，因此所謂正式關係與非正式關係之界限並不明顯。這種組織中，不可能形成教師的非正式團體 (informal group)。在都市中一個規模龐大的中等學校或大專院校情況就完全不同，除了正式的行政科層體制之外，在教師同儕之間還有大大小小的各種非正式團體的存在。

布魯克福 (W. B. Brookover) 在其與葛特里 (D. Gottlieb) 合著《教育社會學》一書中，曾經列舉許多形成教師非正式團體之因素 (Brookover & Gottlieb, 1964, pp. 260–264)。其中包括年齡、服務年限、性別、興趣嗜好以及價值觀念等等。就年齡及服務年資言，新進教師與資深教師之間可能形成不同的小團體。例如：新進教師對於教學革新抱有熱誠，而資深教師不太願意接受新的改革；資深教師常覺得新進教師對他們不夠尊

重，而新進教師覺得資深教師有意壓抑他們的表現。就性別興趣而言，對於課餘時間的活動，男女教師各有不同的興趣與嗜好，都可能形成不同非正式團體。至於價值觀念可包括對政治、宗教的信仰，對教育的信念與人生的看法等，這些因素自然也影響同事之間的接觸與往來。

二、教師非正式團體的規範

教師同事之間的非正式團體，猶如學生之間的同儕團體一樣，也能逐漸形成他們自己的價值或規範 (values or norms)。這些價值或規範對於團體中的成員，具有極大的影響力。一般而言，大多數成員的行為也能符合這些規範的要求。哈格雷夫斯 (Hargreaves, 1972, pp. 404–406) 曾分析英國中小學校人際關係，歸納出三種同事之間非正式團體的規範，茲分析如下：

㈠教師的自主性 (the autonomy of the teacher)

教師的獨立自主性是決定教學是否專業的一種重要標準。這個規範是指教師在教室中的行為應該完全自主，不受外人的干擾。例如：一位教師的教學方法、訓導方式以及對於教育的看法，他完全可以自由選擇，自己決定 (a matter of personal choice)。基於此一規範，同事之間對於某一位教師的教學方式或待人處事即使有所批評，也僅止於竊竊私語，而不便公開討論。多數教師喜歡依照自己的方式來處理班級事務，而且也頗能尊重其他教師的處理方式，但是將來如果協同教學法 (team teaching) 廣泛推行以後，這種教師的獨立自主性，將受到嚴重的考驗。究應鼓勵教師公開互相檢討教學得失或仍維持傳統「關閉」政策，尊重教師在教室中的隱私權 (the privacy of the classroom)，因牽涉到觀念的問題，應該深入探討以求得適當的協調。

㈡忠於同事 (loyalty to the staff group) 的規範

此一規範是指同事之間互相信賴，一切言行以維護群體之利益為重。根據此一規範，同事之間不宜挑撥是非，不在學生或家長面前批評其他

教師。同事之間即使有人表現欠佳或有不合學校規定的行為，彼此也盡可能互相掩護，不向主任或校長密告。

㈢平凡的規範 (a mediocrity norm)

此一規範有兩種含意，一是指同事之間期望在學校工作方面能盡量步調一致，另一是指教師在學校工作表現不宜太熱心。這種合乎「中庸之道」的規範，表現在同事之間的互相期望：不應太早到校，不應花太多時間指導學生課外活動，不應犧牲休息時間準備教材。如果某一教師違反此類規範，往往招惹同事的譏諷，甚至被認為是有意討好校長，以求職位之升遷。伴隨平凡的規範而產生的是一種「反智主義」(anti-intellectualism)，意指教師通常不研究教育理論，除非是一種即將普遍推行的課程改革才會引起他們的注意。教師在校的話題，通常都是電視節目與球賽情形，而較少有關讀書心得、古典音樂、以及其他高級文化活動的內容。

以上哈格雷夫斯所分析的三種教師非正式團體的規範，乃是依其個人觀察所得，而非根據客觀證驗研究所獲得的結論。所以有多少正確性仍待深入考察。有關我國學校人際關係之研究，可謂鳳毛麟角，教師同儕之關係的研究，更是絕無僅有。因此上述三種規範之介述，只供研究參考，並非意味著我國中小學校教師之間亦必有這些規範的存在。

三、非正式團體的過程——競爭、衝突與社會化

學校同事之間的關係，一方面固然表現於相互間的協調合作，以完成組織的目的，但是無可否認的，彼此之間難免也會有競爭與衝突的現象。這些現象，尤其是存在於規模較大的學校中。一般而言，衝突的產生是由於不同非正式團體之間對於各種學校決策與措施有不同的意見。例如：班克斯 (Banks, 1968, p. 189) 曾指出在學校中最易引起爭執的一些問題，包括：新教學法的介紹、新組織型態的試驗、經費的分配、科目重要性的爭論、學生問題的處理，以及職務之分擔與工作之分配等等。

　　在我國中小學校中，由於升學主義的影響，盛行學科競賽。這種學生之間的學業競試，無形中演變為教師同仁的競爭。如果校長以此作為評量教師教學成果的唯一標準，則同事彼此之間的勾心鬥角，勢將難以避免。

　　另一種教師角色衝突或角色緊張的現象，是存在於某些技能科目教師的觀念中，這些教師常常覺得校長或其他同事低估了他們工作的價值，忽略了他們對學校的貢獻。甘農 (Cannon, 1964, pp. 29–36) 曾分析各種教師的角色，認為這種角色觀念可能影響其教學的表現。他曾舉一位女子中學體育教師為例，說明她是如何地處於一種矛盾的角色地位中：同事對她的看法包含著鄙視、羨慕、喜愛……等複雜的情感，使她的自我形象 (self-image) 顯得異常模糊，當然也就影響她在學校中的行為表現。

　　學校同事間的非正式關係對於一位新進教師的社會化，具有重大的意義。社會心理學方面的研究不斷在探討個人如何符合於 (conform) 團體規範與行為模式的因素。當一個人面臨困難以及當他發現一些有經驗的長輩可以作為他參照的對象 (reference group) 時，他就易於接受他們的看法，模仿他們的行為。一位新進教師來到一個陌生的學校環境中，也會有類似的情況發生。易言之，資深教師對於新進教師是否接受正式的組織目標以及非正式的價值觀念，具有極大的影響力量。韋弗 (Webb, 1962) 曾經描述一位新教師如何在訓導方式上受到學校風氣的影響：「他（指這位新教師）懷著滿腔的理想與抱負來到這個學校，暗地裡他不屑同事們的作風，他絕不像他們一樣，以訓練官 (drill sergeant) 的方式來教導學生。在教室中，他盡可能把心情放鬆，待學生如朋友，但是效果不好，因為學生跟他開玩笑！……結果，每天放學時，他已筋疲力盡。幾週的假期中他躺在床上思考解決的途徑，他決定按照一位好心同事的勸告去做……大約一年後，如果他沒有調校服務，那麼他就是這個學校的另一位訓練官了。」(pp. 264–272)

　　當然，這只是一個極端的例子，但這個例子卻顯示出一個事實：任何組織中的非正式規範或團體風氣（不管好壞的風氣）對於新進人員的

行為與態度都有很大的影響力。

四、協同教學與教師合作

前面已經提到，校長的觀念與行為對於教師的教學表現關係密切。但是，學校同事之間的協調或衝突，不僅決定於校長的作法與態度，而且更重要的是決定教師本身——尤其是他們對於接受新構想與新措施的態度。

目前在教學組織上的一個新觀念是「協同教學」。傳統上由一位教師擔任一個班級的方式，由於此一新觀念的運用，勢必改變班級組織的型態。協同教學是一種創新的教學——由二位或二位以上的教師和助理人員，利用各人才能，在一個或幾個學科領域中，應用各種教導設施，經由不同方式，合作計畫、合作教學和評鑑的新安排。無疑地，這種教學須要改變教師的習慣與觀念，他們須要以合作的態度來組織教學團 (teaching team)，然後貢獻個人的特長，透過不同的方式——大班教學、小組討論或活動、以及獨立研究等，來指導學生學習，以期獲致最大的效果。

在協同教學中，教師同儕之間的關係更形密切，傳統上教師在教室中的自主性，勢將無法維持。由於分工合作的需要，每位教師不但必須釐清各自的角色義務，而且必須盡可能符合團體的期許，以免影響教學之進行。在協同教學的過程中，最重要的功能是在實際教學情境中，由於知識與技能的交互觀摩，而獲致並增進「教學相長」的效果。

協同教學打破傳統的班級組織的界限，所獲致的成效固然很大，但是，從另一觀點而言，教師接觸愈密切，可能產生的衝突亦愈頻繁。如果教師之間對於教育的看法以及接受新觀念的態度並不一致，則在協同教學中所產生的角色衝突可能更為嚴重。此處無法深入探討協同教學以及其他新教學法的價值，唯僅就合作教學的觀點而言，教師同事之間建立一種新的觀念來改善彼此之間的人際關係，是值得加以嘗試的。

第三節　學校的外在環境

　　學校並不是一種孤立的組織，它的結構與功能常受外在環境因素的影響。所謂學校的外在環境通常是指學校所在地的社區 (community)。本節首先申論學校與社區的關係，並分析教師在社區中的角色，然後探討家庭的結構與功能、教師與家長的關係。

一、學校與社區的關係

　　社區的定義很多，言人人殊，但幾乎所有學者同意社區是一個具有地理界限的社會團體。生活在這種地域團體內的人群，彼此具有共同的情感（we-feeling, 或譯群屬之感），並享有共同的文化。社區通常有鄉村社區與都市社區之分，都包含兩個基本要素：(1)人群的結合，(2)地域的界限。因為是人群的結合，所以具有休戚相關、禍福與共的精神；因為是地域的界限，所以包括自然環境、文化環境、政治環境與經濟環境。申言之，社區是一個有特定地理區域的社會團體，至少應具備三個條件：(1)它是具有境界的一個人口集團；(2)它有一個或多個共同活動的中心；(3)它的居民具有地緣的感覺或某些團體的意識和行為（龍冠海，民 55，頁 236）。至於學校與社區的關係，可以從兩方面加以闡明：

(一)學校教育促進社區發展

　　所謂社區發展是指人民與政府協同改善社區的經濟、社會及文化條件，以配合國家整體建設的一種過程。社區發展的特性有二：第一，它是一種變遷的過程，目的在使社區居民的生活情況獲得改善；第二，它是一種組織的過程，原則在強調社區居民本身的互助合作、群策群力，而政府則提供技術或其他服務，使能發揮更大的效果。簡言之，社區發展乃是人民與政府協力使社區作有組織的變遷的過程。

　　學校是社區中的一種正式組織，教育是一種社會化的過程。在此種

有組織的社區變遷過程中，學校是一項重要的社區資源，對於社區發展方案的擬訂與推行，可以發揮相當重要的功能。就學校課程言，為配合社區發展，學校可編訂或補充適當的教材，透過適當的教法，培養學生成為社區良好的公民。此外，可經由特別課程的安排，培養社區成員參與社區發展的意願和能力。就學校教師而言，除了專業的社區工作人員外，教師可為社區發展提供學術知能服務、體育康樂服務、美化社區指導、技藝或家事指導等支援性工作，協助社區居民了解並進行各種社區活動。要之，在社區發展過程中，學校教育的職責在於設計適當的學習環境，使學生與社區成員養成良好的生活態度與行為習慣，並經由正式或非正式的教學活動，協助社區推行文化建設工作。

㈡社區結構影響學校教育

社區既為學校的外在環境，社區結構有所變遷，學校教育措施必受其影響。就人口結構而言，社區人口的出生率、性別比率、遷移情形等，一方面影響學校及班級的數量，一方面影響學校組織型態及教學方式。就權力結構而言，社區行政組織的型態及社區領導階層的角色觀念與行為，對於學校的權力體系、決策過程、與課程安排往往具有相當的影響。就經濟結構而言，社區職業結構中所需人力的數量與種類，影響學校的組織與課程。而且經濟為決定個人社會地位的重要因素，學生的抱負水準與學業成就，往往受其家長社經背景的影響。

社區的分類方法，在本質上可分鄉村社區與都市社區；在功能上則可分農、工、礦、商、及教育等職業上的不同社區；在發展程度上可分已發展社區與發展中社區。可見社區各有其背景，各具其特色。

社區背景既各不相同，社區的需要與發展又因時因地而異，所以社區內的學校自應在結構或功能方面力求彈性化。舉例言之，都市社區的少年犯罪率高於鄉村社區，則都市學校必須加強青少年輔導工作，或提倡正當娛樂活動，或加強親職教育，以導其行為於正軌。又如各種職業社區的社區資源不同，學校的課程設計亦應有所變化。工商社區可加強

職業輔導，而農業社區可充分利用自然資源，以增進教學效果。

綜上所述，可見社區為學校的外在環境，而學校教育為社區生活的反映，二者互為表裡、不可分離。因此，學校教育影響社區發展過程，而社區發展影響學校教育活動，二者相輔相成、互蒙其利。就我國情形而言，政府正在積極推行文化建設工作，學校應如何協助社區發展，進而成為社區文化中心，允宜根據學理、配合實際，詳加具體規劃，始能收到預期的成效。

二、教師在社區中的角色

對於教師在社會中的地位與角色的認識，中西社會有顯然的差異。我國尊師重道的傳統一向為人所樂道，而在西方國家中似乎並無尊崇教師的觀念存在。但是無論中外，學校教師均有孤立於社區環境中的事實。我國教育工作在一般人的心目中，是一種神聖清高的事業。因此，教師通常不願涉及社區是非，也盡量避免社區人士來干涉學校教學。在西方國家中傳統教師的形象，則常被認為是社會上的「陌生人」(stranger)❷，故教師在社區中也有孤立的現象。

從一些證驗性研究報告中，可以了解教師對於參與社區活動的看法。就我國調查結果而言，「一般教師對於了解社會現象、參加社會活動、解決社會問題、以及進而領導社會以改善大眾生活習慣等項目，未能寄以深切的關心，這大抵是因宥於教育傳統觀點，而忽視國民導師之新的任務。」（林本，民 51，頁 156–157）部分教師（三分之一以上）仍有「教師應維持清高身分，不涉及社區是非」的期望（林清江，民 60，頁 101）。就西方國家而言，卡森 (Carson, et al., 1967) 等人調查美國西俄勒岡 (Western Oregon) 地方教師們對於參與社區活動的看法，發現他們的觀念仍相當保守。馬斯格羅夫 (Musgrove, et al., 1965, pp. 171–179) 等人調查

---

❷ 把教師形容為社會上的「陌生人」，始於華勒 (W. Waller) 所著《教學社會學》 (*The Sociology of Teaching*, 1932) 一書，以後教育社會學分析教師在社區中的角色時，常引用此種觀念來說明。

四百多位英國中小學教師對教師角色的期望，也發現他們較注重知識的傳授與品德的陶冶，而較忽視教育的社會功能。

在現代社會中，學校具有促進社區發展的功能，已如前述。學校已非社區中的孤立機構，亦非單純的社區雛型，而是協助改善社區生活的重要組織，也是社區文化的中心。因此，學校教師必須積極參與社區活動，由「社區孤立分子」的角色轉變為「社區關係的協調者」的角色（林清江，民 61，頁 338），進而成為促進社區行動的領導者。

研究教師在社區中的角色，除了解教師本身對於參與社區活動的看法之外，也可以探討一般人對教師的角色期望。舉例言之，在急遽變遷的現代社會中，教師在社區中的行為究應維持清高身分，謹言慎行，為社區民眾的表率，抑或與他人一樣即可，不必有特殊的行為？這是對於教師角色期望的一個重要研究項目。本書作者於民國 64 年曾調查中英兩社會對此一問題的看法 (Chen, 1975)，發現我國一般人比較強調「教師應隨時隨地表現良好行為，作為其他人的楷模」，而英國人比較贊成教師「在校內遵守專業行為的規範，在校外可以稍為放鬆。」如將調查對象按年齡來區分，則兩社會有一種共同的傾向：年長的人對教師行為的期望較為嚴格，而年輕一代對教師行為的期望較為寬容。易言之，未來的社會一般人可能逐漸趨於贊成「教師可以和其他人一樣，不必有特別行為」的看法，因而放棄「神聖」、「清高」的教師角色期望。這種發展趨勢，到底對於教師的社會地位有無影響？這是研究教育社會學的人，應該加以重視的問題。

三、家庭的結構與功能

依照社會學的意義，所謂家庭，是指兩個或兩個以上的人，由於婚姻、血統或收養的關係而構成的一個團體。從成員之間的結合型態而言，家庭是一個社會團體；從他們結合的法則與體系而言，它又是一種社會制度。

家庭結構通常分為兩種形式：(1)血族家庭 (consanguine family) 和(2)

夫婦家庭 (conjugal family)。依組成分子的多寡與親子關係的繁簡，又可分為三種：⑴核心家庭 (nuclear family)：通常稱為小家庭，包括一對夫婦及未婚子女，這是最基本的一種。⑵複婚家庭 (polygamous family)：包括兩個或更多的核心家庭，有一共同的父或母。⑶擴延家庭 (extended family)：包括兩個或更多的核心家庭，但並非夫婦關係的擴張，而是血統關係的延伸，即除夫婦子女外，尚包括已婚子女、祖父母或其他親屬。

家庭含有生物的與文化的兩種特質。前者是指家庭所扮演的性關係、生殖、養育等功能；後者是指家庭塑造傳統、培養情操與傳遞價值，使兒童人格社會化 (socialization of personality)。莫德克 (Murdock, 1949, p. 10) 認為家庭的功能有四種，即：性欲的、生育的、教育的和經濟的功能。就第一項功能而言，各社會皆運用制度化的規範對人類性關係加以適當的約束，男女性行為通常以家庭為合法的履行場所。其次，每個社會皆以家庭為生兒育女的地方，這種功能與前述功能有關，但並非完全一致；我國社會重視傳宗接代，因此生育的功能一向被認為具有高度的社會價值。第三，家庭為兒童社會化的第一個基本單位。家庭傳授各種基本的知識、技能、培養適當的價值觀念與行為模式，奠定其人格發展的基礎。最後就經濟的功能而言，家庭成員同甘共苦、努力於生產，以滿足物質生活的需要。物質生活滿足，家庭才有安全感，也才有幸福可言。

我國社會因受近代都市化、工業化、與西洋文化的影響，家庭結構與功能已產生極大變化。例如：擴延家庭日形減少，核心家庭日益增加，男女平等、婚姻自由、家庭民主等價值觀念日益受到重視。家庭的經濟功能與教育功能逐漸削弱，這些功能大部分已由職業團體與教育機關所代替。

四、教師與家長的關係

教育學者與社會學者一向重視家庭與教育之關係的研究。一般研究著重家庭背景與學生教育成就之間的關係。所謂家庭背景，通常是指下列三方面：⑴家庭結構：指家庭的靜態面，包括家庭大小、家庭完整性、

父母教育程度與職業類別。(2)家庭過程：指家庭的動態面，包括親子關係、父母管教態度與方式，及其他家庭成員間的交互作用等。(3)家庭文化：指家庭結構及過程所傳遞的有關家庭觀念、態度、語言及行為等❸。教育社會學對於上述各項指標的綜合概念，多稱之為家庭的社經背景 (socio-economic background)。如以較具體的教育程度、職業類別與家庭收入等因素為指標來決定其社會階層的高低，通常稱之為家庭的社經地位 (socio-economic status)。

　　有關家庭社經地位與學生教育成就的關係，本書第五章已有詳盡的分析。家庭社經背景中的各種因素直接或間接影響學生的成就，已為許多學者專家的研究所證實。一般而言，家境較佳者，子女接受教育的年限較長，成就也較高。但如父母教育態度正確，管教方式理想，雖然屬於低階層的子女，仍會有接受良好教育的機會。

　　家庭背景對於學校教育既然具有如此重要的影響，則學校如何協調家庭共同完成教育目的，為值得探討的問題。一般認為惟有加強家長與教師之間的連繫溝通，才能充分發揮教育效果。根據本書作者於民國 64 年所作調查發現：我國教師與家長之間的連繫，一般看法，認為並不理想。在四百多位接受調查的對象中，認為兩者關係「疏淡」者高達 53.7%。究其原因，約有三項阻礙彼此連繫的因素：(1)教師與家長社會背景不同，觀念不一；(2)學校安排不足或太形式化；(3)雙方工作繁忙，無暇接觸 (Chen, 1975)。

　　改善家庭與學校的關係，固需各種措施配合進行，但實際從事家庭與學校之協調者仍為學校教師。因此，學校有關人員在觀念與作法上應有所改變，而根本適應的途徑，約有下述三項 (林清江，民 61，頁 106)：第一，建立學校與家庭（教師與家長）的正常關係，因家庭的教育功能已部分為學校所取代，學校已成為引導學生由家庭走向其他社會團體的橋樑。在這方面，教師與家長必須了解彼此角色任務的分際，並由教師

----

❸　有關「家庭文化」的概念，參閱：林清江（民 61）。〈家庭文化與教育〉。《臺灣師大教育研究所集刊》，14 輯，頁 89–109。

設法予以協調。第二，學校教師應該建立專業態度，了解每一個學生的家庭文化背景及社會化過程，而不應該就個人的觀點評量學生的學業成就及行為表現。因為學生的學業成就、抱負、及行為，有些為其本身所無法控制的家庭因素所決定。第三，父母親的教養方式與親子關係仍為學校教育成敗的一種主要影響因素。因此，學校必須協助推動親職教育、健全家庭親子關係、改善父母教養方式，以強化達成學校教育功能的基本動力。

　　根據以上分析，可見家庭背景直接影響學生學業成就，間接影響學校教育的成敗。因此，學校應以教師為主力，協調家長改善家庭生活環境及建立理想親子關係，以增進學校教育的效果。

參考文獻

呂木琳（民 67）。〈國中校長領導方式與學校氣氛之關係〉。《臺灣師大教育研究所集刊》，20 輯，頁 571–577。

林本（民 51）。《現代的理想教師》。教育部：中教司。

林清江（民 60）。〈教師角色理論與師範教育改革動向之比較研究〉。《臺灣師大教育研究所集刊》，13 輯。

林清江（民 61）。《教育社會學》。國立編譯館。

張銀富（民 63）。《國中教師參與決定與學校氣氛的關係》。臺灣師大教育研究所碩士論文。

龍冠海（民 55）。《社會學》。臺北：三民。

Banks, O. (1968). *The sociology of education*. London: Batsford.

Becker, H. S. (1961). "The teacher in the authority system of the public school," in Etzioni, A. (ed.). *Complex Organizations*. N. Y.: Free Press.

Brookover, W. B. & Gottlieb, D. (1964). *A sociology of education*. N. Y.:

American Book Co.

Canon, C. (1964). "Some variations on the teacher's role," in *Education For Teaching*. pp. 29–36

Carson, R. B., et al. (1967). Teacher participation in the community: Role expectations and behavior, Eugene, Oregon: Center for the Advanced Study of Educational Administration.

Chen, K. H. (1975). The teacher's role in England and Taiwan: A comparative study of the two societies, unpublished Ph. D. Thesis. University of Sheffield.

Dreeben, R. & Gross, N. (1965). *The role behavior of school principals*. Harvard University.

Gross, N. & Herriott, R. E. (1965). *Staff leadership in public schools*. N. Y.: Wiley.

Halpin, A. W. & Croft, D. B. (1963). *The organizational climate of schools*. Chicago: Midwest Administration Center.

Halpin, A. W. (1956). *The leadership behavior of school superintendents*. Chicago: University of Chicago.

Hargreaves, D. (1972). *Interpersonal relations and education*. London: RKP.

Hoy, W. K. & Appleberry, J. B. (1970). "Teacher-principal relationships in 'Humanistic' and 'Custodial' elementary schools," in *Journal of Experimental Education*, Vol. 39 (2).

Morrison, A. & McIntyre, D. (1969). *Teachers and teaching*. Harmonds worth: Penguin.

Murdock, G. P. (1949). *Social structure*. N. Y.: Macmillian.

Musgrove, F. & Taylor, P. A. (1965)."Teachers' and parents' conceptions of the teacher's role," in British Journal of Educational Psychology, Vol. 35(2), pp. 171–179.

Musgrove, F. & Taylor, P. H. (1969). *Society and the teacher's role*. London:

RKP.

Shipman, M. D. (1968). *Sociology of the school*. London: Longman.

Webb, J. (1962). "The sociology of a school," in *British Journal of Sociology*.

第10章 班級社會體系的分析

班級教學為現代最具代表性的一種教育型態。一個班級通常是由一位教師（或幾位學科教師）和一群學生共同組成，經由師生交互影響的過程實現某些功能，以達到教學的目標。本章從社會學觀點，將班級視為一種社會體系 (a social system)，首先闡明班級社會體系的意義，其次探討班級社會體系的有關理論，最後分析班級社會體系的功能。

第一節　班級社會體系的意義

一、社會體系的涵義

要了解社會體系的意義，首先必須探討「體系」(system) 的特質。所謂體系，是指二個或二個以上的因素，彼此之間相互依賴與相輔相成所形成的一個緊密的整體。宇宙世界有許多大小不同的體系，包括具體的與抽象的、開放的與封閉的、自然的與人為的……等（謝文全，民 67，頁 399–437）。而所謂社會體系 (social system)，乃是由二個或二個以上的人產生比較穩定的交互關係所構成。對於社會體系的分析，最具代表性的是美國二十世紀著名社會學家帕森士 (T. Parsons)。

凡是一種行為，牽涉到自我與他人之交互關係者，便是屬於社會行動 (social action)，社會體系也是由這些單位行動所組成。帕森士曾指出社會體系包括下述特性：⑴它包括兩個人或兩個以上人群的交互作用；⑵一個行動者與其他的行動者處在一個「社會情境」中……；⑶行動者之間有某種互相依存的一致行為表現──此種表現是由於彼此具有共同的目標導向（或共同價值觀念），以及彼此在規範與認知期望上的和諧 (a consensus of normative and cognitive expectations) (Parsons & Shils, 1951,

p. 55)。

可見社會體系乃是涉及人際之間的關係，以某些既成的方式 (in certain established ways) 來實現某種重要功能。而實現此種功能的機構即稱為制度 (institution)。一般社會學者多以「角色」及「角色期望」的觀念來表現一個制度的特性。帕森士也認為社會體系的概念單位 (conceptual unit) 乃是角色。角色代表個人在社會團體中的地位與身分，同時包含著許多社會上其他人所期望於個人表現的行為模式，所以角色必然是互補的，總是牽涉到人我之相對關係。一個角色也只有從這種相對的人際關係中才能顯示出它的意義。例如：研究班級教學中教師的角色，除非也同時探討學生的角色，否則這種教師角色的研究將毫無意義可言。

社會體系與社會組織 (social organization) 有時很難截然劃分。教育社會學者為了分析方便起見，常把學校當作是一種組織，而把班級當作一種社會體系。事實上，學校也是一種社會體系，社會組織與社會體系兩者都具備同樣的基本要素：即兩個以上的人，必須有固定的關係與交互作用；所有的社會組織都是社會體系，但並非所有的社會體系均能構成社會組織。其主要差別在於「組織」的含義較強調其實現某些特殊目標或宗旨，而社會體系則廣泛地指一般較具固定型式的角色關係，以作為探討社會行為的基礎。

總括言之，社會體系是指人類活動中觀念上的一個架構 (a conceptual framework)，它可用以分析各種社會團體中的結構與過程，以及人群之間相互關係的法則。因此許多學者就採取社會體系的觀點來探究「班級」這一小團體的功能及其主要角色組合──師生關係（陳奎憙，民 67，頁 215–249）。

二、班級為一種社會體系

班級為一個複雜的小社會，教師在班級中與學生維持多種角色關係，當今社會快速變遷，教師任務之多樣性與複雜性，使得教育工作本身成

為人類社會中最有趣也最困難的工作之一。許多教師曾經體驗到教育工作的樂趣與安慰，當然也有少數教師在班級教學中，由於面臨許多困境，而感到心灰意懶。

　　教師在班級中與學生的關係是多方面的，因此教師的任務也難一一列舉。有關教師教室行為的研究，均無法完全涵蓋教師全部的角色義務。唯根據一般分析，教師的重要職責約有下列幾項：教學、訓育、評鑑與選擇、輔導與諮商⋯⋯等。因此在班級活動中，教師可能擔任的角色是：有時他是學科專家，負責傳授知識與技能；有時他是訓導人員，負責學生日常生活行為之輔導；有時他是評鑑者，負責評定學生成績以為學生升級、就業之參考；有時他是心理諮商專家，幫助學生解決生活上及情緒上的困擾問題。這些職責中，有的屬於「學術性」的角色 (academic roles)，有的關係到學生健全人格的發展。

　　無論如何，教育活動乃是建立於師生之間面對面的關係 (a face-to-face relation)，由於教師是成人社會的代表者，他是班級中具有權威的人物。因此通常由他訂定教室活動的規則（當然，有時由師生共同訂定），然後要求學生遵守。教師的一舉一動，一言一行，均須學生的適當反應來配合，如此才構成教室社會體系的要件。奧瑟 (O. A. Oeser) 分析師生社會角色時，曾指出師生之間建立良好關係之四項基礎：

　　1. 教師對學生有某些行為方面的期望，例如：教師希望或預期學生遵守校規，認真向學。

　　2. 學生對教師亦有某些行為方面的期望，例如：學生希望或預期教師和藹可親，耐心指導。

　　3. 教師對適當的教師行為的看法。

　　4. 學生對適當的學生行為的看法。

　　依照奧瑟的說法，如果這四項要件都能互相配合而無矛盾之處，那麼班級活動中的學習情緒與動機即可維持。在這種情況下，處罰是不必要的；師生必能在自由愉快的氣氛下，努力於有效的學習活動 (Oeser, 1955, p. 8)。

　　師生的交互作用，事實上是經過不斷的衝突與調適，然後逐漸產生一種穩定的狀態。這種過程，從一位新教師開始擔任一個新班級的課程時可以看出；學生設法要了解教師的脾氣與教學方法，而教師也想發現每個學生的個性與程度。師生之間互相試探彼此人格與行為之彈性 (the limits of behavior)；彼此之間的衝突雖然難免，但這種試探性的衝突卻可發揮功能，導致團體中減除緊張至最低程度的情境。當師生之正常關係建立之後，他們深切了解彼此之間在班級活動中的期望，進而共同努力以求班級功能之實現。

　第二節　班級社會體系的理論

一、蓋哲爾與謝倫 (J. W. Getzels & H. A. Thelen) 的班級社會體系觀

　　根據上面對於社會體系意義的分析，可知人類社會行為都是從社會體系中產生的。有關社會體系與社會行為之間所牽涉的各種因素的探討，比較受重視的是蓋哲爾 (J. W. Getzels) 的理論模式。蓋哲爾認為人類在社會體系中表現社會行為，通常受到兩方面因素的影響：一為制度方面的因素，一為個人方面的因素。前者指制度中的角色期望，又稱團體規範面 (nomothetic dimension)；後者指個人的人格特質與需要傾向，又稱個人情意面 (idiographic dimension)，茲圖示如下：

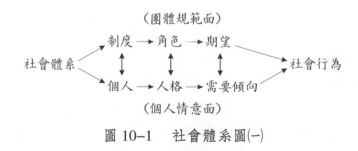

圖 10-1　社會體系圖㈠

　　基於此一理論模式,蓋哲爾與謝倫於 1960 年再運用社會體系作為概念上的架構來研究班級團體中的教師行為 (Getzels & Thelen, 1972, p. 32)。他們認為前述模式只分制度方面與個人方面,過於籠統簡略,無法將其他內在或外在的許多影響因素同時顯示出來。因此他們再將此一基本模式加以擴充。

　　就制度方面而言,社會學者一致認為社會制度無法擺脫社會文化的影響,任何制度均具有濃厚的文化色彩。因此,制度中的角色期望,必須符合於社會的一般思潮、習俗或文化價值(例如:我國文化的特質是敬老尊賢,因此,在教育制度中,自然就期望學生孝順父母、尊敬教師)。就個人方面而言,心理學者認為身與心的發展具有密切的關聯,要了解一個人的人格特質與需要傾向必須考慮其生理因素。因此,個人有機的結構、體質與潛能,對於個人的人格(包括感情、意志)具有重大的影響。基於這些觀點,蓋哲爾與謝倫將社會體系的模式重新修正與擴充。茲將新模式中各種構成因素的關係,圖示如下:

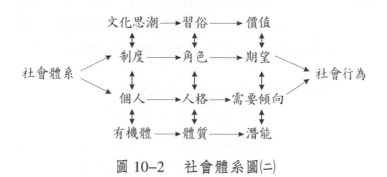

圖 10-2　社會體系圖㈡

　　蓋哲爾與謝倫認為此一理論模式可用以闡明教學情況中行為改變的問題。他們認為行為改變的途徑,可以約束個人情意的傾向,以適應團體規範的要求,此種過程稱之為「人格社會化」(socialization of personality);也可以調整制度中的角色期望,以適應個人人格的需要,此即所謂「角色人格化」(personalization of roles)。這兩種途徑之間如何

取捨或如何平衡，決定於教師的領導方式。而教師的領導方式又影響班級團體的結構與過程，以及學生學習的效果。因此，蓋哲爾與謝倫乃深入探討教師領導的問題。最後並歸納出三種領導方式，茲略述如下：

㈠注重團體規範的方式 (the nomothetic style)

這種領導方式強調行為的規範因素 (normative dimension of behavior)。因此，教師重視履行學校制度中的角色任務與角色期望，更甚於滿足他個人或學生人格上需要的滿足。運用此種方式以達有效領導的先決條件，在於師生雙方均能深切體會班級教學的目標與功能以及別人對於教師或學生角色的期望，而後師生始能共同努力，以達到預期的教學目標。

㈡注重個人情意的方式 (the idiographic style)

這種領導方式強調行為的個人因素。教師重視滿足他本人或學生人格上的需要，更甚於制度上的要求與期望。當然，此種方式並不否定教學目標的重要性，而是強調在實現目標的過程，顧及個人意願，而不以制度上的規定強迫個人接受。現代教學強調師生共同設計，其目的即在於引起學生的動機和興趣，以滿足學生情意方面的需要。

㈢強調動態權衡的方式 (the transactional style)

這種領導乃是介於上述兩者之間，採取權衡決定的方式。蓋哲爾與謝倫認為單獨運用第一種（團體規範）方式或第二種（個人情意）方式時，教師難免因各方期望與要求不能符合一致，而產生角色衝突的現象。為有效協調角色衝突，最佳途徑是採取第三種（動態權衡）的方式，亦即「了解教學過程中個人與制度兩方面的資源與限制，然後依據特殊情境之需要，對於上述兩種方式加以明智的運用。」易言之，「教學活動可以視為介於角色與人格之間的一種動態的交互作用。」(Getzels & Thelen, 1972, pp. 30–31) 根據這種看法，為了達到制度與個人目標，一位成功的教師應該充分了解教室的情境，能夠依據實際需要，權衡輕重，靈活運

用不同的教學方法。

　　這種動態權衡的領導方式，表現在班級團體中，是要在角色期望與人格需要之間取得平衡，以圓滿實現教學目標與功能。蓋哲爾與謝倫認為在制度與個人之間應該再加一個團體 (group) 的因素，作為兩者之折衝者。因為在制度與個人之間，團體生活可以形成一種氣氛 (climate)，這種氣氛影響團體中每一分子的意向 (intentions)。團體的氣氛及其成員的意向，顯然具有協調角色期望與個人需要的功能。根據這種觀點，蓋哲爾與謝倫最後乃將班級社會體系的構成因素及其關係重新調整。茲圖示如下：

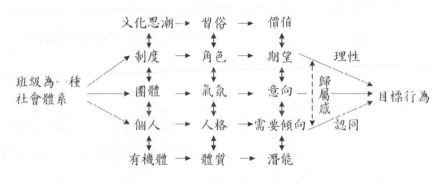

圖 10-3　班級為一種社會體系

　　此一班級社會體系的理論模式，有三個特點：(1)它強調每一個體基於生理因素，而有獨特的人格需要，但個人可以認同 (identify) 制度上的目標，將這些目標當作他個人的需要；(2)它強調制度上的要求，應該具有合理性 (rationality)，才容易被個人接受，也才有實現的可能性；(3)個人在一種良好的氣氛中，而具有強烈的歸屬感 (belongingness)，因此，他願意努力工作，一方面是為了實現團體目標，一方面自己也在工作中獲得樂趣。

　　這三項特點，對於班級教學中的師生關係，實具有非常重大的意義。要之，蓋哲爾與謝倫的理論模式主要在於強調：要了解班級團體的氣氛，

以及師生是否能依其意願順利達成教學目標，必須從社會體系中的各種因素加以探討，才能獲致事實的真象。

二、艾雪黎 (B. J. Ashley) 等人的班級教學理論模式

英國艾雪黎、柯芬 (H. S. Cohen)、及史拉特 (R. G. Slatter) 在其合著的《教育社會學導論》中，根據帕森士社會體系的觀點，參酌其他學者，如：惠赫爾 (Withall, 1949)、伊特齊尼 (Etzioni, 1961)、布雷茲 (Blyth, 1965)與佛勞德 (Floud, 1963) 等人有關班級團體的分類法，綜合歸納出一個理論模式。原來依照帕森士的分析，任何社會體系皆須具備四項條件：

㈠模式的維持 (pattern-maintenance)

即維持體系本身的價值，使其模式穩定不變。(就班級體系而言，靠什麼因素維持班級團體，使教室秩序有條不紊?)

㈡體系的統整 (integration)

即次級體系 (sub-systems) 之間彼此應該是協調的。任何社會均有社會制裁的力量以約束成員，發揮統整精神。(就班級體系而言，如何約束學生，使班級團體發揮統整的功能?)

㈢目標的達成 (goal-attainment)

即社會體系所欲達到的目標，雖然這些目標有時並不明顯。(就班級體系而言，師生在班級教學中，應實現哪些教學目標?)

㈣調適的作用 (adaptation)

即對外調適的功能，任何社會體系，應與社會文化系統協調，達成平衡發展。(就班級體系而言，如何因應外界社會的變化，而調整其內在功能?)

艾雪黎等人根據上述學者的理論為架構，將師生班級教學的模式分為三類 (Ashley, Cohen & Slatter, 1969, pp. 116–120)：

表 10-1　班級教學模式三種類型之比較

學者 類型＼特徵	惠赫爾 模式的維持	伊特齊尼 統整的方式	布雷茲 目標的達成	佛勞德 調適的作用
1	教師中心 (teacher oriented)	強制的 (cocrcive)	基本的 (elementary)	監護式的 (custodial)
2	教材中心 (subject oriented)	實利的 (utilitarian)	預備的 (preparatory)	學術性的 (academic)
3	學生中心 (learner oriented)	規範的 (normative)	發展的 (developmental)	傳教式的 (missionary)

以上三種類型的教學方式，只是在各學校運用時，有倚重倚輕之別而已，沒有一個班級的教學方式可以絕對說是屬於任何一種類型，即使最自由開放（學生中心）的學校，在某種程度上，也會考慮到教材的重要性。茲就此三種類型的教學方式略加說明：

1.第一類型：任何社會體系，不管是大是小、複雜或簡單，所面臨的最主要的問題，是如何維護本身的結構，以完成其功能。當然，這並不意味著結構不能改變，而是強調任何改變，都應在原有的基礎上求改進，而不是將整個結構破壞。此一類型的基本觀點是要將社會體系的價值經過社會化 (socialization) 的過程，灌輸於所有成員的觀念中。因此，學校教師是社會文化的代表，是良好行為的模範。在這種教學方式中，完全以教師為中心，學生只有被動接受，而無自我選擇的餘地。為了達到教學目的，它強調獎懲方式的使用，採用強制性的訓導方法來管教學生。教學的目的就是要培養學生成為守法守分，並具有健全品格的個人。因此，教育的目標是基本的 (elementary)，而對外調適的方法是監護式的 (custodial)。這種師生關係型態，可以十九世紀英國小學的教育方式作為代表。

2.第二類型：此一類型強調系統知識的重要性。教師權威的取得，是

由於他具有專門的知識與技能或較高的學歷資格。學校教師控制學生的方式是採取實利的 (utilitarian) 的觀點，亦即要求學生努力求知，以便順利通過考試、獲得文憑或學位。這種觀點顯然是把師生教學活動當作一種手段而非目的。學生求學目的，是在準備升入高一級學校或取得更高資格，以便從事更理想的工作。所以，教育的目標是預備的 (preparatory)，而對外調適的方法是學術性的 (academic)。這種師生關係型態，可以歐洲學術中學（或我國高級中學）的教育方式為代表。

3.第三類型：此一類型強調學習過程的重要性。教學過程完全依據學生身心發展的需要，教師只站在輔導的地位。學校教師應具備社會學與心理學的知識，以社會工作者或輔導人員的身分來照顧學生。控制學生的方式則以引起學生動機為主，採取民主參與方式，學生偶有錯失，亦以規勸方法達到訓導目的。此一類型的教學功能在於充分發展學生身心，以便適應未來社會生活，因而比較注重生活教育。所以教育目標是發展的 (developmental)，而對外調適的方法是傳教式的 (missionary)。這種師生關係型態，可以歐美現代新式學校的教育方式為代表。

三、華勒 (W. Waller) 衝突論對體系論的挑戰

華勒的《教學社會學》(*The Sociology of Teaching*) 首版於 1932 年付梓，當時教育社會學雖尚未有衝突論者之稱號，但晚近之教育社會學論著，皆視其師生互動觀為衝突論之早期觀點。華勒認為學校為一具有強制性的機構，而教室中的師生關係本質則是衝突的。他認為師生關係是制度化的支配和從屬的形式。教師和學生帶著原始的需欲衝突在學校裡彼此對立著，不管這些衝突有多少被化解掉，或不管有多少被隱藏起來，它仍然存在著。教師代表成人團體，乃是兒童自發自主生活的敵人。教師代表正式課程，他的興趣是將課程加諸兒童身上。

華勒認為由於世代的差異造成師生間各有不同的文化及價值觀，而彼此對於很多事情的見解及樂於從事的活動也大相逕庭。由於教師居於權力的上層，並且有學校外的社區賦予權威，所以會試著迫使學生接受

成人的價值觀及生活型式。但在此過程中，教師經常會遭遇各種困難。為了要持續不斷的進行常規訓練並提升學習成效，華勒認為教師會運用某些機制，這些機制包含命令、懲罰、管束、怒容相向 (shows of temper) 及感性懇求 (emotional appeal) 等。此外，像分級制及考試制度也是重要的強迫機制。不過這些機制也會造成師生之間關係的緊張，甚至造成教室秩序的瓦解，讓教師失去對教室的控制。但是無論如何，教師必需迅速重建秩序並加以維護，因為在這場師生的競賽中，教師有責任立於不敗之地，而學生是早已註定的失敗者。華勒指出，儘管這種師生關係體系的強制性並不受到師生雙方的喜愛，但是雙方都沒有辦法加以逃避，同時也正是這種強制性而非價值上的共識，構成了教室秩序的基礎，並且讓教室裡持續在進行一場永恆的權力爭鬥。

　　由上述可知，華勒對班級裡師生關係的論述，主要是採取社會心理學的模式，進行規範性的理論分析。在論述的角度上，也較傾向教師的視野。但相較於當時的結構功能論重視功能上的統整、核心價值、社會穩定，華勒提供了不同的理論觀點，讓我們在不同的角度上，審視班級社會體系的另一隱微層面，他的師生衝突論可視為對班級社會體系論的一種挑戰。（參見：第二章第二節）

第三節　班級社會體系的功能

　　從社會觀點來分析班級教學功能的文獻，極為稀少。帕森士於 1959 年曾在《哈佛大學教育評論》(*Harvard Educational Review*) 中發表〈班級為一種社會體系〉(The School Class as a Social System) 一文，以社會學觀點分析美國中小學班級教學的主要功能 (Parsons, 1959, pp. 297–318)。帕森士在文中詳盡探討六項「社會化的功能」(socialization function) 以及一項「選擇的功能」(selection function)。英國柯素 (R. K. Kelsall) 夫婦研究英美兩國教師角色時，亦對這兩類班級功能加以發揮，他們曾經歸納說明如下：

「教師社會化角色的第一項任務，是指導兒童從家庭中解除其情感方面的依賴性；其次是依其個人的成就來區別兒童在班級中的地位；第三，使學生對於社會價值與規範產生內在化的作用，而這些社會價值與規範應比家庭中所能接受者更高一層；第四，發展兒童對於將來社會生活中所需擔任特殊角色的「責任感」(commitment)；第五，培養兒童將來適應社會生活的知識與技能；第六，發展兒童適應社會人際關係——盡其適當角色義務的能力 (capacity)。最後，從社會的立場而言，有一種明顯的功能，就是根據成人的角色結構，來選擇與分配人力資源。」(Kelsall & Kelsall, 1969, p. 15)

帕森士與柯素等學者分析的重點，顯然包括兩方面：第一，班級活動如何發揮功能以培養個人的社會信念與知識能力，以便適當扮演個人未來的成人角色，此即「社會化功能」。其次，如何根據社會的結構與需要，將每個人按其性向與能力分配到社會上適當的位置，以達人盡其才、才盡其用的目的，這便是「選擇的功能」。這兩項功能，從社會學的觀點而言，都是非常重要的。唯本書作者認為，如果從維護學生身心正常發展的觀點而言，班級活動的另一種功能——「照顧」或「保護」的功能 (pastoral function) 也應該加以強調。茲將此三項班級活動的重要功能，略加分析：

一、社會化功能

所謂社會化，就是社會與個人相互感應與學習模仿的歷程，個人由此而接受社會上各種知識、技能、行為模式、與價值觀念，從而圓滿參與社會生活，克盡社會一分子的職責。這是一個終生的歷程，已於本書第三章加以闡明。在漫長的社會過程中，「從初入學校到離校就業與結婚這段時間中，班級可以說是社會化最重要的一個單位。」(Parsons, 1959, pp. 297–318)

依帕森士的分析，班級社會化功能，可以概括地分為發展個人的「責任感」與培養個人的「能力」。「責任感」可再細分為兩種：第一，附從

於社會的共同價值體系；第二，盡其在社會結構中特定的角色義務。同樣地，「能力」亦可分為兩種：第一，扮演個人角色所需具備的知識與技能；第二，扮演社會角色時，能符合他人的期望，表現適當角色行為的「社會能力」。

在討論教師於兒童社會化過程中所擔負的任務時，霍依里 (E. Hoyle) 曾指出教師可以被視為教導者 (teacher-as-instructor)，也可被視為示範者 (teacher-as-model)。在社會化過程中教師要幫助兒童獲得將來生活上的各種知能，當然需要某些教導活動（例如：文字之運用、基本計算能力之培養等），而且在某種程度內，也可以用直接教導的方式讓學生遵從社會價值與規範。但是，教導與社會化並非完全相同的過程。霍依里 (Hoylc, 1969) 對於兩者的區別，曾加以說明如下：

「教導與社會化並不完全一樣，因為社會價值與規範的陶鑄，並不能完全在直接而明顯的教學活動中產生。語云：價值觀念只能體會而不能明示 (Values are "caught and not taught.")，此即說明社會價值與規範只能在師生交互作用中透過極為微妙的方式 (in subtle ways) 才能獲得的。有效鼓勵學生將某種特殊價值體系加以內在化，端賴教師本身對於此類價值能夠先具體表現。因此，教師的適當角色是作學生行為的模範。」(pp. 14–15)

教師以高尚人格作示範，學生受其感召，而在行為與思想上，隨著這位他所崇拜的教師亦步亦趨，此即社會心理學上的認同作用 (identification)。經由認同作用，學生將這位教師的高尚人格特質加以吸收，而成為自己人格的一部分。因此，透過教師的示範，讓學生將社會的價值與規範內在化，是社會化過程中一種最具有重要意義的方式。（參見：第三章第一節）

在班級活動中，教師的影響固然重要，而同輩之間的友伴也同樣扮演重要的角色。例如：在上課以外的時間，兒童及青少年在同儕團體中，沒有父母、教師的監督與約束，一切的社會歷程均在自然的法則下進行，各依其能力的高低及其努力的成就，而獲得某種角色。馬斯格雷夫

(Musgrave, 1965, p. 246) 說：「教師一向強調其教學與訓導的功能而忽略同儕團體本身也在教育兒童。其實，這種教育過程雖然不易覺察卻是真實存在的。」

因此，探討社會化過程時，最好將家庭、學校、與同儕團體等一併考慮。兒童由家庭進入學校後，他成為同儕團體（班級）中的一分子，他必須把在家庭中所學得的一切行為方式與價值觀念在班級團體中嘗試表現。如果發現扞格不入，無法適應，則他必須對自己的人格重加檢討改進，以便圓滿參與團體生活。因此，研究班級社會化功能，應該同時考慮教師、同學友伴兩方面的影響因素，始能把握其真義。

二、選擇的功能

班級不但是個人社會化過程中的一個單位，從社會的立場來說，它也具有選擇與分配人力的功能。此項功能在當今複雜多元化社會中顯得日益重要。因為社會繁榮、資訊發達，各種行業亟需較高技術的人力，傳統上以家庭為基礎，世代相傳的簡單技能、或經由師徒制度而習得的手工技藝，已經無法適應當前高度工業化與資訊化社會的需要，新興的特殊科技大多需要經由正式的教育（或訓練）機構來培養。因此，教育的經濟功能日受重視，而各種新行業所需人力必須具備較高教育程度與較高技術水準，顯然是當今職業結構變化中的共同趨勢。

威爾遜 (Wilson, 1962, pp. 15–23) 曾比較傳統社會與現代社會決定職業選擇的不同方式，前者（指傳統社會）通常是子從父業、克紹箕裘，而後者（現代社會）一個人的職業選擇往往決定於學校教育的過程；易言之，這種選擇是決定於教育制度本身而少受家庭因素的影響。柯素也強調由於各國教育與職業水準不斷提高，學校教育的過程必須成為選擇人才的重要途徑。雖然選擇與安置的功能在整個教育過程的最後階段才日益複雜與重要，但是「這種選擇的過程卻是開始於學校班級中，根據學生表現而來的分化作用。」(Kelsall & Kelsall, 1969, p. 26)

關於學生在學校班級中的表現，與其將來升學或就業是否密切相關

的問題，根據帕森士的分析，答案是肯定的。帕森士認為小學生在學校的成績可作為選擇的基本標準。因為依早期成績分化的結果，常常決定一個學生是否能夠進入大學，進而決定一個人一生的事業與前途 (Parsons, 1959)。

二十世紀教育社會學的研究對於有關教育與社會流動 (social mobility)、人力供需 (labor market) 的問題，頗為注意 (Halsey, et al., 1961)。由於現代化社會不但職業水準提高，職業的流動性也日益增加，使得學校教育不得不強調選擇與安置的功能，學校教育提供個人上進的階梯，使聰穎的學生有機會依其個人能力達到比他的家長高一層的職業地位。就班級中的教師的功能而言，他可以決定一個學生的升留級、指導學生參加校內外考試、提供建議給學生與家長作為升學或就業的參考。

就整個教育歷程而言，在小學階段，無疑地應該強調社會化功能，而中等以上學校應逐漸兼顧選擇的功能。因此，我國國民中學目標之訂定與課程之安排關係整個教育發展至深且鉅。國民中學的目標雖是多方面的，但如能給學生充分機會試探其個性才能，並有效指導學生選擇其未來升學或就業的途徑，使學生個個都能往最適合其個性才能的方向去發展，那麼，國中教育的理想也就差不多實現了。

三、照顧（或保護）的功能

傳統上，教師在班級中的主要角色乃是負責學術性 (academic) 的傳道、授業與解惑的工作，所以教師可以說是學科方面的權威者。班級教學偏向於教師指導與控制的知識傳授活動，幾乎談不到為學生提供任何「服務」方面的功能 (service function)。二十世紀初以來，各國教育發展的共同趨勢，在於強調教師在教學以外，應兼負有關學生福利與照顧學生身心方面 (a welfare and pastoral aspect) 的責任。此種功能關係學生健全身心之發展，自然不容忽視。

照顧或保護的功能是指對於學生身心發展方面的照顧。雷德 (F. Redl) 與華登保 (W. Wattenberg) 在其合著《教學的心理衛生》(*Mental*

Hygiene in Teaching) 一書中，曾探討教師在班級教學中所應實現的對於兒童心理方面的照顧功能。教師在這方面的功能可以說是無窮盡的，他可能扮演包括從警察（policeman，或譯秩序的維護者）到父母的代理人 (parent surrogate) 等一系列各種不同的角色，這些角色的變化可依師生之性別、年齡、種族、社會背景等各種因素而決定 (Redl & Wattenberg, 1951)。從心理衛生觀點而言，教師在班級中的角色應重積極的輔導而避免只顧消極的維持秩序。適當的身心輔導工作，不但可免除學生緊張的情緒，亦可及早發現學生身心發展上的缺點。如有必要，可介紹其接受進一步心理或醫學的檢查，而能在這些症候未趨嚴重之前獲得適當的診治或補救的機會。勒弗 (Leff & Leff, 1959) 在《學校保健服務》(*The School Health Service*) 一書的導論中說：

「學校中的兒童常面臨許多身心方面的困擾問題，因此他們需要特別保護。即使一些輕微的視聽障礙亦可能對一個兒童產生嚴重的後果。」(pp. V–VI)

近年來，各國政府對於兒童福利措施，不斷改進。學校保健工作、輔導工作、與社會工作，都在加強推行。諸如：協助學生獲得必要的健康服務、改善學校與社區的環境衛生、增進學生及其家長的衛生常識、以及改進課程以適應個別學生的需要等等。此外，定期健康檢查、供應營養午餐、安排課外活動、實施親職教育、以及設立輔導諮商中心，都是著眼於保護學生身心發展的必要措施。

學校的輔導工作 (guidance service) 已經在國內積極推行。輔導的範圍固然包括學業、人格與就業三方面，但是，保護學生身心健全的發展，無疑地為其工作重點之一。關於輔導與諮商理論，國內外專家著述甚多，不必贅言。唯目前對於學校的輔導工作，仍有些值得討論的問題。例如：在傳統權威式的管教方法與新興民主式的輔導方法之間如何加以協調？輔諮人員應由專家擔任或由教師兼任？如何使學校輔導工作充分發揮功效，而避免流於形式？如何加強對學生社會背景的了解以作為輔導的依據？這些都是當前亟待深入探討，並設法解決的問題。

參考文獻

陳奎憙（民 67）。〈師生關係的理論模式〉。臺灣師大教育系主編:《教育原理》。臺北: 偉文。

謝文全（民 67）。〈系統的特性與其對教育人員的啟示〉。載於臺灣師大教育系及教育研究所主編:《教育學研究》。臺北: 偉文。

Ashley, B. J., Cohen, H. S. & Slatter, R. G. (1969). *An introduction to the sociology of education.* London: Macmillan.

Blyth, W. A. L. (1965). *English primary education*, Vol. 1. London: RKP.

Etzioni, A. (1961). *A comparative analysis of complex organizations.* N. Y. Free Press.

Floud, J. (1963). "Teaching in the affluent society," in *The World Yearbook of Education.*, 1963.

Getzels, J. W. & Thelen, H. A. (1972). "A conceptual framework for the study of the classroom group as a social system," in Morrison, A., et al. (eds.). *The social psychology of teaching.* Harmondsworth: Penguin.

Halsey, A. H., Floud, J & Anderson, C. A. (Eds.) (1961). *Education, economy and society.* N.Y.: Free Press.

Hoyle, E. (1969). *The role of the teacher.* London: RKP.

Kelsall, R. K. & Kelsall, H. M. (1969). *The school teacher in England and the United States: The findings of empirical research.* London: Pergamon.

Leff, S. & Leff, V. (1959). *The school health service.* London: Lewis.

Musgrave, P. W. (1965). *The sociology of education.* London: Methuen.

Oeser, O. A. (1955). "Society in miniature: The social roles of pupil and teacher and their relevance to the acquisition of knowledge," in *Teacher, Pupil and Task.* London: Tavistock Publications.

Parsons, T. & Shils, E. A. (eds.) (1951). *Toward a general theory of action.* Cambridge, Mass: Harvard University Press.

Parsons, T. (1959). "The school class as a social system: Some of its functions in American society," in *Harvard Educational Review, XXIX*. Reprinted in Halsey, A. H. et al. (eds.) (1961). *Education, economy and society*. Part II.

Redl, F. & Wattenberg, W. (1951). *Mental hygiene in teaching*. N. Y.: Harcourt, Brace & World.

Wilson, B. R. (1962). "The teacher's role: A sociological analysis," in *British Journal of Sociology*, Vol. 13 (1).

Withall, J. (1949). "The development of a technique for the measurement of a social-educational climate in classrooms," in *Journal of Experimental Education*, 17.

第 *11* 章　班級社會體系中的師生關係

師生關係為學校社會環境中最重要的一面。本章討論班級社會體系中的教師角色與師生關係，首先探討教師權威的問題，其次分析班級教學的型態，第三，討論教師的角色衝突，最後探討教師領導方式、班級氣氛與學生成就之關係。從這幾方面的分析討論，對於師生之間的社會關係可以獲得進一步的了解。

第一節　教師權威的探討

一、教師權威的來源

在探討師生關係時，一定牽涉到教師權威的問題。教師應具有某種程度的權威，應無疑義，否則他將無法指導學生、影響學生。這裡所要探討的是：教師的權威應該從何而來？應該得自於其所具備的資格與教學的表現，或是建立於其人格感召的力量，或者，教師的「身分」就應代表他的權威。

權威的概念，正如其相關概念——權力、影響、領導——一樣，普遍地被使用於各種社會科學的研究中。畢保德 (Peabody, 1968, p. 473) 曾對權威一詞的不同定義，歸納出下述特性：

1.權威代表一個人的「特權」(property)，尤其是指一個人或一位占有某種職位的人，有發號施令之權力。

2.權威代表兩種職務之間的「關係」(relationship)，其中一為長官一為部屬，彼此之間承認這種關係是合法合理的。

3.權威代表一種意見溝通的「特質」(quality)，透過這種溝通方式，意

見乃被接受。

4.上述一種或多種合理形式的定義中,所引申而來的許多變化性意義。

因此，畢保德認為「權威」乃是人類行為的基本現象。事實上，在每個社會體系中都各有不同形式的權威。諸如：在家庭中的父母權威，在小團體中的非正式權威，在學校、教會、軍隊、工廠中的組織或科層權威，以及在國家或國際組織中的政治權威，都是明顯的例子。雖然運作的形式與影響的程度各不相同，這些權威的存在是毫無疑問的。

韋伯 (Weber, 1964) 將權威的來源分為三種類型：⑴傳統的權威 (traditional authority)；⑵人格感召的權威 (charismatic authority)；和⑶法理的權威 (legal-rational authority)。第一類（傳統）的權威是統治者根據習俗與傳統，以世代因襲的身分來運用其權威；第二類（人格感召）的權威乃得自於領導者神聖化的人格吸引力；而第三類（法理）的權威則表現於當代科層體制，領導者以其法定職務來發號施令，一切權威都是典章制度所認可。這種權威，依照韋伯的看法，是在當今社會組織中所應強調的一種理想的形式。

根據上述韋伯的分類法，就實際情況看來，我國教師多少兼具三種權威來源。因為，第一，我國教師一向代表社會文化道統的繼承者，由於傳統尊師重道的觀念，教師的身分或地位自然為社會大眾與學生所尊崇。其次，一般認為教師應具備某些人格特質，才能感化學生，達到變化學生氣質的教育效果。第三，就近代教育發展趨勢而言，教師必須接受專業訓練，取得法定資格，然後才能擔任教職。由此可知，我國教師就目前情況而言，多少兼具「傳統」、「人格感召」、與「法理」三種權威。但本書作者認為一位合格而優秀的教師，尚須具備專業的知識與技能，並且在教學方面有優異的表現，以贏得學生的信賴，此即所謂「專業的權威」(professional authority)。

二、傳統的教師權威

強調傳統權威的學者，認為教師是成人文化的代表，是良好行為的

模範。例如涂爾幹 (Durkheim, 1956, 1961) 即認為教育家代表道德的權威；他是社會道德與社會文化的促進者。他認為兒童敬畏教師，是因為教師站在成人的地位，而且代替國家社會實施教化。華勒 (Waller, 1932, 1967, p. 196) 在其《教學社會學》(The Sociology of Teaching) 一書中強調教學活動是一種制度上的領導 (institutional leadership)，意即教師的權威與聲望乃得自於其制度上之地位，而非由於個人的表現。而且，華勒認為，教師應先獲得這種權威的地位，而後教學始能進行。易言之，華勒認為教師的教學是否成功，端賴這位教師是否建立其權威形象 (authority-figure)。華勒既認為師生關係是一種制度化的「支配─從屬」的關係，所以，彼此之間含有潛在的對立感情。因為教師代表成人社會，與兒童自發性的生活欲望是相對的。(參見：第二章第二節) 華勒一方面強調師生關係的對立與衝突，一方面他又認為教師仍有較大權威，教師在相對狀態中仍占優勢。「事實上，他必須占於優勢地位，否則他不能成為教師。」

　　涂爾幹與華勒的分析，是著眼於五十年前的歐美社會，當然有些觀點並不適合目前我國社會情況。但是，對於教師權威的問題，他們卻提出傳統上的看法，可作為進一步探討的依據。

　　涂爾幹與華勒的理論，都認為教師代表社會權威，所以對學生具有絕對的影響力量。當然，在傳統社會強調教育要改變個人氣質，培養具有道德品格的個人，以符合社會要求。這種觀點，迄至目前仍有其價值。唯在複雜的資訊化與民主化社會中，文化變遷如此快速，教師是否能絕對地代表社會道德權威，以及師生關係是否必然地互相對立，似乎不無商榷餘地。事實上，「目前幾乎沒有一位教師能夠僅依賴他的經驗與文化背景，而期望學生自然地承認他的優越地位」(Westwood, 1967)。既然，教師傳統地位權威已逐漸削弱，其道德權威亦非完全是自明之理 (self-evident)；那麼一位教師如何獲得學生的敬仰與信賴呢？當然，只有求之於教師專業的知識技能與人格的影響力了。

三、現代的教師權威

英國教育學者史都華 (Stewart, 1968) 在分析進步社會的教師角色時，強調在當代價值多元化的社會中，教師所擔任的道德與規範的任務，較過去傳統社會更為艱鉅與重大，因為社會上其他機構（例如家庭、宗教團體）對這方面的功能與影響力量已大不如從前。但是，他認為教師的道德權威，卻不能再得自於其「教師」之身分與地位。他說：「一個進步的社會，一切事情都不易把握。因此，要徹底了解這個社會，有其必要，亦有其困難，這對教師是一種考驗。」又說：「教師已被認為是文化的傳播者，傳授知識、訓練技術、並擔負其他許多任務。由於兒童潛能及獨立性之發展，教師功能亦趨分化。目前趨勢，教育制度本身已被認為是一種能提供良好知識與技能服務的組織。」(Stewart, 1968, p. 21)

事實上，現代教師擔任教學工作，對所任科目必須專精，但是，具備學科知識仍然不夠，教師仍須講究教育專業的知識與技能，然後才能使教學有效實施。傳統的權威，既不值得依賴，教師只有以其專門的知識與技能、專業的精神與方法，從實際的教學表現，獲得教師的權威。教師應能從教學活動中，表現其在知識、技能、社會性、人格情操各方面，是一位值得學生信賴的專業工作者，而不應再以「地位偶像」(status figure) 自居；這種教師地位偶像只能讓學生表面服從，而內心卻潛藏著反抗的意識 (Castle, 1970, p. 227)。

皮特斯 (Peters, 1959) 在探討權威的性質時，曾評論韋伯的三種權威來源。他說：「由於科學的進步與道德觀念的發展，傳統的權威已被遺棄。但是，科學與道德並不單純地要求以法理的權威來取代之，它們有時亦為人格感召的權威預留發展的餘地。」(pp. 23–24) 顯然，皮特斯認為，法理的權威與人格感召的權威，在今後社會中值得同時提倡與發揚。因此，就教育工作性質而言，一位教師不但必須具備專業的權威（可廣義地包括法理的權威），而且必須在人格上具有某種程度的感召力量，如此才能贏得學生的信賴與敬仰。

⟫⟫ 第二節　班級教學的型態 ⟪⟪

一、決定教學型態的因素

自從華勒在 1932 年出版《教學社會學》一書以來，社會學者很少從事有關教室中師生社會行為的研究。他們比較注重教師在社區中的行為，以及在社會上的地位，而對於師生關係的研究卻相當的忽略。因此，有關教學的型態與過程的科學性與系統性的研究，幾乎都是由教育學者來從事。他們想探討：如何透過適當的教室組織與培養良好的教室氣氛來獲致最高的教學效果。

美國教育研究協會 (American Educational Research Association) 於 1963 年出版第一本《教學研究手冊》(*Handbook of Research on Teaching*) 後，於 1973 年再出版第二冊。許多專家學者，均從各種角度分別探討有效教學的各種因素：從許多研究報告中，可以知道教室行為之觀察與分析，是一件困難而且費時的工作。不過，相信由於社會科學家的共同努力，將來一定有更多研究成果，使吾人更能深入的了解複雜的師生關係。

近幾十年來各國教育學者與心理學者，不斷研究班級教學型態之改進，以期促進學生學習的效果，依據華倫與崔拉弗斯 (Wallen & Travers, 1963, pp. 448–505) 之分析，教學型態與設計，必須基於兩方面的考慮：(1)是根據一種道德的理論來決定教育目標，然後設計適當的教學方法實現此一目標；(2)是根據一種行為的理論，闡明某一特殊學習的有效條件，藉以達成最佳學習效果。根據這兩大基礎，可再細分決定教學型態的幾種因素如下：

㈠教學傳統的影響

例如：一位教師所採用的教學型態，係以他自己學生時代受教的方式為準。

㈡社會環境及教師本身的背景

例如：教師往往以中層社會階級的觀念來教導學生。

㈢哲學思潮的影響

例如：一位教師崇拜福祿貝爾或盧梭，則以他們的教育理想為教學的張本。

㈣教師個人的需要

例如：一位教師採用演講法，因為他需要滿足自我表現的欲望。

㈤學校或社區的情況

例如：一位教師採用較正式或較嚴格的教導方式，係出自於校長或家長的要求。

㈥根據對於教學的科學研究的結果而來

即經過客觀的、系統的分析比較，最後決定教學的方法或型態。

二、班級教學型態的分類

由於上述各種因素的影響，在教室情境中，可發現許多不同種類的師生交互關係的型態。每一種型態可適應某種特殊的目標，滿足某種特殊的需要；但很難斷言何種型態在一切情況中均能應付裕如、完美無缺。奧瑟 (Oeser, 1955, pp. 50–63) 曾根據五種不同的情境，提出五種可能的教學型態，茲分述如下：

㈠「演講」(lecture) 的型態

即教師講、學生聽。師生之關係只是單向溝通，既無師生的問答，亦無同學之間的討論。教學活動僅限於學生之傾聽、理解與吸收。此種型態，可以說是以教師為中心的被動性學習活動。

㈡「演講—討論」(lecture-discussion) 的型態

在此情況中，教師鼓勵學生自由提出問題，但教師仍居領導地位，

教師可直接解答問題，亦可要求其他同學回答。此種型態，仍以教師為中心，但逐漸移向合作與主動的學習活動。

㈢「積極學習」(active learning) 的型態

在教師指導下，學生可以互相討論、互相幫助。最通常的例子是在實驗室的課程與活動。教學過程可依實際情況，或強調教學目標的需要、或強調學生興趣的需要。此種型態可以說是一種合作的學習活動。

㈣「獨立計畫」(independent planning) 的型態

在此情況中，一切活動由學生自行計畫、自行實施，教師僅居於專家顧問的地位。學生可依自己意願加入活動小組。這種型態可以說是以學生為中心的教學活動。

㈤「分組討論」(discussion group or seminar) 的型態

即由師生混合分組，以便討論（或解決）某一特殊問題。在此情況中，教師成為小組中的一分子，只是他的知識技能與經驗較豐富，可能作較大的貢獻而已。在這種型態中，教師仍具有潛在的影響力；但因為他是成員之一，所以並不明顯表示其特殊的身分。

綜觀上述，由第一至第四類教學型態，顯然是由教師中心逐步推移至學生中心，由被動學習逐漸轉移至主動學習的方式。易言之，這種轉移是一面逐漸增加學生參與，一面逐漸減少教師干預的過程。至於第五類教學型態，教師的地位可說幾乎不存在了。

此處必須強調一點，這五種類型的劃分，只是為了便於說明，並不意味著後者優於前者。因為教學情境極為複雜，沒有任何一種教學型態可以適用一切情境，而能獲致最佳效果。所謂有效教學，即是指一位教師能夠依據班級學生的程度、人數與背景、教材的性質、師生的需要、以及教學所欲達到的目標等等因素，詳加考慮，然後決定適當的教學型態與方法。一位教師必須明智地了解他所處的情境，選擇最理想的教學類型。他當然可以隨機改變教學的型態與方法，但必須基於這些因素的

考慮，而非僅僅為了維護教師個人的「尊嚴」。

～～～ 第三節　教師的角色衝突 ～～～

一、教師角色衝突的情況

有關教師角色衝突的研究文獻很多，如果從班級社會體系的理論模式來探討，則教師在班級教學過程中可能面臨的角色衝突的情況，可以歸納為下述幾種：

㈠校內外價值觀念的衝突

這是社會習俗的要求與學校制度本身對於教師期望不符，使教師感到左右為難。例如：在升學主義的影響下，家長要求教師補習，但在教育理想與法令限制下，校長禁止教師惡性補習。

㈡個人的人格需要與制度上的角色期望之間的衝突

一個無意獻身於教育工作之教師，其言行不符合教師角色期望，因而誤人子弟；或學校的職務分配不符合教師個人的志趣，因而服務情緒低落。

㈢角色組合 (role-set) 中，不同的人對教師角色有不同的期望

教師角色組合中，包括校長、學生、家長、督學、社區人士等不同身分的人，他們對教師的角色期望常不一致，因此使教師感到無所適從。

㈣一位教師承擔二種或二種以上角色時所產生的角色衝突

教師在校內、外常同時扮演多種角色，如一位女教師在家為主婦或母親，在校兼導師或兼舞蹈教練，常感到分身乏術，無法兼顧。

㈤教師個人內在的衝突

這是個人潛能與需要傾向不符，如：教師因能力有限，無法施展抱

負；或理想與實際不符，如：因體罰學生而產生心理上的矛盾、不安與困擾。

　　從社會身分 (social position) 來看上述教師角色衝突的情況，可以區分為角色內衝突 (intrarole conflict)，指位居一個社會身分但是有不同的社會期望；及角色間衝突 (interrole conflict)，指具有不同的社會身分，其間的期望不協調所產生的角色衝突。從這類區分來看，第一項與第三項屬於角色內的衝突，是對於教師這一角色有不同的社會期望，可能來自於社會整體或社會體系中其他各角色的人。第二、四項較屬於角色間的衝突，教師同時擔任不同的社會角色，或對於自己擔任的社會角色並不認同，未能投入於教師角色中所產生的角色衝突。

　　在資訊社會中，科技正以快速的腳步進入班級中，許多學者開始研究班級中新科技革新對教師角色的影響 (Biddle, 1997, p. 506)。這些學者指出，傳統的角色保證教師在班級中的中心權威，但新科技的出現讓教師的角色不再是班級的中心 (decentralized)，教師出現新的功能，其角色成為幫助學生透過新科技自行學習，教師角色的轉移因而產生困難，這其中顯現教師角色衝突的另一項因素——社會變遷。

二、價值導向的模式與教師角色的變化

　　帕森士在分析社會體系中的角色行為時，特別重視價值導向的作用。他認為一個人的行為通常是透過五種配對形成的價值導向的抉擇而表現，他稱之為「價值導向之模式抉擇」(pattern alternatives of value orientation)，或簡稱之為「模式變項」(pattern variables)。一個人在開始行為表現之時，必須就兩種極端不同的行為方向作一個價值的選擇。本書作者曾根據此五種「模式變項」分析教師角色的變化（陳奎憙，民 65）：

㈠感情性對感情中性 (affectivity vs. affective neutrality)

　　此一變項係指行動者與他人接觸時，必須考慮究應付出多少感情成分，多少理智成分，要在付出無限的同情與關懷（近於縱情）與面對現

實、避免感情因素（近於寡情）之間，加以適當的抉擇。現代教師對於學生應採取的態度，應該是理智的關懷、了解與輔導，而盲目的「溺愛」或嚴苛的「管束」均非所宜。在複雜資訊化社會的今天，教育趨向企業化與自動化，師生感情已遭沖淡。教師如何維持適當的教育愛，是值得加以重視的問題。

㈡廣布性對專門性 (diffuseness vs. specificity)

此一變項係指行動者與他人之接觸，係廣泛涉及於生活領域的各方面，或僅限於專門性質的一面。由於角色性質不同，有些人際關係僅止於特殊的一面（例如店員與顧客的關係），有些則必須廣泛涉及多種性質而面面俱到（例如父母與子女的關係）。教師對學生的關係，可能介於兩者之間，依教師的自我角色觀念而有倚重倚輕之別。傳統教師強調「社會化」功能，主張完整人格的教育，顯然偏重廣布性的師生關係。現代教師亦重「選擇」的功能，強調學生應學有專精，並能學以致用，因此，師生感情逐漸趨於「中性」，而角色任務也逐漸「專門化」了。今後教師應如何擴展他與學生的接觸面，不但為經師而且為人師，也是值得加以考慮的問題。

㈢普遍性對獨特性 (universalism vs. particularism)

此變項係指行動者在評估他人時是根據普遍客觀的標準或是以自我的價值體系與對方之個別狀況酌情決定。這是公平與合理的問題。教師經常要考查學生成績，究應維持公正無私的普遍性原則或考慮個別情況來斟酌決定而採取獨特性原則，教師可能面臨左右為難的情境。一般認為教師在大原則方面不應該有例外（例如校規所訂條文），而在細節方面可以權衡處理，不過在斟酌個別情況時，不宜摻雜教師個人好惡的感情，而應訴諸於理智的判斷。

㈣成就對歸因 (achievement vs. ascription)

此一變項與前述「普遍性」對「獨特性」有相當的關係。一般而言，

重「成就」者比較強調「普遍性」原則，重「歸因」者則比較偏於「獨
特性」原則。教師對學生所持態度，究應著眼於其實際「表現」
(performance) 或應考慮其「本質」(quality)（例如：年齡、性別、智力、
體力、種族、家庭背景等因素），也是涉及教師價值判斷的一個問題。

㈤自我導向對集體導向 (self-orientation vs. collectivity orientation)

　　此一變項係指行動者究應考慮個人本身的需要為一己設想，抑或應
為自己所屬的團體而行動。易言之，教師究應優先考慮其經濟報酬、工
作條件、與升遷機會，或應以整個教育發展為重（包括為學生設想），強
調服務的觀念，而不斤斤計較個人的得失。此一變項又涉及個人目標與
團體目標統合的問題，一般認為，兩者應獲得適當的協調。

　　總括上述五種價值導向的模式及師生關係變化的分析，可知在當今
複雜的資訊化與民主化社會中，文化變遷如此迅速，社會價值觀念趨向
多元化；加以學校組織擴充，師生人數日益龐大；更由於大眾傳播與電
腦網路的發達，知識與價值的傳授，已經趨於多途並進，不僅限於師生
班級教學。因此學校教師的角色與地位乃面臨空前的考驗。一般而言，
在前述五種模式中，現代社會的價值導向已經由「感情性」趨於「感情
中性」，由「廣布性」趨於「專門性」，由「獨特性」趨於「普通性」，由
「本質」趨於「表現」，由「集體導向」趨於「自我導向」。但是，教育
工作性質特殊，在「傳統」與「現代」社會交替的過程中，師生關係的
價值導向應如何抉擇，或應如何協調與統合，實在是一個值得加以深入
探討的問題。

第四節　教師領導方式與班級氣氛

　　無論教師權威的性質如何改變，也不管教學的各種型態如何運用，
在師生關係中，一定具有某些權力、影響、依賴等作用。教師必須在教
室中擁有較大權力與影響作用，以便刺激、指導與鼓勵學生學習，而學

生在學習過程中，也必定會面臨困難的情境，須依賴教師幫助解決。因此，一般學習過程的分析，都強調師生之間並非對等的關係。教師總是站在優勢的一方，在教學活動中，居於領導的地位。

關於教師的領導方式以及班級氣氛的研究，幾十年來，教育學者與心理學者均不斷在進行，而且發表了許多有價值的文獻。許多社會科學家，更是以學校社會關係為研究對象，開拓另一學術研究領域，即：教育的社會心理學 (The Social Psychology of Education) 或教學的社會心理學 (The Social Psychology of Teaching)。他們想應用社會心理學的理論，來分析教育環境中的人際關係，也希望從教育或教學活動的研究中，來證實或充實社會心理學的理論。師生在教室中的行為，當然也是這一派學者研究主題之一。本節首先介紹有關教師領導的方式，然後探討班級氣氛與學業成就的關係。

一、有關教師領導方式的研究

最早有系統地研究教師行為與班級氣氛的，可能是美國的安德森 (H. H. Anderson)。安德森和他的同事在一項研究中，將師生交互行為劃分為兩類：一為「控制型」(dominative contacts)，一為「統合型」(integrative contacts)。前一類教師行為包括：命令、威脅、提醒與責罰；後一類教師行為則包括：同意、讚賞、接受與有效協助等。安德森研究的結論發現，當教師行為傾向控制型時，學生對於學校課業顯現較多的困擾，而對於教師領導，一般而言較為順從，但有時反抗亦較激烈；當教師行為傾向統合型時，學生表現較能自動自發解決問題，而且也較樂意為團體貢獻力量 (Anderson, 1943, pp. 459–483)。

大概與安德森同一時期，另有一種實驗研究。這就是有名的李比德與懷特 (Lippitt & White, 1943) 的領導方式的研究。李比德與懷特以一個青年俱樂部中，領導人員的不同領導方式，來研究其對於青年行為的影響。他們將領導的方式分為三種：(1)專制式 (authoritarian)；(2)放任式 (laissez-faire)；(3)民主式 (democratic)。此項研究的結論，約可歸納為下

述幾點：

1.不同的領導方式，可以產生不同的社會氣氛與不同的個人行為；

2.在放任式領導下的一群青少年，各方面表現均差；

3.在專制式領導下的青少年，對領導者或其他同伴具有較大的侵犯性；

4.在民主式領導下的青少年比較能互相友愛，同時表現較具群性與自發性；

5.如領導者在場時，專制式領導所獲得的工作效率略勝於民主式領導 (Lippitt & White, 1943, pp. 485–508; 1947, pp. 496–511)。

安德森與李比德等人的研究，都得到相同的結論，即：民主的領導方式對於學生的行為，具有良好的影響作用。這些早期研究者的貢獻並不在於其結論，而在於他們所提供的觀念與研究方法，給以後繼續研究者很多的啟示。

佛朗德斯 (N. A. Flanders) 以「教師影響」(teacher influence) 的概念來探討師生關係與班級氣氛。他將教師影響學生的方式分為二類：(1)直接的影響，例如：教師提出自己的觀念與看法、指導學生活動、批評學生行為、強調教師的權威；(2)間接的影響，例如：誘導學生提供意見、鼓勵學生參與教學活動、澄清並接受學生的感情，傾向開明的態度與民主的作風 (Flanders, 1963, pp. 37–52)。佛朗德斯的研究結論並不認為間接的影響必定是理想的方式，也不認為直接的影響應該摒棄。佛氏認為只要學習的目標明顯，直接影響對學生行為與態度的培養，仍然可以同樣收效。當然，直接與間接影響的方式，在取捨之間，應該適應學生的年齡、程度與實際教學情境。現今一般認為教師具有彈性教學的觀念、能靈活運用各種不同的教學方式，是教學成功的重要條件。佛朗德斯與亞米唐 (E. J. Amidon) 經兩年的研究，結果也發現教師影響的變異性，他們強調：「教師彈性教學的運用顯然比直接或間接影響的觀念，對於成功教學更具有預測的功能。」(Amidon & Flanders, 1967, p. 80)

蓋哲爾與謝倫在分析班級社會體系時，將教師領導方式分為三種類型。(參見第十章第二節) 第一種是注重「團體規範」的方式，傾向於要

求學生符合團體的角色期望，實現班級團體的目標，第二種是注重「個人情意」的方式，傾向於允許個人欲望的表現，滿足學生的興趣與需要。第三種是強調「動態權衡」的方式，是依情境的變化，在角色期望與個人需要之間靈活運用以取得動態平衡。這種彈性教學的觀念與上述佛朗德斯的研究發現，可以說是互相脗合的。

有關教師領導方式的研究，為數甚多不勝枚舉，此處毋庸贅述。至於教師領導方式的分類，大體上都是根據學習的過程，是傾向於自律或是他律的性質；易言之，就是依據教學活動是傾向於教師中心或者學生中心。如就上述所介紹的各種研究所採用的分類法加以整理，可以歸納如下：

㈠教師中心型

包括控制型、專制式領導、直接影響、注重團體規範的方式等。

㈡學生中心型

包括統合型、民主式領導、間接影響、注重個人情意的方式等。

此外，如伊特齊尼所歸類的「強制式」與「規範式」；帕森士的「感情中性」與「感情性」，也都是顯著的例子。

然而，這種兩極分法，在測量程度時不易精確，有時顯得太過單純，而且不自然。因此有些研究者並不採用這種分法。例如：雷安 (Ryans, 1960) 在研究教師的品質時，曾設法分析並建立教師行為的一般類型 (general patterns) 用以代替上述分類法，雷氏將教師行為分為三套不同的特質：

溫和、了解、友善一冷漠、自私、拘謹；

負責、認真、有規律一規避、懶散、無計畫；

善於激勵、富於想像一單調乏味、苟且因循。

當然這些不同特質，並不是單獨地代表某一類型教師的品質，而是依照不同特質所共同組成的類型 (patterns) 來描述教師的教室行為。

史保汀（Spaulding, 1994；引自 Biddle, et al., 1997, p. 955）以「微觀

政治」(micropolitics) 的概念來研究班級中師生的互動，這一概念主要認為班級中不斷出現權力的協商和交互作用，教師會運用許多策略影響學生和保護自己。他們研究的焦點在描述小學中師生政治互動複雜的本質，和使用的策略，發現教師若使用支持的策略 (support strategies) 會對學生產生正向的影響；若過度使用控制的策略 (control strategies) 則會對學生產生負向的結果，如冷淡、生氣、減少工作努力和成就、疲勞、害怕；同樣地，若學生過度使用抵抗策略 (resistance strategies)，如有計畫的拒絕、岔開、修正、阻止教師傳授的行動，也會對教師產生負面的影響。史保汀的研究透露在班級中，基於師生互動正向的循環，可能發展互利的交互關係，教師不再是單向對學生產生作用，學生對教師的行為也有影響力。

二、班級氣氛與學業成就

所謂班級氣氛 (classroom climate)，或稱班級社會氣氛 (classroom social climate)，是指班級中各種成員的共同心理特質或傾向。班級氣氛的形成受教師領導方式影響很大，因此，就心理學上的研究來說，這種氣氛可以是教師中心的或學生中心的，可以是專制的、民主的或放任的，也可能指的是開放的或封閉的，隨研究者對於教師領導方式的分類而有不同的界定。

班級氣氛乃藉著班級社會體系中各成員間的交互作用而產生，它形成之後，轉而影響班級社會體系中個別成員的行為。所以班級氣氛實在是一種社會壓力 (social press)；它不知不覺地塑造了學生的態度與價值，也影響了他在教室中的學習活動。從社會心理學的觀點而言，要了解一個人，最好從他所屬的團體去了解；要改變一個人，最好用團體的歷程去改變，而使個人充分發展，也必須從團體中去實現。這是團體動力學 (group dynamics) 研究給予吾人的啟示，也是研究班級氣氛的重要原因。

影響班級氣氛的因素很多。過去有關班級教學或師生交互作用的研究，幾乎都假定教師的領導方式決定學生的行為。例如：安德森、李比

德與懷特，佛朗德斯、蓋哲爾等人的研究，莫不基於這種概念。當然，教師在教室中扮演著重要的角色，毋庸置疑，但如把教師對學生的單向影響，視為決定班級氣氛的唯一因素，未免將班級氣氛的性質，看得過分單純。而且，如以「專制—民主」、「直接影響—間接影響」或「開放的—封閉的」的概念來界定班級氣氛，也失之於過分簡化，而難作周詳而有意義的解釋。因為教學情境中的各種因素錯綜複雜，包括了教師、學生、目標、課程，與班級結構之間的交互作用，這些因素總括起來決定了班級氣氛。

巴克雷 (J. R. Barclay) 於 1972 年編製「巴克雷班級氣氛測驗」(Barclay Classroom Climate Inventory，簡稱 BCCI)，採取「多重社會互動模式」(multiple social interaction model)，來評量班級社會氣氛。他認為班級氣氛的評量必須來自三方面：(1)自我的覺察，(2)友伴的印象，(3)教師的評定。因此，他所設計的「巴克雷班級氣氛測驗」，便是綜合三種來源，透過電算機的計分與統合，寫出個別報告與團體分析，並且進一步提示可能的行為問題與輔導的策略 (Barclay, 1977；引自吳武典，民 68，頁 133–156)。

我國吳武典於民國 63 年譯訂「巴克雷班級氣氛測驗」，從事國小班級氣氛的研究，並與美國樣本作比較。隨後又以該測驗施用於國中學生，並與陳秀蓉共同進行「教師領導行為與學生期待、學業成就及生活適應」的研究 (吳武典、陳秀蓉，民 67)。此外，許錫珍（民 67）亦以該測驗完成了國中能力分班教學情況下前後段班級氣氛之比較研究。我國中小學班級氣氛之研究，乃逐漸為人所重視。

吳、陳二氏的研究，重點在運用民主、權威，與放任三種教師領導方式來探討班級氣氛與學業成就的關係。其主要發現如下（吳武典、陳秀蓉，民 67）：

1. 學生對於教師領導行為的期待是希望教師多表現民主的行為，他們厭惡權威式的領導。師生關係的緊張衝突與學生的內在焦慮，在權威式領導下最為嚴重，放任式次之，而民主式最不顯著。

2.教師放任行為顯然不利於學生的學業成就，包括教師（導師）所教科目成績及學業總成績。民主行為與權威行為則似乎均有利於學生學業成就，兩者對學生學業的影響，並無顯著的差異。但進一步分析則發現，權威式的影響似乎比較直接地有利於教師所擔任的課程，民主式的影響則有利於全面的學習。

3.教師民主行為對於學生的內制信念、成就動機和人格適應，均較權威行為或放任行為有利；易言之，在民主氣氛中，個人較有自信、自尊和成就感；在專制的氣氛中，這一切都因個人的焦慮感而喪失；在放任的氣氛中，個人失去了歸屬之感，也失去了自我價值觀念和努力奮鬥的目標。

　　以上三項主要發現，與西方國家的研究結論，大致相同。中外研究的共同發現是：屬於學生中心型的各種教學方式（如民主式），較有利於學生人格適應與情意方面的健全發展。但何者（教師中心型或學生中心型）較有利於學生的認知（學業）成就，則尚無定論。安德森 (Anderson, 1969, pp. 201-215) 於分析三十二篇早期有關此方面的研究報告後發現：有十一篇報告指出學生中心型較有利於認知成就，但有八篇報告認為教師中心型較優，而有十三篇表示兩者並無差別。史登 (Stern, 1963, p. 426) 分析了另外三十四篇研究報告之後也獲得下述結論：「認知成就的程度大體上並不受教師的專制或民主教學方式的影響。」他指出，只有二篇報告顯示民主方式有利於認知成就，五篇報告認為民主方式反而不利，其餘都發現沒有差異。

　　為何有關教師的領導方式與學生認知成就相關的研究無法獲得一致的結論，除了由於教學情境中的因素極為複雜之外，研究設計與研究方法是否嚴密可靠，以及這種單純的兩極分法是否恰當，都是可能形成研究結論不一致的原因。今後師生關係的探討，似應加強「理論模式」的研究分析，考慮各種可能影響的因素。因為，有了堅實的理論基礎，才有助於研究設計與分類的嚴密性與適當性，而獲得的結論，也將更為可靠（陳奎憙，民 67，頁 215-249）。

　　教學情境中的師生交互作用，是人際關係中最複雜最微妙的型態之一。從社會學觀點而言，教師有其地位與權威，學生也有屬於他們自己的次文化。質言之，師生彼此之間的價值觀念與行為模式，可能並不一致。從心理學觀點而言，教師為有效達成教學目標，必須採取各種手段（例如：增強、誘導等作用）要求學生學習成人認為有用的知識，而學生只願意依自己的方式來學習自己認為有興趣的事物。於是師生彼此之間難免形成希欲的衝突。因此，可能的結果是：認真負責的教師，不一定受學生歡迎，而學生最喜歡的教師，不一定是能使他們獲益最多的教師。例如：布魯克福 (Brookover & Gottlieb, 1964, p. 433) 曾調查研究六十六位美國中學歷史教師與學生之關係，得到的結論是：「顯然，學生喜歡溫和友善的教師，但是可以從被認為較嚴肅的教師那裡學得更多。」可能在師生關係中，一方面要維持良好氣氛，一方面要獲得有效學習，不易兼得。但是，現代教學方法的研究已逐漸從心理學與社會學的觀點，不斷探討如何達到有效學習的途徑。相信由於社會科學家的共同努力，將來一定有更多的證驗性資料出現，使師生關係的理論更趨充實與完備。而教育界亦可據以創造一種良好的教學環境。在這種環境中，不但師生之間能維持良好的關係，學生的學習亦能獲得最高的效果。

參考文獻

吳武典（民 68）。〈國小班級氣氛的因素分析與追蹤研究〉。載於《教育心理學報》，12 期。

吳武典、陳秀蓉（民 67）。〈教師領導行為與學生期待、學業成就及生活適應〉。載於《教育心理學報》，11 期，頁 87–104。

許錫珍（民 67）。〈能力分班教學情境下前後段班級氣氛之比較研究〉。載於《教育心理學報》，11 期，頁 141–158。

陳奎憙（民 65）。〈價值導向的模式與教師角色的變化〉。載於《今日教育》，
　　31 期，頁 18–22。

陳奎憙（民 67）。〈師生關係的理論模式〉。臺灣師大教育系主編:《教育原理》。
　　臺北: 偉文。

Amidon, E. J. & Flanders, N. A. (1967). *The role of the teacher in the classroom*.
　　Minnesota, Association for Productive Teaching.

Anderson, H. H. (1943). "Domination and socially integrative behavior," in
　　Barker, et al. *Child behavior and development*. McGraw-Hill, pp. 459–483.
　　also "Studies of teachers' classroom personalities," in *Applied Psychology
　　Monographs* (1945, 1946). No. 6, 8 & 11.

Anderson, R. C. (1969). "Learning in discussion: A resume of the
　　authoritarian-democratic studies," in *Harvard Educational Review*, Vol. 29.

Barclay, J. R. (1977). *Appraising individual differences in the elementary
　　classroom: A manual for the Barclay Classroom Climate Inventory*.
　　Lexington, Ky.: Educational Skills Development Inc.

Biddle, B. J. (1997). "Recent research on the role of the teacher," in Biddle, B. J.,
　　Good, T. L. & Goodson, I. *International handbook of teachers and teaching*.
　　Dordrecht Boston: Kluwer Academic Publishers.

Biddle, B. J., Good, T. L. & Goodson, I. (1997). *International handbook of
　　teachers and teaching*. Dordrecht Boston: Kluwer Academic Publishers.

Brookover, W. B. & Gottlieb, D. (1964). *A sociology of education*. N. Y.:
　　American Book Co.

Castle, E. B. (1970). *The teacher*. Oxford University Press.

Durkheim, E. (1956). *Education and sociology*. Tr. by Fox, S. D. also *Moral
　　education*. (1961) N. Y.: Free Press.

Flanders, N. A. (1963). "Teacher influence in the classroom," in Bellack, A. A.
　　(ed.). *Theory and research in teaching*. Teachers College, Columbia
　　University.

Lippitt, R. & White, R. K. (1943). "The 'social climate' of children's groups," in Barker, R. G., et al. op, cit.

—— (1947). "An experimental study of leadership and group life," in Maccoby, E. E., et al. (eds.). *Readings in social psychology*. London: Methuen.

Oeser, O. A. (1955). "The classroom as a social group," in *Teacher, pupil and task*. London: Tavistock Publications.

Peabody, R. L. (1968). "Authority," in Sills, D. L. (ed.). *International encyclopedia of the social sciences*, Vol. 1. N. Y.: Macmillan.

Peters, R. S. (1959). *Authority, responsibility and education*. London: George Allen & Unwin.

Ryans, D. G. (1960). Characteristics of teachers: Their description, comparison and appraisal. Washington, D. C.: American Council on Education.

Spaulding, A. (1944). *The micropolitics of the elementary classroom*. Unpublished doctoral dissertation. Texas Tech University, Lubbock.

Stern, G. G. (1963). "Measuring noncognitive variables in research on teaching," in Gage, N. L. (ed.). *Handbook of research on teaching*. Chicago: Rand McNally.

Stewart, W. A. C. (1968). "The role of the teacher in advanced societies," in Taylor, W. (ed.). *Toward a policy for the education of teachers*. London: Butterworths.

Wallen, N. E. & Travers, R. M. W. (1963). "Analysis and investigation of teaching methods," in Gage, N. L. (ed.). *Handbook of research on teaching*. Chicago: Rand McNally.

Waller, W. (1932, 1967). *The sociology of teaching*. N. Y.: Wiley.

Weber, M. (1964). "The three types of legitimate rule," tr. by Gerth, H., in Etzioni, A. (ed.). *Complex organizations*. N. Y.: Free Press.

Westwood, L. J. (1967). "The role of the teacher," in *Educational research*, Vol. 9 & 10.

第12章　青少年次文化

　　青少年時期是人生發展的一個重要階段，此時青少年脫離兒童期，開始表現獨立自主，企求使自己順利過渡到成人的世界。對青少年時期特徵的描述，有許多不同的說法；由於青少年身心發展的激盪不安，有人稱之為「狂飆期」，由於他們具有某種叛逆特性，有人稱之為「反抗期」，也由於青少年意志薄弱並對前途感到茫然，有人稱之為「迷失期」。到底青少年是一個怎樣的「族群」？對他們的次文化（價值與行為）如何加以正確的了解？這些次文化是如何形成的？教師與父母如何與青少年建立良好關係，進而積極地導引或協助青少年追尋並實現自我理想？這些都是探討青少年次文化所必須關心的問題。

第一節　青少年次文化的性質

一、次文化的意義

　　根據社會學研究，多數學者均認為在一個大社會中，往往由於社會成員特質的不同，因而形成許多不同的次級團體 (subgroup)，而次級團體中又可能形成更小的附屬單位。這些次級團體或附屬單位各具有其價值與規範，分別構成其次文化 (subculture)。例如：高登 (Gordon, 1970, p. 156) 認為一個社會可分為種族、次級社會 (subsociety)、團體等三種由大到小的單位，每一社會單位分別具有不同的文化。

　　次文化係指較小團體或次級層次 (sub-sets) 的文化；它基本上是來自大團體的文化（即母文化；parent-culture），由於地域、種族、年齡、階段……等因素的差異，而使這些較小團體的文化與大團體有所不同。布瑞克 (Brake, 1980) 指出：次文化可視為較大文化系統的一部分；它承續

較高層文化的元素，但經常與其不同。

李亦園（民 73，頁 9–15）從人類學觀點，認為次文化是指一個社會中不同人群所特有的生活格調與行為方式而言；每一社會都有許許多多的次文化，不同省分的人有他們特有的風俗習慣與生活傳統，因此形成很多不同的「地方次文化」。不同年齡群的人，也有他們特有的生活習性與人生態度，因此，形成不同的「年齡次文化」，青少年次文化就是明顯的例子。

林清江（民 70，頁 164）指出：由於社會團體性質不同，特殊的社會團體常有其特殊文化，在社會學研究中稱為次文化。他認為次文化包括：職業、宗教、教育、地區、國家、社會階級、年齡、性別等不同性質的文化。

蔡文輝（民 74，頁 95）在所著《社會學》一書中，認為：文化差異不僅在兩個社會裡可見，在同一個社會裡也可發現分歧現象；而那些與社會上主流文化相異的文化，稱為次文化。美國「黑人文化」(black culture) 就是一種次文化。不過，蔡文輝也指出有些社會對次文化較為寬容，有些社會則極力壓抑次文化的存在。但是，所有社會都不允許「反抗文化」(counter culture) 的存在。所謂反抗文化，也是一種次文化，它是指一些反抗或推翻現有文化規範與價值體系為目的的次文化。例如：宗教上的異端、叛亂團體的規矩以及美國 1960 年代的嬉痞行為，均屬之。

總而言之，所謂次文化，是指一個大社會中的次級社會 (subsociety) 或次級團體 (subgroup) 成員所形成的一套特殊價值觀念與行為模式——包括思想、態度、習慣、信仰與生活方式……等。他們與社會整體文化有關，卻又有其獨特的性質。換言之，一個團體的組成分子常在生活方式與思想型態上和同一社會中其他人有顯著的差異，這些不同的文化特質，社會學上稱之為次文化。這些次文化，就整體社會而言，可能是積極的或消極的，也可能是具有反抗性的；但無論如何，這些特質常為該團體中的成員所認同與共享。從教育的觀點而言，社會中的個人既受共同文化的規範，也生活在各種次文化之中，隨時受到次文化的影響。

二、青少年次文化的特徵與傾向

所謂青少年次文化，乃指青少年同儕所獨具的價值、行為、觀念態度與生活方式。這些次文化，表現在年輕人的髮型、服飾、語言、民歌、舞蹈、交通工具、兩性約會方式、甚至偏差行為方面。以下探討青少年次文化的特徵、類型與發展傾向。

㈠青少年次文化的特徵與類型

根據李亦園（民 73）的分析，我國青少年次文化的特徵，包含下列四項：

1.對形式主義的反抗

青少年反抗成人世界的繁文縟節，在行動或服飾上處處流露不拘形式、不墨守成規的習性，偏好簡潔、省略的語言和人際關係；崇尚自然本性、不客套、不虛偽的生活。

2.對機械化的生活不滿

青少年不滿現實社會的刻板冷漠，行動表現趨向活潑、明快或調皮，產生回歸田園鄉土、喜愛民俗、追求創新、甚至標新立異的行動。

3.對功利商業主義的抗議

為對抗功利主義與唯利是圖，青少年表現慈善的社會關懷，追求靈性、脫俗、真實的美感與藝術，喜愛群體生活，追求非功利的友誼等。

4.自我表現的趨向

青少年追求創新，表現出發揮自我、追求自立自主、喜愛直截了當的行動，更進一步表現出尋根、回歸本性、標榜鄉土等特性。

綜上可知，青少年次文化的特質不外：⑴尋求獨立；⑵回歸自然本性；⑶求諸同儕，獲取心理慰藉；⑷同情弱勢團體；⑸樂於尋求變革。

至於青少年次文化的類型，由於理論的差異和分類層面的不同，因此有許多不同的型態。如將青少年次文化分為：⑴對知識的追求；與⑵對成人（教師或父母）的認同二個層面來看。大體可分為下述類型：

1.對知識的追求：(1)學術型；(2)逸樂型。

2.對成人的認同：(1)順從型；(2)疏離型；(3)反抗型。

㈡青少年次文化的發展傾向

高強華（民82）曾歸納近年來我國青少年次文化值得重視的發展趨向如下：

1.逸樂鬆軟的價值取向

青少年講求放鬆自己、滿足欲望，而忽視克己的工夫。此與長期安逸寬裕的生活固然有關，與當前窄化偏頗的教育形式，亦有密切關聯。

2.膚淺刻薄的語言形式

青少年「哇塞」之聲不絕，動輒「瞎掰」、「酷」、「帥呆了」、「遜斃了」……。同時國臺語混雜的、英日語湊合的、戲謔的、粗暴的、輕薄而鄙俗的口頭禪與行話，到處充斥。

3.封閉唯我的圖像思考

由於漫畫、卡通的流行，電動玩具與電腦遊戲的普及，各類傳播媒體的日新月異，現代青少年對螢光幕圖形變化興趣濃厚。他們流連於聲光刺激和五彩繽紛的圖像世界，對學校教科書的文字閱讀與教師的上課內容，則相當反感。

4.短暫閒散的人生態度

「只要我喜歡，有什麼不可以?」、「心動不如馬上行動」、「跟著感覺走」……之類的廣告詞，影響青少年心理甚鉅。新生代青少年恣意任性、尋求自我滿足與短暫的快樂，顯現青少年的變幻莫測，難以獨立自主。

5.言行瘋狂的偶像崇拜

由於青少年自我認同的煩惱與追求，轉而投射為盲目瘋狂的偶像崇拜。青少年花大量的時間與金錢，收集偶像明星圖案與照片；各類球賽演唱會時，偶像出場的歡聲雷動，均顯示青少年偶像崇拜之癡迷與狂熱。

6.逃避退縮的藥物濫用現象

由於人生目標之缺乏與學習態度之消極，青少年逃學、蹺家、輟學

之人數日益增加。近年來則吸食安非他命或迷幻藥者日增，形成了逃避退縮、自卑自殘而疏離苦悶的嚴重問題。

7.偏差暴力的問題行為

除了抽菸、吸安非他命之外，青少年尚有偷竊、勒索、結黨以及校園暴力等現象，其他如性觀念的無知、種種違規犯過、適應困難之類問題，均使得青少年次文化日趨偏差與脫序，令人憂心。

從上面分析可知，青少年次文化 (adolescent subculture) 在整體大文化中經常表現較為突出，引人側目；尤其青少年多在就學階段，他們正在學習如何成為未來社會的主人，為什麼會呈現這些現象，常為研究社會文化學者與教育工作者所特別關注。

第二節　青少年次文化的形成因素

一、個人身心特質

個人人格的發展受生理遺傳和後天環境的交互影響。社會心理學家認為一個人的行為是個人人格（如動機、需求和價值）與社會環境（如角色、壓力和期望）交互作用的結果。個人的價值體系和自我觀念是經由社會學習的結果，每一個人能力不同、經驗不同，因而形成不同價值觀，進而影響其行為的模式。此外就青少年發展階段而言，中上學校學生精力充沛、好動好奇、反應快迅而富有浪漫氣息，主觀意識與自我觀念較強，因此其所表現的思想與行為，常顯得較為突出與創新，形成有異於成人並充分發展自我的現象。這種青年期的性格特質，加上學校與社會因素的激盪，就形成了不容忽視的青少年次文化。

二、學校氣氛與師生關係

學校基本目的在培養身心健全、品學兼優的學生；除了明確的目標與妥善的課程安排外，學生學習的成效常決定於學校組織氣氛與師生關係。

就學校組織氣氛而言，學校由於成員互動的結果，而形成不同的氣氛；這種學校氣氛使師生對於學校有不同的感受。影響學校氣氛的主要因素是校長的領導與行政人員的作風。校長領導如能採取民主式或「高倡導、高關懷」以及參與性領導者，其學校不但教師士氣高昂，而且教育績效顯著。學校行政工作亦直接影響學校氣氛，間接影響學生對學校的觀感；因有些學校行政工作者是來自非教育系統的人員，未受過教育專業訓練，其所持教育價值觀念與整體學校教育文化不一定相同。這些人員與學生產生交互作用，多少影響學生次文化的特質。

至於師生關係，更是影響青少年次文化的重要因素。從社會學的觀點而言，師生在班級社會體系中，各有職分，彼此有所期望；期望和諧一致，師生關係良好，否則會產生角色衝突的現象。從心理學的觀點而言，班級氣氛是師生交互作用所形成的；良好的班級氣氛才能增進教學效果。因此，良好的師生關係有助於教師發揮其影響或導正學生次文化的功能；而不良的師生關係，可能導致青少年學生消極性或反抗性次文化的產生。

三、同儕團體的規範

同儕團體的規範是形成青少年次文化最重要的因素。所謂同儕團體(peer group)，乃指年齡、權力、地位大致相同的人所結合的團體。同儕團體具有幫助與增進成員社會化的功能；心理學者指出青少年期是人格轉變的過渡時期，一個人進入青少年期後，基於身心發展與社會需求必須把兒童期以來的認同形象加以選擇與重整，並進一步尋求自我、肯定自我，這種整合過程就是「自我認同」(ego identity，或譯「自我定位」)。基於自我認同的需求，透過班級團體、同儕團體的互動，而產生集體的思考與反應方式（即團體的價值與規範），青少年次文化於焉形成。

青少年同儕團體具有下列特質：

1. 年齡相近，價值與需求相當一致。
2. 處境相似，情誼密切，有助於團結一起。

3. 成員平等，沒有居於絕對優越地位者。

4. 互動自由，沒有長輩權威的控制。

上述特質，使同儕團體易於形成屬於他們自己的價值與規範。

同儕團體的規範具有約束成員的力量；凡所隸屬的成員能符合同儕的規範，就被接受與尊重，否則就被排拒與冷落。就教育觀點而言，如果青少年同儕團體的價值與規範和成人或教師愈相同，則有利於學校教育或社會化的功能；如果其規範和行為是反社會的、犯罪的，則不利於學校目標的達成。

四、社會變遷的影響

美國社會學者法拉克斯 (R. Flacks) 探討社會變遷與青年次文化之間相互影響的關係。他指出 1960 年代美國青年反種族隔離、反核試、反越戰等運動，醞釀出一股新的青年次文化，與既存的文化相對抗。法拉克斯認為社會變遷太快，引起社會失調、新的科技發展與固有文化體系之間的衝突，產生價值體系混亂，使許多青年產生「認同的危機」(identity crisis)——無法界定生命的意義，無法接受上一代所給予的成人的生活意義與行為典範。在青年人不滿現實，彼此相互影響及採取共同行動的結果，就形成了青年次文化（引自區紀勇譯，民 64，頁 12）。

在變遷快速的現代資訊社會裡，青年人對於事物的判斷標準與行為準則比較趨於現代化與自由化，而與上一代的價值觀念產生歧異；由於此種歧異，遂使青少年次文化富有抗議與批判色彩。

當然，在促成青少年次文化的擴散與普及方面，現代社會大眾傳播工具，尤其電腦網路的普及也有重大的影響作用。現代大眾傳播工具在速度與內容形式方面均有驚人的進步，青少年次文化的某些特色一旦出現，就很快的傳播到每一角落，加上青少年學生的好奇心與模仿力較強，這些特色很快就被接受了。

第三節 青少年次文化的研究

一、西方學者的研究

(一)柯爾曼與高登的青年反智次文化

柯爾曼 (Coleman, 1961) 研究美國中西部十所高中學生次文化。他認為學生次文化與成人社會的價值與目標顯然不同。他從實證資料的分析中發現：在高中生的同儕價值取向中，男生重運動明星，女生則重人緣好與活動領導者。青年學生並未將學業成就列為決定同儕地位最優先的考慮因素。在青年學生同儕團體中這種背離知識成就的價值取向，一般稱之為「反智主義」(anti-intellectualism)。

高登 (Gordon, 1957) 的研究，也發現類似的現象。他認為學業成績、課外活動與友伴情誼三種因素交織成為同儕地位的決定因素。高登進一步發現非正式的友伴情誼對於學生的影響超過正式的學術性活動。此一結論與柯爾曼的反智次文化的傾向，頗為一致。

(二)其他有關青年次文化的實證研究

杜納 (Turner, 1964) 對洛杉磯高中生所做大規模的問卷調查，並未發生青年學生反對學業成就的現象。他也是從學生的學業成就、課外活動與非正式的友伴關係來分析，結果否定青年文化背離學業成就與成人價值的說法。

有些學者認為青年文化注重社交性、競技活動與地位魅力等，和美國成人社會的價值是一致的，若說青年學生犧牲學問而追求非知識活動，那不能說是背離成人價值，而是表示他們正確地反映成人文化。艾帕遜 (Epperson, 1964, pp. 93–96) 修改柯爾曼所做的問卷進行追蹤調查，結果並沒有發現青年人和成人在價值、態度上的對立。

從上述分析，可見在某種領域與某種情境下，青年與同儕共享某種

獨特的價值，而有異於成人；在另一領域與另一情境下，青年與成人（父母或教師）則持有同樣的態度。因此，青年文化與成人所表現之行為的差異，常因研究項目與方法而變化，研究結果顯現分歧與對立，並不足為奇。

二、我國學生次文化的研究

我國學者對於學生或青少年次文化的驗證研究，過去多從心理學觀點（如心態方面的探討）出發，從社會學著眼者較少。近十幾年來，有些研究生學位論文開始從教育社會學觀點從事學生次文化的探討，也有相當的成果。例如：鍾蔚起（民 70）與高玉潔（民 87）分別探討國中學生次文化；蔡典謨（民 67）調查高中三年級學生，探討其對課程，師長及同學的價值觀念與行為特質；黃子騰（民 70）則從事高職學生次文化的調查研究；王智鴻（民 75）調查五專學生次文化；吳錦釵（民 71）研究師專學生次文化；吳幼妃（民 67）與何英奇（民 75）則從事我國大學生次文化的調查研究❶。

我國學生次文化的研究並沒有像美國那樣多采多姿；當然也就沒有類似爭論性問題產生。從各級學校次文化的調查分析看來，探討內容不外：⑴課業學習；⑵對校態度；⑶學校活動；⑷人際關係；⑸價值觀念；⑹未來展望。何英奇則從：⑴價值觀念；⑵社會態度；與⑶生活形式三方面探討大學生次文化的整體趨向及其相關的個人、家庭、學校等因素。至於學生次文化的差異因素方面，大體上包括：⑴性別；⑵年級；⑶學

---

❶　其餘有關我國學生次文化之研究，請參閱下述著作：

①郭諭陵（民 82）。〈國中生次文化之探討〉，《臺灣教育》，511 期，頁 19–24。

②陳奎憙（民 79）。〈學生次級文化〉。《教育社會學研究》，第十章，頁 225–261。臺北：師大書苑。

③黃德祥（民 71）。〈青少年同輩團體與青少年幫派之探討〉。《輔導月刊》，18 卷，11、12 期，頁 20–26。

④黃鴻文（民 88）。〈中學生次級文化──反智主義乎?〉。第二屆教育社會學論壇發表論文。臺灣師大教育系。

校地區;(4)班級型態;(5)家庭社經地位。有些研究加上外在差異因素（主要是與教師文化之間的差異）。在大學方面酌增院別;職校與專科學校則增加學校類別或公私立別等。

　　從我國學生次文化的探討內容和結果看來，多數研究肯定學生次文化的存在，但並非完全與成人文化對立;學生次文化內部則有差異情形。吳瓊洳（民 89）研究國中學生「反學校次文化」，則反映若干特殊學生的價值觀念與行為模式，和一般學生有所不同，但他們多以緩和的方式來表達對學校的不滿。就大學生次文化而言，何英奇（民 75，頁 105–148）歸納如下:「我國大學生次文化反映傳統文化特色」，同時「反映社會變遷的事實」;它有積極的一面，也有令人隱憂的一面。

　　總之，我國教育理念常基於和諧理論為主，而美國則因 1960 年代末期衝突理論的激盪，校園氣氛影響學生次文化。整體而言，美國學生次文化的研究，常著眼於青少年次文化的複雜性與多元性，從不同角度加以探討，其研究結果的爭論，在所難免。而我國學生次文化的研究，其理論模式相當一致，而研究內容也相當固定，因而其結論也是大同小異。今後，我國學生次文化的研究內容與探討領域似可再加擴充，針對特殊社經背景（如：低收入戶學生）或特殊班級（如：國中技藝班學生）或特殊群體（如：犯罪傾向者）的學生次文化，加以深入探討。除了解學生次文化特徵，並分析其形成的因素。而採取的研究方式，也不一定用調查分析，可兼採俗民誌 (ethnography) 的研究途徑。

第四節　青少年次文化的教育意涵

一、青少年次文化在教育上的功能

(一)協助青少年學生社會化

　　青少年或學生次文化是個人社會化過程中的一種過渡型態，透過同

儕間的交互作用與父母師長的指導，發揮社會化的功能。

㈡反映社會中各種差異因素的影響程度

青少年或學生次文化反映社會中各種影響學習的差異因素，如父母社經背景、社區的物質環境、價值觀念……等。

㈢提供同儕價值與行為的參照標準

在同儕次文化中，發展出一套思想、行為與規範，提供青少年作為模仿學習的參照標準。

㈣影響學生學業成就

在一個注重學業成就的學生次文化中，學生可能受同儕影響而較用功；反之，就不注重學業成就而有反智主義傾向。

㈤具有「潛在課程」的影響力

青少年次文化是在學校正式課程之外對學生影響最大的「潛在課程」；學生在團體中習得自己的價值觀、行為、習慣與思想……等。

二、青少年次文化的運用與疏導

㈠了解與掌握

父母與教師應明確認清青少年次文化的本質與特性；如經由時事報導的分析、專題講座的說明、專門期刊雜誌或書籍的研讀之中，以及從休閒場所與流行趨勢的觀察、實際與子女或學生的接觸經驗之中，確切了解青少年次文化的特質，從而發展有效的輔導策略。

㈡接納青少年學生

青少年學生由於家庭或社區因素，或許早期生活缺乏良好的教導，可能形成某些觀念或行為上的偏差（即消極次文化）。這些青少年學生可能衣衫不整、態度欠佳、語言粗劣、功課較差，因此常遭師長的鄙視或排斥。事實上，這些現象並非學生本身的責任，而是由於社會化的背景

所產生。教師如真具有專業的態度與理想，應接納學生這些觀念與行為，然後設法輔導促其改變。

(三)具「同理心」

所謂同理心 (empathy) 是一種設身處地，為他人著想的能力；同理心有時與「理智的同情」或「體諒」的意義頗為相近。教師與父母如能客觀的了解學生或子女的處境，體諒他們的感受與作法，必能增進彼此的關係。而學校與學生之間，亦應以「同理心」互相對待；校方採取任何措施，均應考慮學生的觀點；而學生則應遵守學校團體的規範，如為爭取權益而有所抗爭，亦應保持理性的自律。

(四)充分的溝通

師生之間、父母子女之間都期望彼此行為能導向某些理想目標的實現，因此他們彼此之間必須充分了解對方行為的意義，以作為自己行為反應的基礎。有效溝通的途徑，包括正式與非正式的管道，使成人與青少年之間（尤其教師與學生之間）有充分交換意見的機會，以減少彼此的隔閡。

(五)課程的改進

在課程的因應方面，需配合學生的能力，調整課程與教材的內容與編排方式，並採多元化的教學方法。課外活動應多變化並鼓勵學生參加。此外，為因應青少年求新、求表現的特性，應以創造性的教學活動，激發其潛能，滿足其需要，並安排班級討論或競賽的情境，鼓勵學生表現，一方面學習團體合作，一方面培養民主氣氛。

(六)適時的輔導

從發展心理學的觀點，青少年學生正處於自我定位與追求理想的摸索與成長的過程中。他們除了追求學問之外，還可能面臨自我的了解與肯定、人際關係的調適、感情的挫折，甚至於人生與前途的迷惘……等問題，需要師長或父母及時的輔導。至於低成就或社經背景居於不利地

位者，尤需師長給予特殊的關懷與協助，以避免產生不良次文化。適時
有效的輔導可以防範青少年問題的產生，並使青少年的身心獲得正常的
發展。

參考文獻

王智鴻（民 75）。我國五年制專科學校學生次文化之調查分析。臺灣師大教育
　　研究所碩士論文。

何英奇（民 75）。〈我國大學生次文化及其相關因素之研究〉。《教育心理學報》，
　　19 期，頁 105-148。

吳幼妃（民 67）。《我國大學生次級文化的調查分析》。臺灣師大教育研究所碩
　　士論文。

吳錦釵（民 71）。〈師專生次級文化及其在師範教育上的意義〉。《新竹師專學
　　報》，8 期，頁 2-101。

吳瓊洳（民 89）。《國中學生反學校文化之研究》。臺灣師大教育研究所博士論
　　文。

李亦園（民 73）。〈當前青年次文化的觀察〉。《中國論壇》，205 期，頁 9-15。

林清江（民 70）。《教育社會學新論》。臺北：五南。

高玉潔（民 87）。《學生文化之研究——以桃園縣一所國中學生為例》。臺灣師
　　大教育研究所碩士論文。

高強華（民 82）。〈青少年次文化的了解與應用〉。《臺灣教育》，511 期，頁
　　11-15。

法拉克斯著，區紀勇譯（民 64）。《青年與社會變遷》。臺北：巨流。

黃子騰（民 70）。《我國高職學生次級文化之調查研究》。臺灣師大教育研究所
　　碩士論文。

蔡文輝（民 74）。《社會學》。臺北：三民。（民 94，增訂新版）

蔡典謨（民 67）。《中學生次級文化及其在我國教育上的意義》。臺灣師大教育
　　研究所碩士論文。

鍾蔚起（民 70）。《我國國中學生次級文化及其差異因素之調查分析》。臺灣師
　　大教育研究所碩士論文。

Brake, M. (1980). *The sociology of youth culture and youth subculture*. London:
　　Routledge & Kegan Paul.

Coleman, J. S. (1961). *The adolescent society*. N. Y.: The Free Press.

Epperson, D. C. (1964). "A re-assessment of indices of parental influence in the
　　adolescent society," in *American Sociological Review*, 29.

Gordon, C. W. (1957). *The social system of the high school*. Glencoe, Ill.: Free
　　Press.

Gordon, M. M. (1970). "The subsociety and subculture," in Arnold, D. O. (ed.).
　　The sociology of subculture. Berkeley: Glendessary Press.

Turner, R. H. (1964). *The social context of ambition*. San Francisco: Chandler.

第*13*章 教育專業與教師社會地位

教育的成敗繫於師資的良窳，提高師資素質已成為當前各國教育改革的重要課題。從社會學觀點而言，要了解教師素質可以從探討教師的專業地位與職業聲望著手。教育是否為一種專業工作的問題，已經引起國內外許多專家學者的討論。如果教師被社會一般人肯定為專業人員，必然地，可以使他們進一步體認其對社會貢獻的重要性，進而增強其服務教育的熱忱。本章首先分析教育工作的專業性質，其次探討教師的職業聲望，最後，申述提高教師社會地位的可能途徑。

第一節　教育工作的專業性質

一、專業的意義與規準

如果要問：學校教師是否為專業人員？首先必須釐清「專業」一詞的觀念。「專業」或稱「專門職業」，英文為 profession，係指具備高度的專門知能以及其他特性，而有別於普通的「職業」或「行業」(occupation or trade) 而言。典型的專業人員通常是指醫師、律師、工程師、建築師等等。至於教師是否為專業工作者的問題，社會學者尹特齊尼 (Etzioni, 1969) 等人曾根據其分析將教師、護士以及社會工作者這三種人員歸類為「半專業」(semi-profession)──顯然意味著這三類人員的專業性尚不及醫師、律師、工程師等，而不能達到「完全」專業 (full-profession) 的水準。

許多教育學者並不完全贊同尹氏的分類法。因為各種職業的結構與性質均在不斷的變化發展之中，專業雖有一定的規準，但這些規準卻無

法絕對客觀地衡量每一種職業，專業的規準只是具備評鑑性的作用，藉以為評價一種職業性質的參考而已。要想了解一種職業「是否」符合專業的標準，不如探討這種職業在專業化 (profcssionalization) 的過程中，達到「何種程度」。

尹氏將教師歸類為「半專業」人員，固然有專斷之嫌，但是教育工作的專業水準不如醫學、法律、工程，則為不可否認的事實。欲了解教育工作的專業地位，首先必須舉出一些專業的規準，然後才能根據這些規準對於學校教學專業化的程度加以評估。

社會學者對於一種專業工作所必須具備的特徵，雖無一致的看法，但是他們所提出的專業規準通常都是大同小異。李伯曼 (Lieberman, 1956)，史丁尼特 (Stinnett, 1968)，傑克遜 (Jackson, 1970) 等人，以及美國教育學會 (National Education Association [N.E.A], 1948, p. 18) 對於專業的標準均有深入的探討。綜合各家的意見，所謂專業工作，必須具備下述特徵：

1. 專業工作，必須運用專門的知識與技能；
2. 專業工作人員，必須經過長期的專門訓練；
3. 專業工作，必須強調服務的觀念，而不計較經濟報酬；
4. 專業人員，必須享有相當的獨立自主權；
5. 專業人員，必須有自律的專業團體與明確的倫理信條；
6. 專業人員，必須不斷的在職進修。

由於教育人員所涵蓋的範圍甚為廣泛，一般認為大專教師具備專業性質，殆無疑義。本節根據上述規準，僅就我國目前中小學教師的現況，分析其專業化的程度。

二、教師專業地位的分析

㈠專門的知識與技能

此一規準係指專業工作人員必須具備某種專門且獨特的知能；換句話說，這種知能對外行人而言，具有某種程度的神秘性。例如：醫師的

診斷、開刀，律師的引用法律條文，以及工程師的設計圖案等，都需具備高深的知能而非一般人所能輕易了解的。教師的工作是否具備這種特徵，實在值得討論。過去許多學者，對於教育的專業性質，抱著懷疑的態度。第一、由於教育的普遍性與通俗性，使一般人認為教學工作並無神秘性可言，形成「只要具備某種學科知識，人人可以當教師」的觀念。其次，由於傳統中等學校教師本身忽略教育科目的進修，誤認教育工作只需靠經驗的累積，不需接受教育專業訓練。第三、有些學者認為教育並非一門系統的科學知識，教育實施不過是將各種相關知識（即哲學、心理學、社會學……等）應用於教育情境而已；教育本身並無完整的理論體系，因而貶抑教育專業訓練的重要性。

　　事實上，教育的科學研究已經為教育的理論建立了相當基礎，而形成自身的知識體系。教育學在學術領域中已經占有其地位❶。傳統以為只要具備學科知能的人都可以當教師的觀念，已經不復存在。因此，我國師資培育法已明訂中小學教師均需修習教育學分，乃是順應這種趨勢而來。一位學校教師除精通教學科目知識與技能外，並應了解教育理論、研習教材教法、經過相當時間的實習，始能成為合格教師。就此一趨勢看來，我國中小學學校教師大體上符合此一規準。

㈡長期的專門訓練

　　由於專業工作需要專門的知能，並強調智慧的運用，所以專業人員必須經過長期的培育，始能勝任專業工作。此一規準，可視專業的性質而定；唯一般而言，專業人員均須接受大學以上或研究所程度的教育。顯然，醫生、律師、工程師的訓練培養，均已符合此一規準。近年來，教育發達的國家莫不致力於提高師資培育水準。中小學教師通常均由大學或師範校院來培養，很多國家甚至將中小學教師的培養，提高至研究所程度，以便向其他專業人員的訓練水準看齊。例如：英國大學教育系

---

❶　關於教育學的性質，參閱：田培林主編（民 58）。《教育學新論》。臺灣師大教育研究所。

專門招收獲有學士學位志願擔任教學工作者，施予一年教育專業訓練，其程度已相當於研究所階段。美國大學及研究所普遍提供教育專業課程，以利學生選修；許多得有高級學位者，亦樂於任教中小學校。法國某些中學教師例稱「教授」，其素質還遠超過英美中學師資水準。現今，我國師資培育係由師範院校和各大學教育學系或師資培育中心來負責，已提高師資到大學程度以上，89 學年度臺灣省國中現任教師擁有大學以上學歷者占 92.04%，國小教師則占 85.07%（教育部中部辦公室，民 90，頁 58–61），而中小學教師參加在職進修，其專業水準也提高至研究所程度，可見我國教師已符合此項長期專門訓練的專業規準。

(三)服務重於報酬的觀念

專業工作為一種重要服務；專業人員從事業務應基於服務公眾的動機，而非純粹為了經濟報酬。李伯曼認為專業的起源乃是由於某些服務極端重要，必須提供給需要服務的對象，而不考慮這些對象是否能支付報酬。宗教家的服務精神是符合此一規準的最佳典範。教育工作對社會大眾的重要性是無可置疑的。如與其他專業人員相較，教師更能淡泊名利，發揮有教無類的精神，為全民提供最需要的服務，更為社會民族擔負起承先啟後的神聖任務。就這種觀點而言，教育工作的確為一種專業工作。

專業人員必須具備「服務重於報酬」的信念，並非意味著他們不應該取得公平合理的待遇，而是強調他們應能體認本身工作的重要性而加深其責任感；進而能控制其個人情感，接受某些義務而不斤斤計較個人的利益。例如：歐美社會中的工會組織，常為爭取工人待遇的提高而發動會員罷工，但專業工作人員，通常不以此為獲取較高報酬的手段。事實上，西方國家教師罷工（罷教）行為亦偶有所聞，並已引起社會大眾的關切。我國各級學校教師，一向注重師道尊嚴、強調精神的安慰，秉持高尚情操為作育英才而努力，雖有極少數教師為爭逐名利不安於職守，但就教育工作本身的性質以及大多數教師的表現看來，足以認為教育工

作符合此一規準。(作者附註：我國教師是否能合法罷工，最近引起各方討論，教育部則採取反對的看法。)

(四)相當的獨立自主性

相當程度的獨立自主性 (autonomy)，是專業工作的重要條件。此一規準可分兩方面來說明：第一，就個人方面而言，係指專業人員在執行業務時通常都是根據其高超的專業素養而作明智的判斷與抉擇；他們對於所負責的事務通常都能全權處理而避免外人的干預。例如：醫師對病人的診斷治療都是根據其醫學知識作最明智的處理，病人只有信賴醫師而不宜（也無法）干涉醫師的專業行為。第二，就團體方面而言，專業人員所組織的專業團體本身應該有權規定會員的資格與執業的標準，避免外界的干預與控制，包括來自行政機關的監督與管理。

就教師個人的專業自主而言，包括教室層級的專業自主，例如：決定教學目標、選擇教科書、選擇教學方法、學生編班、任教年級、學校設備、生活輔導、課程設計……等；學校層級的專業自主，例如：參與在職進修活動、參加教師專業組織、參與學校行政決策、課程發展等。中小學教師在實施教學與學生輔導方面擁有較多的自主權，而教材的選擇，自教科書開放審定之後，教師也擁有自由選擇教材的機會。但在決定學生編班、任教年級、學校經費等方面較無法自主。

一般而言，無論是個人或團體方面，教師的獨立自主權都不及其他專業工作人員。自教師法公布實施後，我國教師的專業自主權已大為擴充，但一般教師自主意識並不強烈。各級教師所受限制情況不一；要之，學校階層越低，所受限制越大，教師享有的自主權也就越小。因此，我國高中（職）、國中和國小教師比大專教師更缺乏教學自主性。

(五)自律的專業團體與明確的倫理信條

在許多國家之中都有重要的教育人員專業團體存在。例如：美國的全國教育學會（National Education Association，簡稱 N.E.A.）、美國教師聯合會（American Federation of Teachers，簡稱 A.F.T.）以及英國的全國

教師聯合會（National Union of Teachers，簡稱 N.U.T.）。我國的中國教育學會為教育學術團體，略似美國的 N.E.A.；最近依據教師法成立各級教師會則為教師組織，略似美國的 A.F.T. 或英國的 N.U.T.。專業團體的功能是多方面的：第一、限制從業人員的人數與資格，以維護服務的水準；第二、從事研究，並幫助從業人員進修，以增進其專業知能；第三、為全體從業人員謀取福利，改善其工作條件；第四、參與政治決策，顯示專業人員的影響力量。

歐美國家的教育專業團體，雖未能像醫師、律師公會一樣達到完全自律的階段（即有權規定從業人員的人數與資格、接納新會員及開除舊會員），但美國的 N.E.A. 與 A.F.T. 以及英國的 N.U.T. 均曾經為提高教師專業水準與增進教師福利有過相當的貢獻；在政府決策及實施過程中，它們能扮演重要角色，而成為有力的壓力團體 (pressure group)，以影響該國的教育政策。當然，西方國家的教師團體亦可能仿效工會的作法採取集體談判 (collective bargaining) 的方式來與政府協商進行有關教師權益的談判。

關於教師專業組織除了各國自己的協會以外，世界教師組織聯合會（World Confederation of Organization of the Teaching Profession，簡稱 WCOTP）也於 1952 年正式成立。該聯合會所屬國家單位有七十三國，一百十四個教師組織，如能發揮其力量，將有助於世界和平的增進與教育專業的發展。（WCOTP 已於 1993 年改組為 Education International，簡稱 EI，我國中國教育學會為其正式會員之一。）

所謂倫理信條 (ethical codes)，即是專業團體所訂定的道德規約，這些規約明定其從業人員的行為準則。美國的 N.E.A. 與英國的 N.U.T. 均曾提出倫理信條，以供全體會員共同遵行。各國教師倫理信條的內容大致包括對學生、對學校、對同事、對專業團體、對地方社區與整個國家社會表明負責的態度與應有行為的約束。依據這些原則，中國教育學會也於民國 66 年訂有教育人員信條並經全國教育學術團體聯合年會通過，供全體會員一致遵行。不過，教育團體雖有倫理信條，但對於違背倫理

信條的教師，教師組織本身往往沒有懲戒或予以開革的權力，這是各國共同的現象。如與其他專業工作如醫、法二者比較，教育工作因為性質特殊，未能完全合乎此一條件。

㈥不斷的在職進修

在日新月異的時代裡，專業知識與技能不斷的在變化與增長，因此專業工作人員，必須不斷的進修，以吸收新的知識與觀念。教學為一種傳授新知的工作，教師本身必須隨時不斷的進修，應該是毫無疑問的。因此教育工作可以說完全符合此一規準。

當前世界各國莫不重視教師在職進修工作，教育當局均盡量安排適當的課程與活動，提供教師進修機會並鼓勵教師參加；而教師本身也都對進修具有正確的認識，自動自發的爭取參加進修的機會，並從進修活動中努力充實自己。我國教育當局在這方面也相當重視，積極地推動教師在職進修。質言之，只有致力提高師資素質，才是爭取專業地位最有效的途徑。

從以上六項專業規準的分析，可以獲致下述兩點結論：

1.我國教師工作，大體上，已經符合專業的標準，顯示出教師專業工作的特性。

2.在若干標準方面，則缺乏明確的特徵，與其他專業工作如醫學、法律、工程相較，略感遜色。

雖然，教師的專業性質和醫學、法律相比稍有遜色，但卻不能因此否定教師的專業性。聯教組織 (UNESCO) 在其《關於教師地位之建議書》 (*Recommendation Concerning the Status of Teachers*) 中提到：「教職必須被視為專業。教職是一種需要教師嚴謹地與不斷地研究以獲得專業知識與特殊技能，而提供的公共服務；教職並要求教師對於其所教導之學生的教育與福祉，負起個人與協同的責任感」(引自伍振鷟譯，民 55，頁 4)。可見，教師工作應為專業，誠屬確論。

第二節　教師的職業聲望

　　在現代社會，職業分化愈來愈精細，要了解一個人的身分或社會地位，常著眼於他所從事的職業。職業聲望的高低，乃成為決定社會地位的重要標準。

　　通常所謂社會地位 (social status)，有客觀的與主觀的兩種決定因素。前者係指一個人的教育程度、職業類別、經濟收入以及居住環境……等；後者則根據社會組成分子對於該社會中某種職業所具有的聲望 (prestige) 加以評價而獲得。職業聲望既為社會組成分子的價值觀念所決定，常具有其歷史文化的背景，極難改變。同時職業聲望也影響從事此種職業者的工作態度與效率。查特斯 (Charters, 1963, pp. 715–813) 研究教師社會背景與教師角色行為的結果，認為教師的職業聲望不僅關係於教育工作的吸引力，而且直接影響教師在教室中的行為表現。從事教育工作的各級教師，在社會一般人的心目中，到底聲望如何？在各種職業中，究竟屬何種等級？實在值得加以探討。茲分別將美國、英國與我國的實況，略作分析與說明：

一、美英教師的職業聲望

　　美國「國家民意研究中心」(National Opinion Research Center) 在 1940 年代設計「哈特─諾斯職業聲望量表」(Hatt-North Scale of Occupational Prestige) 列出九十種職業，用以詢問美國各地、各類公民對於每種職業的觀點，即要求對每種職業的聲望，分別評定為：甚佳（一百分）、尚佳（八十分）、普通（六十分）、差（四十分）、甚差（二十分），然後計算各種職業之平均分數，以決定其職業聲望。根據 1947 年對於三千位代表性樣本的調查，職業聲望最高為高等法院法官（平均九十六分），最低為擦鞋匠（平均三十三分）。公立學校教師居於第三十六位（平均為七十八分）(Reiss, et al., 1961, p. 54)。1963 年該中心再作第二次調查，賀芝 (R.

W. Hodge)、西格爾 (P. M. Siegel) 和羅西 (P. H. Rossi) 曾分析比較十六年間各種職業聲望變化情形。大體而言，美國職業聲望等級具有高度的穩定性，兩次調查結果大同小異。然而教師的職業聲望卻已大為提高，由原來第三十六位，躍居為第二十九位（平均數為八十一），與大企業機構的會計師相若，高於營造商與雇用百人以上的工廠廠主 (Hodge, et al., 1964, pp. 290–292)。

根據不同國家所從事的類似研究，各國職業聲望等級均顯示相當的一致性。殷克里斯 (A. Inkeles) 等人曾比較分析美國、德國、英國、日本、紐西蘭與蘇俄等國的職業聲望等級，發現彼此之間有極大的相似性——相關係數均在 .90 以上。而上述各國教師的社會地位大約均在合格會計師與陸軍軍官之下，農場主人之上 (Inkeles & Rossi, 1956, pp. 329–339)。

英國莫瑟與霍爾 (Moser & Hall, 1954) 曾根據多種職業的社會聲望，將英國社會分為七個階層 (pp. 29–50)：

1. 專業及高級行政人員；
2. 經理及行政人員；
3. 視察、監督及其他非手工人員——較高階層；
4. 視察、監督及其他非手工人員——較低階層；
5. 技術工人及其他具有固定性工作的非手工人員；
6. 半技術性工人；
7. 非技術性工人。

上述七類職業聲望中，第一類包括醫師、工程師與中學校長……；第二類包括人事經理、小學校長、中學教師……；第三類包括巡官、社會工作者、小學教師……。

英國政府中央註冊處 (The Registrar General) 在劃分職業等級時按其性質分為五類：⑴專業人員類 (professional)；⑵中等職業類 (intermediate)；⑶技術工人類 (skilled)；⑷半技術工人類 (partly skilled) 與 ⑸非技術工人類 (unskilled)。學校教師與護士、社會福利人員、藥劑師等被劃歸於第二類——中等職業類。

　　從以上分析,可見歐美國家中小學教師地位並未被認為是專業人員,與醫師、律師、工程師等相比還有一段距離,其職業聲望僅稍高於中級地位而已。

二、我國教師的職業聲望

　　我國社會文化背景與西方社會不同,人民的價值觀念亦異。尊師重道是我國傳統文化的重要部分,因此,教師的社會地位在國人的觀念中一向是非常崇高的。可是,目前臺灣社會由於工商繁榮,教師待遇相對地偏低,一般認為教師地位已日趨低落,大不如從前。到底我國當前教師職業聲望如何? 與西方國家相比是否仍然很高? 實在值得加以探討。

　　何友輝及廖正宏(民58)曾從事我國社會職業等級評價研究。該項研究以受大學教育男性、女性,未受大學教育男性、女性等各二十五人,共計一百人為對象。要求他們對十八種職業加以評價。根據何廖二氏調查所得資料顯示: 就整體樣本而言,我國大學教授的職業等級在工程師與醫師之上,中小學教師的職業等級則在律師、銀行職員、普通公務員及新聞記者之上。因此,該研究指出:「在職業等級的評價當中,教育工作可說是名列前茅。一般人認為教育是神聖的工作,其百年樹人、作育英才的任務可說是任重而道遠。……根據這些資料,大部分的人對於職業評價的標準,並不把金錢列為最重要的因素,而是把名望、工作性質,及其貢獻的大小,列為最重要的因素。」「本調查若欲用以預測社會實際行為很有問題; 不過,它可以反映一般人對於我們文化傳統及價值觀念的遵從。」此項調查,因所取樣本較少,而且大部分為青年學生,只能反映一部分社會事實,無法代表多數國人的看法。

　　文崇一、張曉春(民68)從事「職業聲望及職業對社會的實用性」研究。此一研究列出我國九十四種職業的聲望,其中大學教授的職業聲望僅次於省主席,列居第二; 中小學教師則分別為第十三與第十六。他們強調「一般人認為中小學教師社會地位低落的說法,是不正確的」。

　　林清江(民60)曾以三百位教師,八百八十二位中小學家長為對象,

從事類似的調查。教師包括小學、國中及高中（職）教師各占三分之一，家長則包括公、農、商、自由各業之家長。就全部樣本評量結果言，大學教授居第二，大學校長居第四，其職業聲望均高於醫師、部長及大法官；中學校長居第八，高於建築師及國民大會代表；小學校長居第十一，高於縣市長；中學教師居第十四，高於律師；小學教師居第十六，高於地方法院推事，飛機駕駛、新聞記者、縣市議員……等。當然，上述評量結果僅代表中學學校教師及各類家長，對於教師及其他職業聲望的態度。教師及家長並非社會各階層全體組成分子之代表，此種結果尚不能作為整個社會價值觀念的代表。不過它已經顯示我國一部分職業價值觀念。此一調查的結果，發現不僅大學教師之職業聲望極高，幾為各種職業之冠，同時中小學教師的職業聲望在一般人心目中，也相當高。

　　臺北市教育局委託臺灣師大教育研究所於民國 68 年所進行的「臺北市教師職業聲望與專業形象之調查研究」，此項研究的主持人是林清江，此研究資料顯示：我國職業聲望等級十年來並無多大改變；教師職業聲望仍然很高。大學教授職業聲望居第四，而中小學教師則分別為第十三與第十七（臺灣師範大學教育研究所，民 69）。

　　林清江於民國 80 年又進行第三次教師職業聲望與專業形象之調查研究，這次以 4,162 位不同職業從業人員、大專院校學生為對象，此研究資料顯示：我國教師聲望仍然很高，且並無多大改變；大學教授職業聲望居第二，而中小學教師則分別為第十三與第十五。林清江綜合比較上述其所主持三個教師職業聲望調查研究，評量四十種職業聲望，並將其歸為六個聲望等級。大學教授的聲望被評為最高等級，與內閣閣員及大法官的聲望等級相同；中小學校長與中學教師的職業聲望列為第二級，與立法委員、醫師及律師的聲望等級相同；小學教師的聲望等級列在第三級，與建築師、牙科醫師及會計師的聲望等級相同（林清江，民 81）。這三次調查結果都很一致，顯示這些年來教師的職業聲望等級仍然很高。

　　林清江的三次調查除上述職業聲望調查外，對教師專業地位的看法也有一些意見，意見中部分有利於教師專業地位的提高，部分則不利於

教師專業地位的提高（林清江，民 81）。其有利於提高教師專業地位之意見有：

1. 教師工作具有專業性質。
2. 教師工作很重要，其重要性等於或甚於醫師及工程師的工作。
3. 教師工作應重視其專業自主性。
4. 教師尚稱盡職，所有過錯，但非故意造成。
5. 教師遵守行為規範，以為他人之楷模。

其不利於提高教師專業地位之意見，則有：

1. 少部分教師缺乏敬業樂業的精神，其工作態度仍待改進。
2. 少部分教師的一般常識，仍待充實。
3. 教師研究精神仍待加強。

三、中外教師職業聲望之比較

上述兩個調查研究的目的旨在分析我國職業聲望的高低，並未與其他國家做比較。本書作者於民國 64 年曾經從事中英兩國教師角色的比較研究 (Chen, 1975)，其中一項調查，包括我國臺灣地區與英國約克郡 (Yorkshire) 地區教師職業聲望的比較。該調查係以兩國中小學教師、家長、中學生與師範生為對象。我國合計 408 人，英國 393 人。此一調查所取樣本不多，而且係以中小學教師、家長、中學生與師範生為對象，其結果可能有利於教育人員，因為上述調查對象與教育制度關係較密切。但該調查之主要目的在比較中英兩國教師的職業聲望，兩國所取樣本的條件相若，所以從事比較分析，應無問題。

從中英兩國職業聲望等級的比較，我國大學校長、教授和中學校長、教師以及國小校長、教師等，六類教育人員的地位均一致地高於英國。如再從其他職業的相對位置加以觀察比較，我國此一職業聲望等級與前述何友輝、廖正宏、林清江等的調查結果頗為相似。而英國的職業聲望等級則與美國的資料大同小異。由此可見，在我國社會中，各級教師的職業聲望，遠較西方社會教師的職業聲望為高。

　　根據前述美國「國家民意研究中心」於 1947 與 1963 年兩次調查，顯示職業聲望等級具有高度的穩定性。殷克里斯則發現不同國家之間的職業聲望等級也有極大的相似性。各種資料顯示歐美國家中小學教師的職業聲望均無法與高級專業人員相比，僅稍高於中級地位而已。

　　從上述各種調查研究的結論，可以知道：雖然目前我國社會結構變遷快速，價值觀念也在轉變中，但是尊師重道的觀念仍然深植於國人的心中，並沒有消失。一般論者常感嘆師道淪喪，這只是憑某些表徵現象加以臆測而已。事實上，並無證驗性資料支持這種看法。不過，調查研究的結果，只能反映一般人對於傳統文化與價值觀念的嚮往與懷念，並不能用以說明或預測社會的實際行為。今後，我國要提升教師的專業地位，除維持這種尊師重道的傳統外，並應有其他措施的配合。下節探討提高教師專業地位的可能途徑。

第三節　提高教師專業地位的途徑

一、影響教師專業地位的因素

　　教育工作專業化是一種必然的趨勢，中小學教師素質的逐漸提高以達到應有的專業地位，是今後各方所應共同努力的目標。基於這種認識，吾人對於影響教師專業化的幾個因素應先加以分析：

㈠師資培育規劃不當，造成供需失調、素質不齊

　　傳統上，我國的中小學師資培育主要由師範院校所擔任，自民國 76 年師專改制為師範學院以後，國小師資已提升到大學程度，教師在長期的專門訓練上已符合專業工作的規準。

　　教育部為因應時代變遷、順應世界教育潮流以及中小學教育發展的需求，乃於民國 76 年 5 月著手修訂師範教育法，並於民國 83 年公布施行「師資培育法」，迄今已歷經多次修正。此法具有幾種特色：

1. 確定師資培育多元化制度。

2. 建立資格檢定的初檢與複檢制度。

3. 明示教師培育的方式以自費為主、公費及助學金為輔的原則。

4. 強調教育實習與落實教師實習制度。

5. 著重教師在職進修。

6. 強調師範校院的教育學術研究、教育實習與在職進修功能。

　　師資培育法確立師資培育的多元化，這種師資培育市場自由化的結果，目前已造成沒有公費生可以派用，師資培育機構培育的自費生過多，就業困難，各類科教師供需失調等問題。再則，由於各大學均可開設教育學程培育中小學師資，中小學教師來源大量擴充，各師資培育機構除了提供教育學分的修習，無法有效從事實習輔導與專業精神的培養，導致師資素質參差不齊。

㈡女性教師比例偏高，形成教師為女性職業的印象

　　女性擔任教育工作原是很適合的。因為女教師天性較為溫柔、和藹、並且有耐心。但是如果女性教師比例太高是否對於學校行政及教學、訓導等工作有所影響，值得加以探討。從社會學觀點看來，女教師常由於家庭因素，難免在學校工作方面或因生產而請假，或因養育子女而間斷服務。一般而言，她們並不像男教師那麼熱中於爭取校長或其他行政職位，而比較能滿足現況（包括職位與待遇），以致常被認為她們的「事業心」或專業精神不如男教師。因此，如果女教師比例愈高，一般人愈以為教學為女性工作，形成教師為女性職業的印象。

　　這種情況在美國最為嚴重；美國女性教師比例幾達75%，為世界各國之冠。英國女性教師約占60%。根據民國101年教育統計指標，我國臺灣地區100學年度國民小學及中等學校女性教師比例分別為69.3%、68.2%（教育部，民101）。可見我國女性教師比例仍屬偏高，唯情況並不嚴重。

㈢教師待遇偏低，影響教師社經地位

　　待遇的高低與收入的多寡，雖不能絕對影響職業聲望，卻是衡量一個人或一種職業社會地位的重要標準。教師待遇偏低為各國普遍的現象；各國政府雖不斷的努力以改善教師待遇，但教師的經濟收入仍不能與其他專業工作人員相比。由於教師的薪資與待遇均賴各級政府編列預算支應，教育擴充迅速，教師人數如此龐大，政府又必須通盤考慮軍、公、教之間公平合理的原則，除非整個國家財務情況特別好轉，否則，要大幅度調整教師待遇將是極為困難的。

　　上述三者為影響教師專業地位的可能因素，如果要克服這些困難，必須政府、社會與教育界本身共同努力，始能提高教師社會地位，並促使中小學教師工作達到完全專業化的地位。

二、提高教師專業地位的途徑

　　沈珊珊（民 88）指出現今國際間和國內都朝向提升教師資歷、制度化教師進修、增加教師自主權，及建立集體組織以保障教師權利、規範成員等方向來努力。這些方向不僅是確保教育品質的良方，也是提升教師社會地位的途徑。楊國賜（民 70）認為提高教師專業地位的途徑有三：(1)提高教師專業教育的水準；(2)加強教師專業組織的功能；(3)建立教師專業條件的規準。綜合上述二者所提出的看法，吾人認為提高教師社會地位的途徑可歸納為下列三項：

㈠提高師資培育素質與專業精神

　　為了提高教師聲望與地位，必須把握三項重要原則：

1. 提高師資素質；
2. 加強教師專業精神；
3. 積極反省，勇於改革。

　　自民國 83 年「師資培育法」公布之後，師資培育的工作由師範院校與各大學的教育系或師資培育中心共同擔任，使我國的中小學師資培育走向多元化，教師都已提升至大學程度，師資的基本訓練已達到專業的

標準，然而師資的素質是否隨著提升則須進一步探究。

在師資培育階段，各師資培育機構宜設法吸引有志於教育的優秀青年修習教育學程，對修習教育學程學生應有資格限制，如成績要達到某種水準、品格與性向也必須適合擔任教育工作。另外，對於在職的教師，鼓勵在職進修，使教育品質得以提高。最重要的是要加強教師的專業精神，使教師能樂於奉獻教育工作，以提升教師的專業形象與社會地位。面對當前教育改革的聲浪，教師同仁亦應深自反省，而有積極進取與勇於改革的信心與決心。

㈡提高教師待遇、改善其工作條件

教師為爭取專業地位，維持其崇高的節操，固然應強調其服務的功能，而不宜斤斤計較待遇的高低、收入的多寡。但是，教師素質提高以後，政府與社會人士承認教師對社會的重要貢獻，而給予應有的專業水準的報酬，乃是理所當然的。聯教組織所發表的《關於教師地位之建議書》，除強調教職為一種專業外，並主張：教師的待遇應有一定的標準，至少應該與具備同等學歷資格而從事其他工作的人員，獲得相等的報酬；此外，對於如何改善教師的工作條件，該建議書也提出許多具體可行的辦法（引自伍振鷟譯，民 55，頁 4）。

教師待遇的大幅提高，由於政府財力所限，可能困難較多，已如前述。但改善教師工作條件的一些措施，例如：尊重教師人格、給予較大的教學自由、調整師生人數比例、減輕教師工作負擔、給予休假進修與升遷的機會、擴充申訴管道以及其他福利方面的照顧等，教育行政當局應該設法排除困難盡可能予以實施。

當然，在政府協助教師提高社會地位時，教師本身亦應堅定專業理念，提高服務品質，才能贏得社會人士與家長的信賴。在本書作者所從事的一個調查研究中 (Chen, 1975)，有一項關於教師待遇的看法，中英兩國多數人（我國為 79.9%，英國為 82.2%）認為「目前教師待遇太低，應予提高」。不過，其中一位填答問卷者寫道：「目前教師待遇對於一位優

秀教師來說，實在是太微薄；但是對於一位差勁的老師來說，實在是太優厚了。」這是一針見血的話，值得教育界同仁深思。

(三)提倡尊師重道的風氣

　　專業地位有一些具體的標準可以衡量，但是社會大眾是否尊重這種職業的價值，承認這種職業的重要性，也是決定這種職業是否完全達到專業化的一個因素。根據前述有關中外教師職業聲望的調查分析，可以發現我國社會中的教師職業聲望比西方社會高出許多，足以證明尊師重道的觀念仍然存在，這是令人感到鼓舞與安慰的一件事。不過，尊師觀念是一回事，實際尊師的表現又是一回事。許多教育界同仁似乎都深深感覺到：「尊師重道」已經是口號重於實質，一年一度的敬師活動也逐漸流於形式。惟今之計，除教育界同仁本身必須樹立「師表」的典範外，政府有關當局必須採取有效措施切實維護師道尊嚴，並應影響社會大眾與輿論界隨時給予教師精神上的鼓勵。

　　總之，要弘揚師道，提高教師專業地位，必先由教師本身充實專業知識並發揮專業精神以獻身教育工作，其次，政府與有關當局應盡可能提高教師的待遇，並改善其工作條件，最後，要求社會大眾倡導尊師重道的風氣。如此各方面充分配合、共同努力，則教師地位的提高與師道尊嚴的樹立，必將指日可待。而教師社會地位的提高，將使教師更能發揮教育熱忱，以造福下一代國民。

參考文獻

文崇一、張曉春（民 68）。《職業聲望及職業對社會的實用性》。中央研究院民族學研究所。

伍振鷟譯（民 55）。《聯合國文教組織關於教師地位建議案》。臺北：中國教育

學會。

何友輝、廖正宏（民 58）。〈今日中國社會職業等級評價之研究〉。載於《臺大社會學刊》，5 期，頁 151-154。

沈珊珊（民 88）。〈教育專業〉。載於陳奎憙主編：《現代教育社會學》，頁 251-267。臺北：師大書苑。

林清江（民 60）。〈教師角色理論與師範教育改革動向之比較研究〉。載於《臺灣師大教育研究所集刊》，13 輯，頁 85-87。

林清江（民 81）。〈我國教師職業聲望與專業形象之調查研究〉。中華民國比較教育學會主編：《兩岸教育發展之比較》。

教育部（民 101）。《中華民國教育統計》。臺北：教育部。

教育部中部辦公室（民 90）。《臺灣省教育統計指標》。臺北：教育部。

楊國賜（民 70）。〈提高教師專業地位的途徑〉。載於《中國論壇》，12 卷 12 期，頁 15-18。

臺灣師範大學教育研究所（民 69）。《臺北市教師職業聲望與專業形象之調查研究》。臺北市：教育局。

Charters, W. W. (1963). "The social background of teaching," in Gage, N. L. (ed.). *Handbook of research on teaching*. Chicago: Rand McNally.

Chen, K. H. (1975). The teacher's role in England and Taiwan: A comparative study of the two societies. Unpublished Ph. D. Thesis, University of Sheffield.

Etzioni, A. (ed.) (1969). *The semi-professtions and their organization: Teachers, nurses, social workers*. N. Y.: Free Press.

Hodge, R. W., Siegel, P. M. & Rossi, P. H. (1964). "Occupational prestige in the United States, 1925-63," in *American Journal of Sociology*, Vol. 70 (3).

Inkeles, A. & Rossi, P. H. (1956). "National comparisons of occupational prestige," in *American Journal of Sociology*, Vol. 61 (4).

Jackson, J. A. (ed.) (1970). *Professions and professionalization*. Cambridge University Press.

Lieberman, M. (1956). *Education as a profession*. N. J.: Prentice-Hall.

Moser, C. A. & Hall, J. R. (1954). "The social grading of occupations," in Glass, D. V. (ed.). *Social mobility in Britain*. London: RKP.

National Education Association (1948). *The yardsticks of a profession*. Institute on Professional & Public Relations. Washington D. C.: NEA.

Reiss, A. J., et al. (1961). *Occupations and social status*. N. Y.: Free Press.

Stinnett, T. M. (1968). *Professional problems of teachers*. N. Y.: Macmillan.

第14章 課程的社會學意涵

　　課程是教育的內容，也是學生學習活動與經驗的總體。它應是教育（包括教育社會學）研究的重心。但是過去教育社會學的研究偏重於「制度」、「組織」與「人」等方面的分析，直到 1970 年代以後，有些學者才開始注意到「知識」與「課程」方面的探討。

　　課程涉及教育內容的問題，也與國家塑造、族群融合有著密切的關係。透過教育系統，國家讓人民了解其角色與精神，並協助其人民社會化。因而學校教育提供了社會的、政治的、經濟的功能，並滿足人們啟蒙、求知與地位的要求。為了達到這些目標，國家透過課程政策的決定而控制了課程的知識內容。

　　課程既日益受到重視，然而什麼是課程呢? 課程 (curriculum) 一詞源自拉丁文 Currere，意指馬車跑道，含有行進所遵循的路線之意，引用到教育領域來，課程意指在教育過程中，師生教與學的進路。有關課程的定義，眾說紛紜。黃政傑（民 79，頁 341–363）認為，課程的要素至少包括四大類：科目、經驗、目標、計畫；也就是說，在規劃課程時，要確認目標，將預期的學習經驗，做有系統的計畫安排，並落實於科目中。陳伯璋（民 76，頁 96）認為傳統對課程的定義，較強調「有計畫」或「有意」的學習活動，尤其是指在學校安排或教師指導下完成預期目標的學習，稱之為「正式課程」(formal curriculum)。因此，事先沒有預想到的學習經驗常被忽略。這種「不明顯」(invisible) 的學習經驗，稱之為「潛在課程」(hidden curriculum)。它是指學生在學校環境中所學習到的一種非預期或非計畫的知識、價值、規範或態度。這種課程往往會影響正式學習的效果，甚至比正式課程更重要。如果未能正視潛在課程的影響，則對課程的分析就不夠周延。

　　課程既在反映國家的理想與族群的文化、利益，那麼在進行一種課

程的社會學分析時，我們就要問：這是誰編定、決定的課程？這是誰的「文化資本」(cultural capital)？近年來由知識社會學的分析可以看出：課程本身不可能是「價值中立」的，從目標的決定、課程發展的程序、教材的選擇以及評鑑的過程，都充滿價值判斷。而事實上，課程本身就是一種政治性的活動，因為在課程形成的過程中，往往包含許多階級利益、經濟與文化分配等價值衝突與對立的問題。換言之，就是政治權力的衝突（陳伯璋，民 77，頁 8）。艾波 (Apple, 1976, p. 210) 指出：「學校中的知識形式不論是顯著或隱藏的，都與權力、經濟資源和社會控制有關……知識的選擇，即使是無意識的，也都與意識型態 (ideology) 有關。」從以上的探討，可見課程的發展實具有深厚的社會學意涵。而課程能否促進社會流動，追求社會正義？課程如何反映意識型態？課程與社會變遷的關係如何？這些問題，都可以從社會學的觀點加以分析。

第一節　課程與社會階層

一、1970 年代以前的課程研究

在 1970 年代以前，課程的研究大體上是以自然科學的實證主義 (positivism) 為典範 (paradigm)，建立其概念架構和方法論。就概念架構而言，是利用科學管理的原理原則，在「凡存在的就是合理」，以及「凡存在的必有數量，有數量的必可測量」的預設下，應用「工作分析」(job analysis) 的方法，選定客觀的學習經驗，並擬訂具體明確的學習目標，最後加以系統組織而成為課程。這種研究是以「工具理性」(instrumental rationality) 為依據，其目的在於「效率」和「控制」的加強。他們將現存社會生活經驗或學習目標視為理所當然，認為教學只是預備未來生活的手段，而將目標的合法性及意識型態的問題避而不談。批判理論的學者指出：公立學校的主要特點與運作方式，乃是基於現代實證主義的觀點，而愈來愈依賴工具理性與課程標準。經由學校僵化的考試、分類與分流

（進路），而使得階級、族群、性別的差異形成規則化。這種規則可由西方國家的課程內容看出。這些課程偏愛白人的、中產階級的歷史、經驗和文化資本，而拒絕納入低階層的通俗文化。他們認為權力與經濟支配勢力相結合，建構了知識的合法性，學校課程之實施，旨在鞏固社會階層結構並維持社會現狀 (status quo)。1970 年代以後，批判理論與知識社會學研究取向出現。課程研究的重心，乃產生極大的變化。

二、課程與社會階層的「符應」與「再製」

包爾斯與金帝斯 (Bowles & Gintis, 1976) 提出資本主義社會的需求與學校所履行的功能直接符應的理論 (correspondence theory)。他們認為美國公共教育所要實施的目標，乃在為資本階級服務。透過學校課程，教育系統為資本主義社會培養了所需要的知識技能與價值行為，同時使學生相信社會制度是公平合理的。新馬克思主義者認為：在資本主義社會中，學校的中心任務乃在再製勞工階級。這項任務可分為兩方面，一是職業技能的訓練；另一則是適當態度與氣質的發展。最重要的是要使人們接受自己階級的角色，並認為這是公平而不可避免的。勞工階級的學生接受技術的訓練，培養服從、守紀律的特質。這些特質使他們能在未來的經濟系統中，扮演安分的勞工角色；而既得利益階級的學生卻接受另一種教育。

布迪爾 (P. Bourdieu) 和柏恩斯坦 (B. Bernstein) 則認為：這種經濟結構決定課程結構的論點，似嫌簡化了彼此關係。他們認為社會符應現象的產生不全為政治、經濟因素所決定，而「人的資本」(human capital)——特別是語言與文字——的分配不均，更是決定社會控制的因素。社會既得利益階級的文化優勢反映在社會生活中。「文化不利」者，不僅在經濟、社會上處於劣勢，即在教育過程中，也被標示為低成就者，然後所分配的知識就屬於實用性、技術性層面。近年來，新馬克思主義者的觀點也愈趨於精密，例如艾波就認為資本主義者的權力可能沒有那麼大，官方的知識策略是一種妥協的策略；而在妥協過程中，支配性的團體常會製

造一種情境，使得這種妥協有利於他們 (Apple, 1993)。在一個民主社會中，各種政治團體、階級和族群應該都有權利參與課程知識的討論。如果課程僅在複製同樣的社會階級，則社會流動無由產生，社會正義無法實現。

三、課程的「組織」（分類）與社會階層的關係

在課程的「組織」分析方面，柏恩斯坦 (Bernstein, 1971) 曾用分類 (classification) 的概念來說明課程之間界限的強度。根據課程分類界限的強弱，柏恩斯坦把它分為聚集型 (collection code) 與統合型 (integrated code) 兩類。前者課程界限分明，後者則反之。這種課程分類乃是社會權力分配與社會階層化的反映，聚集型課程傾向於維持社會現狀，透過課程的分化以培養不同階層的人才。此類課程的評鑑方式強調學生對事實知識的記憶。統合型課程則是對社會現狀的挑戰，企圖透過課程的統合以消弭社會階層的界限。其評鑑標準著重於學生對教材內容的了解（陳奎憙，民 79，頁 32）。楊格 (Young, 1998) 則從「階層化」的觀點，探討課程知識如何被組成。楊格探討自 1950 年代以來，學者們對於有價值知識的判定標準。他歸納出四個社會上常用的標準：(1)重讀寫而輕口語溝通；(2)重個人學習而輕群體合作；(3)重抽象思考而輕具體知識；(4)重學術知識而輕日常生活知識。楊格指出：如果知識的地位是依這些標準而定，則課程也會依此原則而組成。而許多「職業中學」的課程正是這些低地位知識的典型；從而也具體說明了知識的階層化是如何維持了社會的分割和不公平。在課程「分配」方面，楊格以英國的十一足歲甄試 (eleven plus test) 分配學生進路為例，說明許多有能力的學生（特別是勞工階級），由於考試設計的不當，無法進入「文法中學」，因而形成教育浪費。當前作為評量學生進路的許多測驗或考試，都以紙筆測驗的型態出現，而內容又反映中產階級的文化經驗，這使得文化不利學生及勞工階級的子女，在考試及課程分配中大為吃虧。

第二節 課程與社會變遷

由於人類社會不斷在變遷中，不但知識增加、科技發展，生活方式與價值也不斷在改變，教育因而也必須具備動態的性質。教育工作者須隨時留意社會變遷的事實，在課程、教材教法方面盡量配合時代的要求。然而，教育也並不只是被動的配合變遷，它必須能激發理想的改革，並導引社會變遷。課程與社會變遷的關係因而有著兩種不同的觀點：一種觀點，認為課程必須因應社會的變遷，培養學生具備社會所需要的技能、態度和價值觀念，這種觀點稱之為「社會適應取向」(social adaptation orientation)；另一種觀點則認為課程應培養學生批判的能力，以建立未來社會的新目標，這種觀點稱為「社會重建取向」(social reconstruction orientation)。

一、社會適應的觀點

主張採「社會適應取向」的人基本上認為社會上所存有的規則、秩序、價值大致上是合理的，學校課程只要配合社會的變遷和需求，提供社會所需要的知識、技能，則教育系統的任務就已達成。這種觀點可以早期的鮑比特 (Bobbitt, 1918) 為代表，他主張課程應為兒童準備未來五十年成人期所需的知識和技能。為了準備生活，課程發展者必須找出課程所要含括的領域（例如公民活動、家庭活動、休閒活動等）。然後由課程專家將該領域中重要的知識和態度加以分析，再編入學校課程。這種學校課程須配合社會需求的觀點，也可從 1957 年美國社會對蘇俄發射史普尼克號人造衛星的反應看出。當時人們將科學上的落後怪罪於學校的「軟式教育」(soft education)。他們強烈要求改革數學和科學課程。而在此後的十年，聯邦政府也投入無數的資金，用來支持數學與科學課程的發展及師資的培訓。此外，近年來在美國社會，越來越多的年輕人離開學校後，卻不知道自己未來的發展方向是什麼。很多人於是主張，學童

自入學起，就要讓他們思考未來的工作世界，並逐漸發展出工作世界所需要的技能和態度。結果，在全國教育研究所 (National Institute of Education) 的贊助下，生涯教育課程就在全國各地的學校推展開來。而當社會出現問題（如藥物濫用、生態破壞等），人們也希望透過學校課程來改善這些問題。上述這種觀點並不尋求社會結構的根本改革，只是要提升學生對當前工作世界的知覺，適應社會生活的需要。

二、社會重建的觀點

採取「社會重建取向」者則對上述觀點持有不同的看法。他們認為課程主要在發展兒童和青少年的批判意識以便能察覺社會上的弊病，進一步增進其改革社會弊端的意願。這種課程計畫通常著重在爭議性議題的探討，例如宗教價值、政治腐敗或種族歧視等問題。這種課程的主要目標，不在幫助學生適應現存社會，而在幫助學生發覺社會問題並尋找解決之道。曼安 (Mann, 1974) 主張學校課程應培養學生必要的態度和技能，使他們有能力建立一個比他們所處世界更好的世界。因而如果他們所處的社會，是一個助長社會不公平的官僚體制社會，而他們的學校也依此模式而設立，則學校必先改變其結構，否則無法重建社會的正義。社會研究課程必須探討社會廣受爭議的問題，如果學校課程一再地逃避這些議題，學生將無法學得如何處理這些爭議的能力 (Spencer, 1985)。臺灣自解嚴以後，在學校課程方面對於政治迷思的破除、宗教教育的重新評價，族群、性別與多元文化教育的提倡，以及批判思考精神與能力的培養，都具有「解構」與「重建」的社會意義。

第三節　課程與意識型態

一、何謂意識型態

「意識型態」一詞係法國思想家崔西 (Tracy) 所創用，意指研究觀念

的科學，也就是探討所有人類意識內涵起源、形成與發展的學問，而為所有其他科學的基礎。十九世紀時，馬克思將意識型態視為資本主義社會為複製社會結構，反映階級利益而將之合理化的一些偏見。二十世紀初孟漢 (K. Mannheim) 則認為馬克思將意識型態視為扭曲社會現實的意識，是片面而局部的，因為意識型態是一種全面的、價值中立的、知識批判的描述性概念。國內學者陳伯璋（民 77，頁 4-5）認為意識型態含有以下的特質：

1.**系統性**：它是一套價值觀念或信念所形成的，同時也包含實踐系統。

2.**排他性**：它對內有統整的作用，而對外則會產生強烈的排他性，當不同意識型態對峙時，常產生極大的殺傷力。

3.**強制性**：它為維持體制的秩序和穩定，對成員有相當的規範性。

4.**情感性**：它不一定合理，但具有強烈的情感色彩。

5.**主導性**：它不是一種空疏的理想，它具有實踐和動員的特性。

總之，意識型態是指某種思想或信念，或是一種參考架構，個人據以了解社會事物。它是一種受到社會文化因素影響而形成的觀念或價值系統，可以作為行動的準繩。意識型態可能是扭曲現實的「錯誤意識」，但也可能是具有價值中立意涵的「觀念之學」，它是一種兼具思想、信仰與行動等概念的綜合體。

二、課程意識型態的分析層次

黃嘉雄（民 87，頁 179-197）認為課程研究在分析課程意識型態時，至少可從三個層次著手：

1.分析課程的理論基礎，到底隱含何種意識型態。每一種課程理論，本質上都是一組對知識、價值、人性、世界觀、教育觀等的合理性敘述或假設。這些合理性敘述或假設，本身也都是一種意識型態，乃是可進一步評析的對象。

2.分析課程內容（教材）的意識型態。課程研究者常分析是否有重男輕女、我族中心、尊崇特定宗教、褊狹地域觀念、國家或個人主義、反

映特定群體權力結構、維持社會現狀等意識型態。

　　3.分析課程形式的意識型態。課程形式雖非課程實質內容，卻足以影響學生學習經驗與學習效果。例如：課程的統整或分化、課程決定形式，以及課程實施中師生的社會關係形式，均反映出課程的政治性和社會性意義，而與當權者或優勢團體的意識型態有關。

三、課程中意識型態的類別

　　上述課程意識型態的分析層次，重點在探討意識型態可能存在於課程的哪一個層次。至於課程中包括哪些需要加以檢討的意識型態呢？茲根據各方分析，概括分述如下（作者附記：下述分析或檢討，如為我國情形，多針對臺灣政治解嚴前之中小學課程；政治解嚴以後之課程，大部分已獲得改善）：

㈠政治意識型態

　　根據學者（黃政傑，民 80；歐用生，民 74，頁 91–125）之研究，國內小學課程往往具有過度政治社會化、國家主義、領袖崇拜、仇共恨日、權威、單一化和傳遞固定政治主張等政治意識型態特徵。

㈡性別意識型態

　　根據學者們（莊明貞，民 87，頁 379–408；歐用生，民 74；謝臥龍，民 86）之分析，以前我國中小學無論教科書內容或師生教學互動歷程，均具有「男尊女卑」、「男女有別」，刻板化（窄化、輕視）女性角色的意識型態。

㈢族群意識型態

　　我國中小學課程中，對於教材的篩選，大都以主流族群（漢族）文化為主，少數族群較受忽視。我國原住民文化在教科書中所占篇幅相當少（黃鴻文，民 78；簡良平，民 80）。另美國中小學教科書，也常反映白人核心文化，其他弱勢族群的文化內涵亦極有限。

㈣宗教意識型態

西方國家教育內容的宗教意識型態,極為明顯。有些國家(如英國)甚至將宗教列入正式課程,作為實施道德教育的重要活動。我國則強調教育的非宗教化,但其結果,卻剝奪學生正確認識宗教的機會,這也形成另一種形式的宗教意識型態(黃嘉雄,民 87,頁 179–197)。

㈤階級文化的意識型態

法國社會學者布迪爾認為高階層出身的學生在語言、文字及生活習性方面常居於優勢地位;而低階層來的學生常因「文化不利」而被標示為低成就者。中國大陸教科書中常見的英雄典範,則多出自勞動階層,可見課程內容常具有階級文化的意識型態。

四、課程中意識型態的批判與澄清

從上述分析,可見無論課程理論之建立、教材內容之選擇,以及課程形式之決定,均可能受意識型態的影響。至於意識型態的介入課程,有何弊端產生呢? 凱利 (Kelly, 1999) 指出: 如果知識是社會建構的,那麼對知識的社會控制(即透過課程傳遞特定的意識型態),即是對一個自由、民主社會的威脅。

因此,現代批判理論學者認為,我們可以接納意識型態存在的事實,但必須承認人類知識是可爭論的 (problematic);任何知識(包括暗含意識型態的課程理論、內容與形式)必須能被公開地討論甚至加以批判與澄清。艾波因而建議在我們探討課程時,須先了解一些根本問題 (Apple, 1976, p. 210):

1. 課程所呈現的是誰的知識?
2. 課程的內容是誰來選擇的?
3. 課程為什麼以這種方式來組織和施教,又為何只針對特殊的群體?
4. 是誰的「文化資本」被安置在學校的課程之中?
5. 是以誰的原則來界定社會正義並且包括在學校教學之中?

6.為何以及如何將特殊群體的文化觀，以客觀和事實的知識呈現於學校中？

7.官方的知識如何具體地表現出社會中優勢階級利益的意識型態？

8.學校如何將這些僅是代表部分標準的認知轉化為不可懷疑的真理？

9.在文化機構（如學校）中施教的知識，是代表誰的利益？

至於意識型態如何批判？哈伯瑪斯 (J. Habermas) 認為人類社會的溝通常被有系統的扭曲，也就是受意識型態的支配；因此，他提出「解放的興趣」(emancipatory interest) 此一概念來說明人類意圖克服意識型態的宰制，破除僵化的權力支配關係。

教育活動本來就是一種溝通的活動，在人際互動中，透過理性論辯，以達相互理解和共識。在論辯過程之中所使用的語言並不是單純取其傳統規範性的意義，而是對僵化的制度、規範與規則進行批判性的反省，找尋一種新的合法性基礎，以達到「解放」（楊深坑，民 77，頁 41）。不過哈伯瑪斯「溝通合理性」的觀念，也提醒我們：批判者本身也應自我反省，善用理性論辯，而不是以一種意識型態去批判另一種意識型態。

從以上分析可看出，課程的知識內容與決策形式必然隱含著某種意識型態；這些意識型態是否經過廣泛的理性討論，充分的分析與澄清而形成共識？或僅是反映特定群體、階級的觀點與利益？或是在優勢群體所壓制下的妥協產物？這些都是課程決策者、課程施教者與課程學習者所應共同思考的問題。

第四節　課程革新

臺灣教育改革運動中，課程革新為其重點之一（如：九年一貫課程及十二年國教的推動，就是顯著的例子）。行政院教育改革審議委員會認為「課程改革是教育改革的軟體工程」，可見課程革新在教育改革中實居於關鍵地位。

課程發展與課程革新均有其社會、文化、心理與哲學方面的基礎。

就社會學觀點而言，課程改革除依循社會學理論作為基礎外，在實務上更應隨著社會的脈動而更新，以符合時代的需要。尤其在我們傳統的課程中，充斥許多不合時宜與偏向特定群體的意識型態，如何面對二十一世紀變化快速的社會需求，而力求課程改革，是大家所關心的問題。以下幾項原則性建議，或可供參考：

㈠課程的修訂應切合時代需要

　　現代資訊社會變遷快速，許多新的知識與技能不斷產生，人們面對新的時代，除了提升知識水準，也必須具有新的價值觀念與態度理想。因此，課程內容必須跟隨社會變遷的腳步，與時俱進，不斷更新。

㈡課程的修訂應符合民主的原則，其內容必須多元且富彈性

　　現代社會具有民主與多元的特質，課程的修訂須透過民主的程序，廣納各方意見，而其內容則應反映多元社會的需求，並酌留各地各校實施時之彈性。

㈢課程的內容與實施應兼顧正式課程與潛在課程

　　正式課程具體明確，常較受重視，但是潛在課程亦不可忽視；舉凡學校的傳統價值、規章制度、環境設備，以及校外的社區、政治、經濟與社會文化等因素，都應在課程設計與實施時，加以審慎的考慮。

㈣課程內容應與學生生活結合，重視學校本位課程與鄉土教學

　　課程規劃應納入學校本位課程的精神，並加強實施母語教學，重視鄉土教材，其目的在培育適當的多元文化的態度，並促成族群之間相互尊重與彼此和諧。

㈤重視課程意識型態的反省，培養學生批判思考與實踐行動能力

　　為了避免學校課程成為灌輸某種特定意識型態的工具，同時能建立適當的社會價值規範，學校課程應協助學生具備適應、批判並改造社會的能力。

㈥重視對立、衝突與變遷等概念在課程上的正面價值

過去學校課程重視和諧、穩定與共識的價值，但是變遷社會無可避免會產生對立、衝突的失調現象；只要積極面對，力求改革，對立、衝突與變遷等現象，也有正面的價值，在課程設計時應適度加以重視，不必刻意迴避。

總之，隨著社會的變遷，價值觀念日趨多元化，課程改革的決策者除了重視與檢討不同意識型態與潛在課程的影響，更應以開放的心胸，博採眾議，兼容並蓄不同觀點，提供多樣化的課程內容以符合不同社會階層的文化與價值觀。如此才能達到課程改革目標，進而促成社會公平正義與學校教學品質的全面提升。

參考文獻

莊明貞（民 87）。〈教育與性別〉。載於陳奎憙主編：《現代教育社會學》。臺北：師大書苑。

陳伯璋（民 76）。《課程研究與教育革新》。臺北：師大書苑。

陳伯璋（民 77）。《意識型態與教育》。臺北：師大書苑。

陳奎憙（民 79）。《教育社會學研究》。臺北：師大書苑。

黃政傑（民 79）。〈課程〉。黃光雄主編：《教育概論》。臺北：師大書苑。

黃政傑（民 80）。《教育理念革新》。臺北：心理。

黃嘉雄（民 87）。〈課程〉。陳奎憙主編：《現代教育社會學》。臺北：師大書苑。

黃鴻文（民 78）。〈教科書的成見〉。《現代教育》，13 期，頁 55–71。

楊深坑（民 77）。〈意識型態的批判與教育學研究〉。載於陳伯璋主編：《意識型態與教育》。臺北：師大書苑。

歐用生（民 74）。〈我國國民小學社會科教科書意識型態之分析〉。《新竹師專學報》，12 期，頁 91–125。

謝臥龍（民 86）。〈從兩性平權教育的觀點探討教學互動歷程中的性別偏見〉。
　《教育研究》，54 期，頁 37–43。

簡良平（民 80）。〈國小教科書中「漢族中心」意識型態之批判〉。《現代教育》，
　6 卷 4 期，頁 153–162。

Apple, M. (1976). "Making curriculum problematic," in *The Riview of Education*,
　Vol. 2 (1).

Apple, M. (1993). *Official knowledge*. N. Y.: Rouledge.

Bernstein, B. (1971). "On the classification and framing of educational
　knowledge," in Young, M. F. D. (ed.). *Knowledge and control: New
　directions for the sociology of education*. London: Collier-Macmillan.

Bobbitt, F. (1918). *The curriculum*. Boston: Houghton Mifflin.

Bowles, S. & Gintis, H. (1976). *Schooling in capitalist America: Educational
　reform and contradiction of economic life*. N. Y.: Basic Books.

Kelly, A. V. (1999). *The curriculum: Theory and practice*. London: Paul
　Chapman.

Mann, S. (1974). "Political power and the high school curriculum," in Eisner, E.
　W. & Vallance, E. (eds.). *Conflicting conceptions of curriculum*. Calif.,
　Berkeley: McCutchan Publishing Co.

Spencer, H. (1985). "Five basic orientation to the curriculum," in Eisner, E. W.
　The educational imagination. N. Y.: Macmillan.

Young, M. F. D. (1998). *The curriculum of the future: From the new sociology of
　education to a critical thought of learning*. London: Falmer Press.

第 *15* 章 教育社會學的展望

從以上各章所討論的內容可以看出,教育社會學是一門新興的學科,它的性質仍在變化與發展之中。要展望這樣一門學科的前景,頗為困難。本章僅就教育社會學的研究目的、研究方式,以及研究內容三方面,探討當中可能發展的趨勢,最後並以我國教育社會學研究的展望作為本書的結論。

第一節 研究目的

教育社會學研究的目的可以分為理論的與應用的兩種目的。前者主要在於探究、發現、和建立社會學的一般原理原則,其重點在求知、在了解事實真象。此等原理原則或可應用於教育問題之解決,但並不以問題之解決為其主要目的。後者之主要目的則是為著應付經常面臨的教育實際問題,而以理論社會學的觀點和原理原則為依據來研究解決問題之道,最後在於改進教育措施,促成社會進步。從第一章所分析教育社會學的發展過程看來,社會學者顯然強調其理論性目的,而教育學者則偏重於應用性目的。今後可能的發展,將是兩者互相調和,而趨向於理論與實用並重。這種調和發展對社會學與教育學任何一方均屬有利無弊。

先從社會學方面而言,無可否認的,近幾十年來,有些先進國家部分社會學者的研究,常因過分傾向理論性及抽象性的問題,而與現實的社會需要脫節。以美國而論,每年各種社會科學(包括教育社會學)雜誌所刊載的論文中,許多是範圍極小,內容非常抽象的研究結果。這種情形頗引起撥款支助的政府或私人基金會的批評。加以近來世界各地社會問題層出不窮且日益嚴重,使得一些社會學家逐漸趨於從事實際問題的應用性研究。這種傾向已成為社會科學研究的一個主流(魏鏞,民60,

頁 83）。

　　再從教育學方面而言，教育學一向被許多社會科學家認為是其他科
學的應用科學。教育學研究的特性是「技術性」與「應用性」，是講究如
何吸收其他科學的成果，綜合應用於教育制度，以改進教育實際工作。
然而，大多數教育學者還是贊同教育學應屬獨立科學的觀點。近幾十年
來，教育學的發展亦充分顯示教育學者力求擺脫直觀見解的階段，雖然
他們也利用其他社會科學的理論與資料，但本身也從事基本理論的研究，
而獲得豐碩的成果，提高了教育學在社會科學中的地位。只要教育學者
肯定教育成為一門獨立學術領域的重要性，這種逐漸著重理論性研究的
傾向，必將成為教育社會學的另一個主流。

　　但是，作者所要強調的是：理論性與實用性研究，沒有必然對立的理
由，有時兩者很難加以劃分。譬如：教育社會學研究「角色理論」(role
theory)，似乎與實際問題並不相關，其實近年來許多研究者已將這方面研
究結果用來協助解決教育行政以及教學方面的人際關係的問題。任何教
育社會學上的理論研究未必直接可用於問題之解決，但或多或少對於教
育問題或社會問題的解決途徑，總有某些啟示性的意義 (implication) 存
在。因此，理論性與應用性研究可以相輔並行。就社會學或教育學各自觀
點而言，不必爭論何者重要。今後教育社會學的研究，如能理論與應用並
重，不但符合本身發展需要，也可使理論性的社會學更與人類生活密切相
關，並使應用性的教育學更進一步建立其理論體系，以合乎其為一門獨立
科學的要求。

　　伴隨教育社會學研究目的而來的另一個問題是：它究竟是屬於教育
學或社會學的一支。班克斯 (O. Banks) 以為未來的教育社會學將成為社
會學而非教育學的一支❶。但莫禮斯 (I. Morrish) 則認為此一學科未來的

---

❶　班克斯 (O. Banks) 於 1968 年出版的《教育社會學》(*The Sociology of E
　　ducation*) 一書中，認為「教育社會學未來的發展將成為社會學而非教育學
　　的一支」(p. 9)。但是 1976 年修訂本出版時，已不再強調這種看法。參見：
　　班克斯著，林清江譯（民 67）。《教育社會學》，第一章。高雄：復文。

發展須依賴社會學者或教育學者共同努力，兩者均可能有所貢獻。所以他認為教育社會學的發展究竟將成為社會學或教育學一支的爭論是多餘的。將來必須考慮的是：教育社會學究應研究哪些問題，其中到底哪些問題適合於社會學者來解答，哪些問題適合於教育學者來解答 (Morrish, 1972, p. 38)。本書作者認為：就目前與將來教育社會學發展言之，教育社會學永遠是教育學與社會學之間科際性 (interdisciplinary) 與統合性 (integrative) 的研究；硬要將其劃歸於社會學或教育學，事實上不可能，亦無必要。

第二節　研究方式

所謂研究方式 (modes of research) 含義比研究方法 (research methods) 廣泛，係指研究的基本原則或態度，也可以說是研究者所持的觀點 (perspectives) 或所採取的途徑 (approaches)。有些學者也常以研究「典範」(paradigms) 表示之。

早期的教育社會學者 (Educational Sociologists) 既未積極從事科學理論的探討，亦未發展一套嚴謹的研究方法與技術；而社會學者則多年來力求掙脫道德哲學的思辨轉而趨向於科學的客觀的研究，他們為維護其證驗性的 (empirical) 研究態度，因而反對早期教育社會學規範性的 (normative) 研究方式。韓森 (Hansen, 1967, p. 16) 在分析〈社會學與教育學之間不協調關係〉時，明白指出教育學與社會學之間的嫌隙是因為兩者不同的研究方式所造成；這兩種不同的研究方式即規範性與證驗性研究之間的差別。就目前趨勢而言，新興教育社會學已取得優勢，利用社會學所發展的理論模式及方法技術來研究教育制度的著作越來越多。即使教育學者，也逐漸趨向於運用證驗性的研究方法。

無論是教育學、社會學、或教育社會學都是屬於社會科學的一個領域。因此，要了解教育社會學研究方式的發展趨勢，必先探討社會科學研究的性質。社會科學在十八及十九世紀先後取得獨立的學術地位後，

便急速的脫離以往哲學的、臆測的、推論的研究方式，而進入了用經驗環境 (empirical world) 中搜集得來的資料 (data) 來考驗理論正確與否的階段。二十世紀以來，社會科學無論在理論的建立上以及研究發現上均有重大的成就。1950 年前後在美國更興起一種社會科學的統合與科學化運動，即所謂行為科學的研究途徑 (behavioral science approach)。由於行為科學研究，注重理論的嚴謹性與研究的客觀性，促進社會科學方法論 (methodology) 的發展；諸如抽樣調查、實驗研究、統計分析等均先後為社會科學家所採用，增加了社會科學研究的可靠性。近年來，由於電子計算機的廣泛使用，使社會科學研究者在分析資料時，更為快速而精確，因而社會科學的證驗性研究乃逐漸蔚成風氣。目前，社會學與教育學也多逐漸採用行為科學的理論與研究方法。

可是，一部分學者對於這種發展也持有不同的看法。他們懷疑，這種標榜純粹客觀而重視證驗性的研究是否能真正了解並解釋複雜萬端的人類社會行為。因為社會科學的研究者與研究對象都是有意志、有思想、有感情的人類，所以一方面社會科學的研究情境無法像自然科學家對自然現象那樣可以任意嚴加控制，以便觀察和實驗；另一方面，研究者由於個人觀念與態度的不同，均可能影響其觀察的準確性與分析的客觀性。尤有進者，有人認為社會科學與教育學無法完全做到價值袪除 (value-free) 的地步，因此無法完全放棄規範性研究。許多教育學者就持有這種看法。

1970 年代以後教育社會學研究方式的新發展，和以前最大的不同，是由強調「量化」的科學實證研究，轉而注意到強調「質」的非實證 (non-positivistic) 研究。所謂「新的教育社會學」(New Sociology of Education) 實際上包括教室社會學與知識社會學，而其研究方法論，則注重象徵互動論 (symbolic interactionism) 與俗民方法論 (ethnomethodology) 在教育上的運用。非實證論者主張透過解釋的過程來了解社會事實；他們認為教育社會學的「量化」研究，只能描述表面現象，對於學校生活的本質，以及師生互動過程的內在意義，無法深入了

解。因此，他們強調「質」的研究；主張採用參與觀察的方式（通常稱為 participant observation 或 field studies），實地了解師生互動過程中如何建構知識，並形成價值觀念。這種研究方式，直接在生活環境中觀察社會現象，具有較高的效度，可補實證方法的不足。

非實證導向的「新的教育社會學」研究，固然有其相當的貢獻。但是，一般認為俗民誌學 (ethnography) 在教育方面的應用，僅限於小群體及試探性質，並未形成理論體系；參與觀察法在人類學研究中成效頗為顯著，但其應用通常僅限於在特定社會中對小樣本作長期研究。如果研究者本身沒有受過特殊的訓練，而且所處的環境又是一個極度陌生或劇烈變遷的社會，勢難達到預期的研究效果。因此，教育社會學「質」的研究方式，固然可以補偏救弊，但是，事實上它無法取代教育社會學的研究主流——注重量化的科學實證模式。一般認為兩者各有所長，應可相輔相成；未來可能合作的途徑有二：一是以「量化」研究為主，先了解一般現象，然後針對特別個案進行深入的「質」的研究；另一是先運用參與觀察法，實地搜集資料，以作為研究假設，再進行客觀實證探討，以建立教育社會學理論。

第三節　研究內容

正如前述，一般學者對於教育社會學的性質迄今仍有許多爭論。因此，關於此一學科的研究內容也無一致的看法。多數學者均依據本身對於教育社會學所下的定義而劃定不同的研究範圍。大體而言，早期教育社會學研究內容比較龐雜，新興教育社會學研究主題比較精簡。有些著作的內容則兼取二者之題材，而具有調和的色彩。本書作者將教育社會學的研究內容劃分為兩大類，並細分如下：

㈠研究「教育」與「社會」之間的關係

　1.社會學理論與教育。

2.社會結構（包括社會制度與社會階層化）與教育。

3.社會變遷與教育。

4.社會問題與教育。

(二)運用社會學概念分析教育制度（或教育問題）

1.以社會化的概念分析教育的意義、目的與功能。

2.以正式組織的概念分析學校（學校為一種正式組織）。

3.以社會體系的概念分析班級（班級為一種社會體系）。

4.以次文化的概念分析學生的心態與行為。

5.以專業化的概念分析教師的聲望與地位。

6.以意識型態的概念分析課程設計。

上述研究主題，常因時代的不同，而有重點上的差異。茲將歐美國家教育社會學研究內容的發展趨勢，歸納為下述幾項加以說明：

(一)由教育制度本身的研究擴展到整個社會結構與教育之關係的研究

早期教育社會學的研究著眼於教育制度與過程之改進，因此偏重於探討形成教育目的及政策之社會基礎、影響學習及人格發展的社會化歷程、如何藉助社會學知識以改進課程、以及如何有效達到教育目的的社會技術等課題。這些研究內容目的在為教育人員提供改革教育實際的社會學知識，因此是偏重於教育制度本身之改進的研究。

近年來教育社會學者已開始注意到教育與外在社會的關係，探討在一個較大社會結構中教育制度的地位與功能，同時也注意到社會變遷與教育的密切關係。因為他們想了解教育制度如何受文化傳統、家庭型態、職業結構、技術變化、與政治理念的影響，以及教育制度對整個社會發展具有何種獨特的功能。

(二)由教育之「社會化」功能的研究轉而注意到教育之「選擇」功能的研究

　　此一趨勢乃為適應現代工業社會需要而顯現於新興教育社會學的研究動向中。傳統社會變遷不大，教育制度對於社會化的作用具有重大的意義，而不必注意特殊的選擇作用。現代工業化社會中，教育制度不但要培養學生社會價值觀念、訓練其職業知能，並且要依據經濟制度中的職業角色需要，選擇並分配適當的職位。由於各國教育與職業水準不斷提高，選擇與安置的功能在整個教育過程中乃顯得日益複雜與重要。最近教育社會學的研究對於有關教育與社會階層、社會流動，以及人力供需等問題的注意，就是此一趨勢的最佳例證。

(三)運用社會組織理論從事教育制度的分析

　　教育社會學研究的另一趨勢乃是運用社會組織理論 (theories of social organization) 來分析教育制度。尤其新興教育社會學者往往將學校當作一種正式組織 (a formal organization)，將班級當作一種社會體系 (a social system) 來分析其內在的結構與功能，並探討學校組織中的角色(人際) 關係。此類研究之直接目的在於了解現代學校組織的特質，間接目的則在尋求有效途徑以改善學校與班級的組織型態與社會關係，進而提高學校行政效率與增進教學效果。

(四)由教育社會學「鉅觀」研究轉而注意到「微觀」的研究

　　早期教育社會學所探討的問題較為廣泛；迄至 1960 年代其探討主題仍偏重於鉅觀 (macro-) 的研究。最近十幾年來，教育社會學的發展，在微觀 (micro-) 的研究方面，有逐漸增加的趨勢。此類研究著重於學校內部班級社會體系中人與人之間的互動關係，包括師生關係、學校文化、以及教育內容與歷程等，而其研究方法論上，則與前述「非實證」或「質」的研究方法關係密切。此類研究取向受現象學與人類學的影響很大。循此一途徑的研究成果，愈來愈多，對於充實教學理論的社會學基礎，有相當的貢獻。唯如何進一步建立完整的理論體系，而正式成為一門「教學社會學」(The Sociology of Teaching)，則有待關心此一領域的學者繼續努力。

㈤開拓新的領域——知識社會學的研究

知識社會學在教育上的研究旨趣是要從社會學的觀點探討教育內容（課程）的問題。過去教育社會學的分析偏重於「制度」與「人」兩方面，現在一些學者認為應兼顧「知識」問題的分析。知識社會學源於現象社會學，其基本觀點認為人是其所處社會的創造者 (the author)，人具有主動建構知識的能力，因此，「知識」是社會形成的，而「課程」是社會所組織的知識 (Young, 1971)。知識社會學探討有關知識的控制與處理 (the control and management of knowledge) 的問題，以及知識與權力的關係。此派學者認為學校課程的選擇、分類、傳遞、與評鑑，都和社會階層有關，反映出該社會權力分配與社會控制的現象。他們常從衝突的觀點，批評學校課程、教學與評鑑均掌握於權勢者手中；由權勢者自定標準，安排並運用課程來灌輸某種意識型態，使學生被動接受事實，而壓抑其主動批判的能力。1970 年代以後知識社會學在教育方面的研究，一方面使教育學者在建立課程理論時有了更堅實的基礎，另一方面使教育當局與教育工作者在修訂學校課程時具有更深入的眼光，注意到社會學因素對課程發展的影響。因此，所謂「教育知識社會學」(The Sociology of Educational Knowledge)(Young, 1971) 乃形成一個獨特的研究領域。

第四節　臺灣教育社會學的展望

臺灣近十幾年來，社會變遷非常快速，教育制度所受到的衝擊，及其在整個社會變遷過程中所扮演的角色，引起廣泛的注意。因此教育社會學的研究也逐漸受到重視。目前師範校院及大學教育學程在其教育專業課程的設計中，多將教育社會學列為必修或選修科目之一。許多研究生亦以教育社會學作為其研究領域並撰寫論文。因此，教育社會學已逐漸在教育學術領域中占有一席之地，誠為可喜的現象。

翁福元（民 88）將臺灣近六十年來教育社會學的發展分成：⑴承襲及誤解階段；⑵移植及引介外國理論階段；與⑶多元發展階段。李錦旭

與張建成（民 88，頁 285–345）則分析近四十年來教育社會學發展情形。
從表 15–1 可以約略了解臺灣教育社會學發展的一些特徵。

表 15–1　臺灣教育社會學的發展史及其特徵表

分期	學科架構	理論取向	研究方法和方法論	研究主題	國際化與本土化
萌芽期 (1960–1972)	未定	未明	科學意識模糊	教學導向而非研究導向	簡單學習美日
奠基期 (1972–1980 年代初)	劃定	結構功能論	科學主義	廣泛研究但不見得深入	大量學習美日
轉型期 (1980 年代初–1990 年代末)	尋求新的架構	融入新的取向	多元化	繼續深化舊主題並開拓新主題	既學習西方也思本土化及國際化

民國 85 年花蓮師範學院（現在改名為花蓮教育大學）成立多元文化
教育研究所，民國 86 年南華管理學院（現在改名為南華大學）正式成立
教育社會學研究所，象徵著臺灣教育社會學的發展進入另一個階段。原
來臺灣教育社會學的研究與教學人員，多數集中在師範院校或教育系所，
隨著師資培育制度多元化，一般大學與學院也開始重視此一領域的研究。
在與國外交流方面，國際性的《Chinese Education & Society》雜誌 1994 和
1995 年連續兩期刊登《臺灣教育社會學》（謝小芩教授主編），也是最具
學術交流意義的創舉。至於與中國大陸教育社會學界的交流自 1987 年以
來也已次第展開。

此外，「臺灣教育社會學論壇」每年由各校輪流主辦，除國內學者踴
躍參與，也邀請國外及中國大陸學者來臺共襄盛舉。經過「教育社會學
論壇」的多次討論，與多位學者的努力，「臺灣教育社會學學會」已於民
國 89 年 6 月 24 日在臺灣師範大學正式成立，目前會員共計一百多人。
由該學會發行的《臺灣教育社會學研究》學術期刊亦已於民國 90 年 6 月
正式創刊。國內教育社會學者都有一個共識：除了繼續研究與介紹國外

的理論，也要建立自己的理論體系，也就是兼顧教育社會學研究的國際化與本土化，這種努力的方向是非常正確的。展望未來，相信臺灣教育社會學的研究與教學，將會有無限潛力與光明的遠景。

參考文獻

李錦旭、張建成（民 88）。〈臺灣教育社會學研究的回顧與前瞻〉。臺灣師大教育系主編：《教育科學的國際化與本土化》。臺北：揚智。

林清江（民 70）。《教育社會學新論》。臺北：五南。

翁福元（民 88）。《臺灣近六十年來教育社會學發展之初步分析》。第一屆教育社會學論壇發表論文。中正大學教育研究所。

魏鏞（民 60）。〈社會科學的性質及發展趨勢〉。載於《雲五社會科學大辭典》。臺北：商務。

Hansen, D. A. (1967). The uncomfortable relation of sociology and education. In *On Education: Sociological Perspective*. N. Y.: John Wiley.

Morrish, I. (1972). *The sociology of education*. London: George Allen & Unwin.

Young, M. F. D. (ed.) (1971). *Knowledge and control: New Directions for the sociology of education*. London: Collier-Macmillan, introduction & part I.

附　錄

一、教育社會學主要著（譯）作目錄

(一)臺灣方面（依出版年代為序）

朱匯森（民 51）。《教育社會學》。臺北：復興。

尹蘊華（民 54）。《教育社會學》。臺北：臺灣書店。

林清江（民 61）。《教育社會學》。臺北：國立編譯館。

李緒武（民 65）。《教育社會學》。臺北：華視教學部。（民 67，七友）

林清江譯（民 67）。O. Banks 著，《教育社會學》。高雄：復文。

林義男、王文科（民 67）。《教育社會學》。臺北：文鶴。（民 87，五南）

臺灣師大教育研究所（民 68）。《教育社會學》。臺北：偉義。

陳奎憙（民 69）。《教育社會學》。臺北：三民。（民 96，增訂三版）

林清江（民 70）。《教育社會學新論》。臺北：五南。

林生傳（民 71）。《教育社會學》。高雄：復文。（民 89，巨流）

馬信行（民 75）。《教育社會學》。臺北：桂冠。

李錦旭譯（民 76）。D. Blackledge & B. Hunt 著，《教育社會學理論》。臺北：
　桂冠。

李錦旭等譯（民 78）。C. J. Hurn 著，《教育社會學》。臺北：五南。

陳奎憙（民 79）。《教育社會學研究》。臺北：師大書苑。

宋明順譯（民 79）。友田泰正編，《教育社會學》。臺北：水牛。

李星謙（民 79）。《教育社會學專題研究》。臺中：金玉堂。

厲以賢（民 81）。《西方教育社會學文選》。臺北：五南。

楊　瑩（民 83）。《教育機會均等：教育社會學的探究》。臺北：師大書苑。

陳奎憙、高強華、張鐸嚴（民 84）。《教育社會學》。臺北縣：空中大學。

陳奎憙主編（民 87）。《現代教育社會學》。臺北：師大書苑。

吳康寧（民 87）。《教育社會學》。高雄：復文。

蔡璧煌（民 87）。《社會再造與教育改革：教育社會學政策觀點》。臺北：師大書苑。

陳添球（民 88）。《教育社會學：知識使用取向》。高雄：復义。

鄭世仁（民 89）。《教育社會學導論》。臺北：五南。

翟本瑞（民 89）。《教育與社會：迎接資訊時代的教育社會學反省》。臺北：揚智。

陳奎憙（民 90）。《教育社會學導論》。臺北：師大書苑。

張建成（民 91）。《批判的教育社會學研究》。臺北：學富。

蘇峰山編（民 91）。《意識、權力與教育：教育社會學理論論文集》。嘉義：南華大學教育社會學研究所。

姜添輝（民 91）。《資本社會中的社會流動與學校體系：批判教育社會學的分析》。臺北：高等教育。

謝維和（民 91）。《教育社會學》。臺北：五南。

詹棟樑（民 92）。《教育社會學》。臺北：五南。

林美玲（民 92）。《教育社會學》。高雄：復文。

齊力、蘇峰山編（民 92）。《市場、國家與教育：教育社會學的分析》。嘉義：南華大學教育社會學研究所。

洪祥（民 92）。《教育社會學》。臺北：鼎茂。

謝高橋（民 93）。《教育社會學》。臺北：五南。

臺灣教育社會學學會主編（民 94）。《教育社會學》。臺北：巨流。

鍾紅柱、曾火城、黃恆合著（民 94）。《教育社會學》。臺北縣：空中大學。

蘇進棻（民 94）。《教育社會學論文集》。臺北：唐山。

陳照雄（民 95）。《當代教育社會學導論》。臺北：心理。

陳奎憙、張建成審訂，譚光鼎、王麗雲主編（民 95）。《教育社會學：人物與思想》。臺北：高等教育。

(二)中國大陸方面 （1979 年以後，張人杰教授提供）

李根雷等譯 (1985)。《教育社會學》。上海：華東師範大學出版社（〔蘇〕費里

波夫著，1980）。

裴時英編著 (1986)。《教育社會學概論》。天津：南開大學出版社。

桂萬宏等著 (1987)。《教育社會學》。天津：天津人民出版社。

劉慧珍著 (1988)。《教育社會學》。瀋陽：遼寧教育出版社。

衛道治等著 (1988)。《人‧關係‧文化：教育社會學觀略》。長沙：湖南教育出版社。

瞿葆奎主編，陳桂生選編 (1989)。《教育與社會發展》。北京：人民教育出版社。

厲以賢等著 (1989)。《教育社會學引論》。哈爾濱：黑龍江教育出版社。

劉慧珍等譯 (1989)。《美國教育社會學》。北京：春秋出版社（〔美〕Jeanne H. Ballantine 著，1983）。

王波等譯 (1989)。《當代教育社會學流派》。北京：春秋出版社（〔英〕戴維‧布萊克萊吉等著）。

于仁蘭著 (1989)。《日本教育社會學》。北京：春秋出版社（〔日〕友田勝正編）。

張人杰主編 (1989)。《國外教育社會學基本文選》。上海：華東師範大學出版社。

曲則生等譯 (1989)。《日本高等教育社會學文集》。上海：百家出版社。

王佩雄等譯 (1990)。《美國：經濟生活與教育改革》。上海：上海教育出版社（〔美〕Bowles and Gintis 著，原書名為 *Schooling in Capitalist America: Educational Reform and the Contradictions of Economic Life*, 1976）。

魯潔主編，吳康寧副主編 (1990)。《教育社會學》。北京：人民教育出版社。

董澤芳編著 (1990)。《教育社會學》。武昌：華中師範大學出版社。

吳鐸、張人杰編 (1991)。《教育社會學》。北京：中國科學技術出版社。

張人杰主編 (1992)。《教育大辭典‧教育社會學分冊》。上海：上海教育出版社。

傅松濤著 (1997)。《教育社會學新論》。保定：河北大學出版社。

吳康寧著 (1998)。《教育社會學》。北京：人民教育出版社。

馬和民著 (1998)。《教育社會學研究》。上海：上海教育出版社。

董澤芳等著 (1999)。《百川歸海——教育分流研究與國民教育分流意向調查》。
　　武昌: 華中師範大學出版社。

謝維和著 (2000)。《教育活動的社會學分析——一種教育社會學的研究》。北
　　京: 教育科學出版社。

除上述著（譯）作外，南京師範大學魯潔與吳康寧兩位教授主編的《教育社
會學叢書》第一批四本已經問世；包括劉云杉的《學校生活社會學》、吳永軍
的《課程社會學》、吳康寧的《課堂教學社會學》、謬建東的《家庭教育社會
學》。接下來將會有《教育社會學的理論與方法》、《道德教育社會學》、《班級
社會學》、《教師社會學》、《學校組織社會學》、《考試社會學》、《區域教育社
會學》、《網路教育社會學》等陸續出版。

(三)英文部分 (以姓氏字母為序)

Ashley, B. J., Cohen, H. S. & Slatter, R. G. (1969). *An introduction to the sociology of education.* London: Macmillan.

Ball, S. (ed.) (2000). *Sociology of education: Major themes* (Four Volumes). London: Routledge.

Ballantine, J. H. & Spade, J. Z. (eds.) (2001). *Schools and society: A sociological approach to education.* Belmont, CA: Wadsworth.

Ballantine, J. H. (1989). *The sociology of education: A systematic analysis.* Englewood Cliffs, N. J.: Prentice-Hall.

Banks, O. (1976). *The sociology of education.* Revised ed. London: Batsford.

Blackledge, D. & Hunt, B. (1985). *Sociological interpretations of education.* London: Croom Helm.

Boocock, S. S. (1972). *An introduction to the sociology of learning.* N. Y.: Houghton Mifflim Co.

Brookover, W. B. & Gottlieb, D. (1964). *A sociology of education.* N. Y.: American Book Co.

Burgess, R. G. (1986). *Sociology, education and schools.* London: Batsford.

Chesler, M. A. et al. (1981). *A sociology of education.* N. Y.: Macmillan.

Corwin, R. G. (1956). *A sociology of education.* New York: Appleton-Century-Crofts.

Demaine, J. (ed.) (2001). *Sociology of education today.* Hampshire, UK: Palgrave.

Eggleston, J. (ed.) (1974). *Contemporary research in the sociology of education.* London: Methuen.

Glesson, D. (ed.) (1977). *Identity and structure: Issues in the sociology of education.* Driffield: Nafferton.

Hallinan, M. T. (ed.) (2000). *Handbook of the sociology of education.* New York: Kluwer Academic.

Halsey, A. et al. (eds.) (1961). *Education, economy and society: A reader in the sociology of education.* N. Y.: Free Press.

Halsey, A. H., Lauder, H., Brown, P. & Wells, A. S. (eds.) (1997). *Education, culture, economy and society.* Oxford: Oxford University Press.

Hargreaves, A. & Woods, P. (1984). *Classrooms & staffrooms: The sociology of teachers & teaching.* Open University Press.

Hurn, C. J. (1985). *The limits and possibilities of schooling: An introduction to the sociology of education.* Boston: Allyn and Bacon.

Leigh, P. M. (1979). *Recent developments in the sociology of education.* London: Association for Teaching the Social Sciences.

Meighan, R. (1981). *A sociology of educating.* London: Holt, Rinehart & Winston.

Morrish, I. (1972). *The sociology of education.* London: George Allen & Unwin.

Mulkey, L. M. (1993). *Sociology of education.* N. Y.: Holt, Rinehart & Winston.

Musgrave, P. W. (1965). *The sociology of education.* London: Methuen.

Parelius, A. P. et al. (1978). *The sociology of education.* Englewood Cliffs, N. J.: Prentice-Hall.

Pink, W. T. & Noblit, G. W. (eds.) (1995). *Continuity and contradiction: The futures of the sociology of education.* Cresskill, New Jersey: Hampton Press.

Saha, L. J. (ed.) (1997). *International encyclopedia of the sociology of education.* Oxford & N. Y.: Pergamon.

Shipman, M. D. (1968). *Sociology of the school.* London: Longman.

Stub, H. R. (ed.) (1976). *The sociology of education: A sourcebook*, 3rd ed. Homewood, Ill.: The Dorsey Press.

Swift, D. F. (1969). *The sociology of education.* London: Routledge & Kegan Paul.

Torres, C. A. & Mitchell, T. R. (eds.) (1998). *Sociology of education: Emerging perspectives.* Albany, N. Y.: SUNY.

Waller, W. (1932). *The sociology of teaching.* N. Y.: John Wiley.

Wexler, P. (1987). *Social analysis of education: After the new sociology.* London: Routledge & Kegan Paul.

Woods, P. (1983). *Sociology and the school: An Interactionist Viewpoint.* London: Routledge & Kegan Paul.

Young, M. F. D. (ed.) (1971). *Knowledge and control: New directions for the sociology of education.* London: Collier-Macmillan.

附　錄

二、人名中譯索引

三、重要名詞索引

五　劃

六　劃

九　劃

十　劃

二十二劃

二十三劃

二十五劃

教育概論

張鈿富／著

教育概論是探討教育學的入門，為所有預備進入教育專業的人士，必須修讀的基礎課程。本書根據新進的教育政策重新增訂，分別探討：教育學風貌、優良教師的特質與教師角色、師資培育與專業發展、時代轉變下的學生特質與教師管教問題，並檢視教育政策中的改革構想與現況，末篇則以若干教育主題作為延伸探討，是觸發讀者思考教育問題的最佳素材。

輔導原理與實務

劉焜輝／主編

本書特點包括：(1)內容的完整性：全書十四章，涵蓋輔導學領域的理論與實務。(2)資料的精碻性：撰稿者均為教育心理與輔導研究所科班出身，長年從事輔導理論的研究和輔導實務的探討。(3)立足於國情：改進國內相關書籍大多偏重輔導理論而忽略實務的介紹，並特別針對國內輔導情況進行探討。編者期望本書不僅能幫助讀者了解輔導的內涵，並且能啟發思考輔導的本質。

西洋教育史新論──西洋教育的特質及其形成與發展

許智偉／編著

本書係依循社會變遷、文化發展與哲學思潮等脈絡，深入淺出地探討西洋教育之特質及其形成原因，並運用詮釋學方法理解其意義與價值；內容上溯希臘、羅馬，下迄廿一世紀多元社會，卷帙浩繁、時空綿延。全書力求簡約，以創造歷史的大教育家為核心，描述不同時代的教育特色、教學內容及相關學制內蘊的精神，可供改革教育之借鏡。

教育測驗與評量

涂金堂／著

本書特點有三：(1)提供完整且詳實的測驗編製歷程，讓教師在自編成就測驗時，可以參考本書的相關章節，深入瞭解教育測驗的精髓。(2)教育測驗與評量中的核心概念，例如難度、鑑別度、效度、信度、標準分數等，都涉及到數字的運算，本書提供實際的計算方式，讓學習者更清楚每個概念的意涵。(3)近年來教學評量強調多元評量，本書亦針對其中的實作評量、檔案評量與情意評量，提供豐富的實際範例，協助讀者創發出屬於自己的多元評量。

教育心理學

溫世頌／著

　　本書探討架構分為三大領域：學生身心發展的特徵、學習與記憶的歷程、教學策略與教學效果的增進、評鑑與溝通。詳細介紹新近教育心理學研究成果與發現，搭配大量的案例讓讀者能更清楚地理解概念。並針對一些習以為常但卻是錯誤的教育行為，提出具體的建議與符合現實需求的修正方案。本書不僅是一本教育心理學教科書，透過作者對教育的全人關懷與真知灼見，將帶領所有關心教育者，重新審視與反思自身的教育觀點與做法。

輔導原理與個人成長

林維能／著

　　本書目的是帶領讀者思考「人」的問題，內容包括：⑴對於心理輔導基本概念的了解；⑵從不同治療學派的觀照面，思考人的問題及其可能的意義；⑶有關心理輔導的落實與了解輔導工作在學校或社會的定位與角色。個人成長應該是心理輔導中重要的議題，卻常常在心理輔導工作中被忽略。本書除了從心理治療理論的架構來思考輔導原理外，更從發展心理學的角度來剖析個人的發展。